U0433422

商解孙子兵法

学者与企业家问对

陈德智　编著

本书从商业竞争与发展战略的视角，对《孙子兵法》十三篇进行逐篇解读，根据主题思想划分为67节，每节分为三个部分，即原文的原意解读、商业竞争与发展视角的商业解读、学者与企业家问对（包括企业家对商解切合商业实践程度的评价、切身经验诠释与提问、学者与企业家对话等）。作者运用简洁语言、微型案例进行商解，通过与企业家问对，期望读者更好地从商业竞争与发展视角理解《孙子兵法》，并达到与兵圣孙子对话的境界，切实掌握《孙子兵法》战略思想理论并有效运用于商业竞争与发展实践，实现不战而胜。本书是为企业家、创业者、企业中高层管理者及MBA/EMBA、DBA与本硕博等学生、《孙子兵法》商业应用研究者及战略管理教师、企业员工、个体经营者等喜欢从商业竞争与发展视角阅读《孙子兵法》的广大读者而编写。

图书在版编目（CIP）数据

商解孙子兵法 : 学者与企业家问对 / 陈德智编著. 北京 : 机械工业出版社, 2024. 12. -- ISBN 978-7-111-76722-0

Ⅰ. F272

中国国家版本馆CIP数据核字第2024HE1075号

机械工业出版社（北京市百万庄大街22号 邮政编码100037）

策划编辑：曹雅君　　责任编辑：曹雅君　张雅维

责任校对：张爱妮　张　薇　　责任印制：常天培

北京铭成印刷有限公司印刷

2025年1月第1版第1次印刷

170mm×230mm・23.75印张・1插页・246千字

标准书号：ISBN 978-7-111-76722-0

定价：75.00元

电话服务

客服电话：010-88361066

010-88379833

010-68326294

网络服务

机　工　官　网：www.cmpbook.com

机　工　官　博：weibo.com/cmp1952

金　书　网：www.golden-book.com

机工教育服务网：www.cmpedu.com

贾少谦

海信集团控股股份有限公司党委书记、董事长

第十四届全国人民代表大会代表、第十二届山东省党代会代表、第十三届青岛市党代会代表。

1972年出生，山东汶上人，中共党员，青岛大学法学学士，山东大学管理学硕士，中国政法大学经济学博士。1997年加入海信，曾任公司法律顾问，总裁办公室主管、副主任、主任，人力资源部部长。2007年起任海信科龙股份有限公司副总裁、党委书记；2014年起任海信（山东）冰箱有限公司党委书记、副总经理、总经理；2017年起任海信集团有限公司副总裁、海信科龙电器股份有限公司总裁、海信家电集团总裁；2019年起任海信集团有限公司常务副总裁（全面主持经营工作）、总裁，海信集团控股股份有限公司总裁、党委副书记、副董事长；2023年2月起任海信集团控股股份有限公司党委书记、董事长。

曾荣获全国优秀企业家、山东省优秀共产党员、山东省劳动模范、广东省五一劳动奖章、山东省电子信息行业领军企业家、青岛市劳动模范等荣誉。

作为海信集团的主要负责人，始终坚守技术立企、永续经营的理念，实现营业收入和利润连续多年双增长。2019年起全面负责经营工作，持续取得良好的经营态势。在全球供应链紧张的压力下，带领集团克服重重困难，2023年集团经营业绩再创历史新高，全年营收2017亿元，利润137亿元，同比增长11%。目前，海信在产业发展上正在向产业高端和高端产业推进。

张诚泉

菲码（江苏）智能科技有限公司董事长

上海交通大学工商管理硕士，创业前曾有8年跨国公司工作经验，担任过技术支持、产品工程师以及商务代表等职务；涉及消费电子、电气附件和工业标识等市场领域。

2005年创办上海威侃电子材料有限公司，后成为专精特新企业。

菲码（江苏）智能科技有限公司是由上海威侃电子材料有限公司与德国隐形冠军菲尼克斯（中国）投资有限公司于2019年成立的合资企业。公司以标签打印技术与材料应用技术为核心竞争力，是集研发、生产、销售于一体的先进制造企业。主营业务涵盖精密模切材料、工业标识解决方案、标签打印系统等相关产品，广泛应用于电子制造、能源、通信、医疗、汽车、MRO等工业制造领域，并为众多世界500强企业提供配套供应。公司致力于打造智能生产系统和智能打印系统，通过智能化的产品技术和工艺技术为客户带来全新的价值。

李 巍

上海云序生物科技有限公司董事长兼总经理、联合创始人

本科毕业于华中科技大学生命科学学院，硕士毕业于中国科学院大学上海生命科学院，并获得上海交通大学安泰经济与管理学院EMBA学历与学位。

深耕于基因检测行业，曾先后担任中科院上海生物化学与细胞生物学研究所助理研究员和某头部基因芯片公司的研发经理。2015年，凭借对行业的敏感度，李巍敏锐地察觉到：随着高通量测序技术连续多年以超摩尔定律的速度不断迭代，基因检测行业迎来了技术分水岭，高通量测序技术将在很大范围内取代传统的基因芯片技术、成为市场主流。因此，他从原任职的基因芯片公司辞职，组建团队创立了以高通量测序为核心技术方向的上海云序生物科技有限公司，为高校、科研院所和大型三甲医院提供科研用途的基因测序服务。带领云序生物连续开发了多款受客户青睐的市场首发新品，很快在竞争激烈的红海市场中站稳了脚跟，并成长为在多个细分领域极具技术特色的创新型企业。

褚轶群

上海哈啰普惠科技有限公司高级副总裁

上海交通大学安泰经济与管理学院工商管理学硕士（EMBA）；2018 年加入哈啰，曾主导哈啰单车运营中台搭建工作，任两轮事业部总经理，带领两轮事业部持续突破。目前负责哈啰新业务。

在加入哈啰前，曾先后任职于 IBM 和 SAP 等国际知名企业，有超过 10 年技术咨询应用与管理经验。

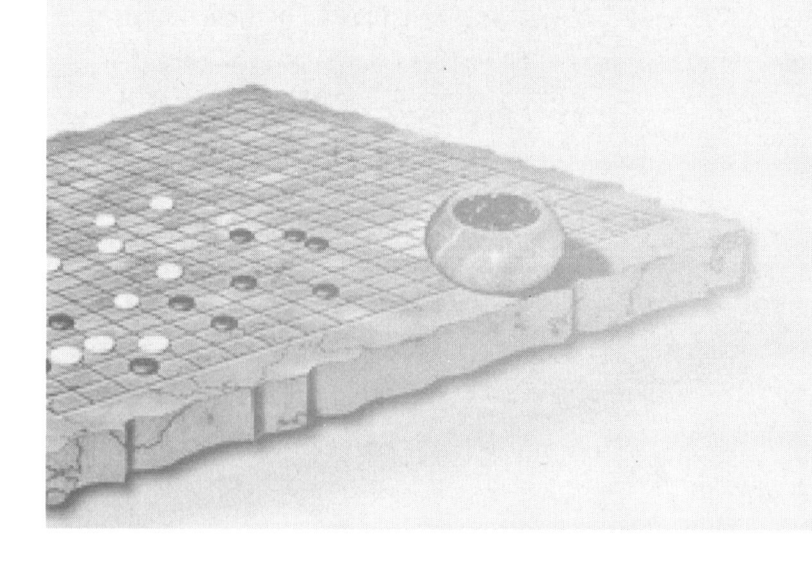

推荐序一

为现代商战导入东方智慧

陈德智教授的新著《商解孙子兵法：学者与企业家问对》面世了，德智教授请我写个序。这几天正好在美国参加学术会议，白天探讨西方管理，晚上阅读东方智慧，感触良多，便将一些思考记录下来，权作为序吧。

陈德智教授早年在南开大学取得管理学博士学位，长期从事战略、创新与绩效的研究，受过非常系统的西方管理学理论的熏陶，并主持过多个国家自然科学基金项目，对管理学前沿研究颇有心得。但他对东方智慧，尤其是《孙子兵法》情有独钟，出版过多部专著，研究持续了30多年，可谓难能可贵。

中国的商学院如何既跟国际接轨，又能办出中国特色，这是一个困扰多年的大题目。跟国际接轨，融入全球管理学生态圈是必然的选择，闭关自守、固步自封、自娱自乐，肯定走向衰落与孤岛，正像要成为体育强国就必须参加奥林匹克运动会一样，更何况，当代管理理论大多是舶来品，在先进科技和管理上，西方依然有先发优势和领先优势，这一点毋容置疑。

但另一方面，如果把中国的商学院办成像美国一样的商学院，或者是美国名校的中国分校，肯定不是一个正确的方向。国情不同，市场发展阶段不同，文化传承不同，消费者心理趋向与价值认知不同，简单的照搬照抄既没有价值，也没有可行性。用西方的语言、西方的研究方法、西方的理论支撑研究西方感兴趣的问题，在西方人认可的期刊发表几篇论文，这恐怕不是中国商学院的出路所在。长此下去，中国商学院会远离中国市场与中国企业，沦落为花拳绣腿的学术游戏。

所以，我从心底钦佩那些勇于坚守的人，坚守自己的学术兴趣，坚守自己的价值追求，坚守自己的独立思考，坚守自己的真理探索，既不人云亦云、追风逐浪，也不功利至上、结果导向；听从内心的召唤，守护学问的纯粹，享受内在的宁静，品味思想的甘露。可喜的是，我们很多学者都做到了这一点，这其中，一定包括德智教授。

作为一名哲学本科的读书人，我深知《孙子兵法》的博大精深，将其与现代商战相结合并非易事，市场上有些作品生吞活剥、生拼硬凑，是对兵圣思想的误读与曲解，如何做到理解精髓、水乳交融？德智教授有其独特的优势，他受过系统的管理学知识教育，有过几十年教学经验，是一位颇有见树的知名教授。他担任过企业总经理，又做过多年的企业咨询与案例研究，实务经验非常丰富。同时潜心研究《孙子兵法》30多年，专业基础非常扎实。这样的背景，为他成就力作提供了坚实的保障。

德智教授在2021年5月已出版《孙子兵法商业战略》一书，本书可以理解为是该书的姐妹篇。在我看来，本书有以下三个比较显著的特点：

第一，将“原解”与“商解”相结合。正如德智教授在前言中所述，尽管人们常说商场如战场，但商场毕竟不是战场，商业竞争与发展还有许多与战争不同之处。如果说“原解”是对兵圣思想的当代化翻译的话，那么“商解”是将兵圣思想精髓与当代商战进行交互思考，是兵圣思想的应用、延展与创新。“原解”与“商解”放在一起比较研读，会启示良多，妙趣横生，留下很多想象空间与思维启迪。

第二，将“兵法理论”与“商战案例”相结合，书中延用了海信电器、华为技术、三一重工等许多案例，并将其融进“商解”内容之中，配置合理，融合巧妙。许多案例读者以前可能接触过，但放入兵法理论之中再去阅读，必定会有新的启示与感悟，这需要作者对理论和案例都极为熟悉，方可信手拈来，举重若轻。

第三，将“学术理论”与“企业家问对”相结合，书中别出心裁地运用了企业家与学者的对话来展开讨论，用心良苦。几位企业家极有代表性，无论是企业规模、行业特点、本人角色、产业特征都各不相同，代表了不同的视角、不同的思考。问答与对话充满了开放性，而商战本身的许多问题本来就没有标准答案，讨论思考本身比结论更重要。

我们正面临百年不遇之大变局，AI革命、大数据、元宇宙、逆全球化、消费迭代、新质生产力等都使得市场加剧了不确定性，商学院的重要价值就是在不确定性中寻找最大的确定性，与时俱进，我们需要更多的方法、工具与理论支撑，古老神奇的东方智慧将会为我们打开一个全新的视角，提供全新的方法工具与理论。本书就是一个很好的尝试，如此，特向广大企业家、EMBA、MBA 学生及相关研究者推荐本书。相信能给大家带来诸多启示。

是为序。

余明阳

上海交通大学安泰经济与管理学院教授

上海交通大学中国企业发展研究院院长

2024 年 4 月 17 日于洛杉矶

推荐序二

一本从商业竞争与发展视角学习《孙子兵法》的好教科书

我与陈德智教授未见过面，但因为陈炳富先生的关系，我们情同师兄弟。

先生1945年毕业于西南联大经济学系，旋即到南开大学任教，是中国现代管理学科的一位开拓者。1987年，先生应邀到美国多所大学演讲，主题是《孙子兵法》在管理中的应用，我当时在犹他大学攻读管理学博士学位，有幸听过先生的演讲。先生教诲我，学习美国的管理思想，一定要结合中国古代管理思想。我受到震撼，从此视先生为恩师之一。

我佩服德智弟。他不是一位只会纸上谈兵的教授，他读完大学本科与硕士学位后，在企业工作多年，担任过企业总经理，后来跟先生读博，得到先生的真传，毕业后一直在上海交大讲授“孙子兵法商业战略”课程，深受硕博生与阿里巴巴集团、海信集团等企业高管欢迎。几年前，他的著作《孙子兵法商业战略》得过奖，我很佩服他在这方面的造诣。

这本《商解孙子兵法：学者与企业家问对》从商业竞争与发展视角对孙子兵法十三篇进行逐篇解读，内容结构为：①原文与原解；②商解：在遵守原意的基础上，根据商业竞争与发展的性质、特征及有别于战争的情境，做出简洁、切合实际、易于理解的商解，并以微型案例对商解进行诠释；③问对：针对商解，请不同行业的大、中、小企业家对作者所做的商解是否切合商业竞争与发展实际进行评价，并基于企业家切身实践再度诠释。这样的结构具有严谨的逻辑和从思想理论到实践检验的科学性，让读者在理论与实践紧密结合的内容情境中，学习掌握《孙子兵法》战略思想，使兵学圣典成为商战圣典。这本完整系统的商解《孙子兵法》是广大读者、商学院学生从商业竞争与发展视角学习《孙子兵法》，商学院教师从商业竞争与发展视角讲授《孙子兵法》的基础教材，是从商业竞争与发展视角研究《孙子兵法》的基础性文献。

据我所知，目前尚未有其他逐篇商解《孙子兵法》的著作。因此，本书对于促进从商业竞争与发展视角研究《孙子兵法》具有重大学术价值，对于普及与发扬光大《孙子兵法》在商业竞争与发展应用中具有广泛、深入的实践价值。

周南

香港城市大学市场营销学系教授（1994—2017）

深圳大学管理学院特聘教授（2017—2020）

2007 年度教育部企业管理学科长江学者讲座教授

2024 年 5 月 19 日

推荐序三

能够给学界、企业界带来创新性体悟和指导的商战圣典

认识陈德智教授是通过他所著的《孙子兵法商业战略》这本书。此前知道他是上海交通大学安泰经济与管理学院战略学教授，但不知道他对《孙子兵法》有这么多年的研究，读后顿觉受益良多。当接到陈教授的邀请，请我和几位企业家共同对其新作《商解孙子兵法：学者与企业家问对》"问对"时，第一反应是"惶恐"。原因很简单：《孙子兵法》博大精深，读不懂，理解不到位！陈教授给我的答复也很简单：《商解孙子兵法：学者与企业家问对》就是写给企业家的，目的是使用简洁易懂的语言，让工作繁忙的企业家方便阅读、容易读得懂，请我从企业家视角审阅这本书，并做实践对话。盛情难却之下，我和几位企业家参与了本书的"问对"，从各自经历出发试着去理解《孙子兵法》，探讨在商业角度上运用其原理和道法去指导企业战略、经营、管理等实践。本书成稿后，又与陈德智教授进行了沟通和梳理，感觉非常值得推介。

本书具有几个突出的特点：

（1）在遵守原文原意基础上，从商业竞争与发展视角对《孙子兵法》十三篇进行逐篇解读，构成完整系统的商解《孙子兵法》；由原文原解（军事思想理论）→商解（商业竞争与发展的思想理论）→问对（企业家对商解作实践检验、企业家切身实践经验的诠释和对话），呈现出从军事理论到商业理论再到实践检验的清晰逻辑。

（2）语言简洁易懂，并以微型案例诠释，非常方便工作繁忙的企业家阅读、学习理解与运用；不同行业、不同规模的企业家对商解切合商业实际程度的检验、企业家自身经验的诠释，学者与企业家的对话讨论，非常有助于企业家及广大读者结合自己的实践理解与运用《孙子兵法》战略思想。

（3）从企业家对商解切合实际的评价结果上看，这本书的商解很切合商业竞争与发展实际，表明这本书的商业实践价值高，使兵学圣典发展为商战圣典；是企业家、创业者等广大读者，从商业竞争与发展视角学习与运用《孙子兵法》的简明教材；是内容结构新颖的开创性著作。

《孙子兵法》思想内容博大精深，本身字、词及语句的意思理解难度较大，真正理解恐怕需要查阅古今字典、词典和多部兵学经典著作与军事案例等；而商解不仅需要理解原意，更需要理解商业竞争与发展的知识和实践，所以，要逐篇解读，不仅需要广博的商科知识，还需要具有比较丰富的商业竞争与发展的实践经验，才能做出简明、透彻、切实的商解。陈教授学习研究《孙子兵法》的功底深厚，商科理论知识扎实而广博，并具有丰富的企业经营管理实践经验，与几位企业家沟通顺畅，从不同角度上实现了“商解”与“问对”的初心。

在保持原文内容与结构不变的前提下进行逐篇商解，相比断章取义，存在诸多困难。无论是中文还是英文、日文等，还鲜有从竞争与发展视角对《孙子兵法》逐篇解读的著作。好在陈德智教授从1994年就开始读《孙子兵法》，至今为止学习研究《孙子兵法》30年；同时，为MBA、EMBA、DBA以及学术型硕博等讲授《孙子兵法商业战略》，为阿里巴巴集团、海信集团、东方航空、五粮液集团、上药集团、信宜药业、上海电气等几百家企业讲授过《孙子兵法商业战略》25年，加上本身多年的公司总经理工作和企业战略咨询等经历，所以，成就一本商解《孙子兵法》书籍应属久久为功的必然。正是30年咬文嚼字地阅读理解《孙子兵法》原文，25年讲授《孙子兵法》商业战略课程中的教与学，加之多年企业经营管理的切身实践、企业战略管理咨询与调查、案例研究的实践积累，为这本从商业竞争与发展视角逐篇解读《孙子兵法》的图书出版奠定了良好的基础。

著名《孙子兵法》研究专家钮先钟先生在所著《孙子三论》中说："《孙子兵法》是有史以来最伟大的军事教科书。"他说："孙子的书要言不烦，最容易掌握重点，企业界人士，尤其是后起之秀，若能熟读深思，则也许要比读一百本现代人所写的书更为有益。"

相信本书能够给学界、企业界带来创新性体悟和指导。

贾少谦
海信集团董事长
2024年6月27日

前言

《孙子兵法》是被后世称为“兵圣”孙武所著的“兵经”，问世于公元前512年的春秋末期，是人类有史以来第一部系统性战略学著作，全书共计13篇，6000余字；以“不战而屈人之兵”为战略目标的大战略思想理论，是人类战略思想理论的最高境界和战略学的理论基础。从“吾治生产，犹伊尹、吕尚之谋，孙、吴用兵，商鞅行法是也”的中华商祖白圭（公元前370—前300年）至当代优秀企业家，无不把《孙子兵法》作为战略宝典和行动指南。

《孙子兵法》是2500多年前的战争学著作，古汉语语言、军事战争语境与今日简体白话文语言、商业竞争与发展之语境不尽相同。尽管人们常说商场如战场，但商场毕竟不是战场，商业竞争与发展也与军事战争有诸多不同之处，因此，从商业竞争与发展视角系统、深入地阅读、掌握孙子兵法战略思想理论，并将其有效运用于商业实践，对于使用中文简体白话文的当代人而言，仍存在一定甚至很大的困难。在我30年学习研究孙子兵法的过程中，常听到企业家与管理者说:“读不太懂”或“看注释与白话文译文是读得懂的，但落到企业实践上，就不太好理解或理解得不好”。在我给上海交通大学安泰经济与管理学院及其他院校MBA、DBA讲授孙子兵法商业战略课程时，教学内容是基于孙子兵法战略思想构建的商业战略理论，[1]而不是逐篇商解孙子兵法。在上课过程中，我也发现有学生从商业竞争与发展视角对孙子兵法理解不够深入和透彻，尽管学生看过孙子兵法今译本或听过我录制的音频解读（只是原意解读而非商解），但依然存在困难。这在一定程度上影响了对孙子兵法商业战略理论的深入理解和掌握。以简体白话文对孙子兵法原文译注的书籍并不少见，但鲜有从商业竞争与发展视角逐篇商解孙子兵法的著作。以上种种，激发了我做商解孙子兵法的动机，目的是让更多的创业者、企业家和企业管理者以及商学院学生、对孙子兵法在商业中运用感兴趣的社会各界人士，更方便地从商业竞争与发展的视角，深入阅读、掌握与切实有效运用孙子兵法战略思想理论，使兵学圣典能够成为商战之圣典。

这本《商解孙子兵法：学者与企业家问对》所用孙子兵法是十一家注释版本，按现代图书章节结构，并根据主题思想，将其分为67节。每节标题的前半句是孙子兵法的原句、后半句是对原句的商解，例如：“1.1 兵者，国之大事，死生之地，存亡之道，不可不察也：研究竞争的重大意义”。每节内容由三部分构成：①原解，即原文解读；②商解，即从商业竞争与发展视角进行解读；③问对，即请企业家对

[1] 陈德智著．孙子兵法商业战略，北京：机械工业出版社，2021年版。

作者陈德智所做的商解是否切合商业竞争与发展实际进行评价、企业家以自身实践经验或案例进一步或更深入地诠释这一节的孙子兵法战略思想等，对企业家提出的问题，作者给予简洁的回答、评论并进行讨论。

为使广大读者更好地阅读、更切合实际地理解与有效运用，本书作者特别邀请2023年度最具影响力企业领袖——海信集团董事长贾少谦；专精特新企业家——菲码（江苏）智能科技有限公司董事长兼总裁张诚泉；探索基因测序的高科技小企业家——上海云序生物科技有限公司董事长兼总裁李巍；互联网服务行业企业家——哈啰集团高级副总裁、两轮出行事业部总经理褚铁群四位企业家对本书作者所做的商解孙子兵法进行切合实际的评价，并以切身实践经验或举例对孙子兵法战略思想进行诠释。相信能够给予广大读者切实的思维启迪、实践价值以及阅读收获与愉悦，使读者在深入阅读并熟读深思本书的过程中，与兵圣孙子对话，深切理解与掌握孙子兵法战略思想，有效运用于商业实践。在此，特别感谢四位令我尊重的优秀企业家！

从商业竞争与发展视角逐篇系统地解读孙子兵法是一项难度很大的开拓性工作，尽管我曾创办过实业公司并担任董事、总经理等职务，也创办过管理咨询公司，为企业提供过战略管理咨询服务，亲历过商业竞争的激烈，体验过成功的快乐和失败的懊恼、悲伤与无助。企业竞争与发展既长期又复杂，而且各行各业的竞争与发展，不仅存在差异，而且差异很大，加之个人学识与实践经验有限，所以，这本《商解孙子兵法：学者与企业家问对》的错误或瑕疵在所难免，敬请各位读者给予斧正！若能激发读者从商业竞争与发展视角深入学习与研究孙子兵法战略，也算是德智抛砖引玉的开拓之功。

陈德智

2024 年 3 月于上海

目 录

第3章 谋攻篇

第4章 形篇

第5章 势篇

第 11 章 九地篇

第 12 章 火攻篇

第 13 章 用间篇

后记

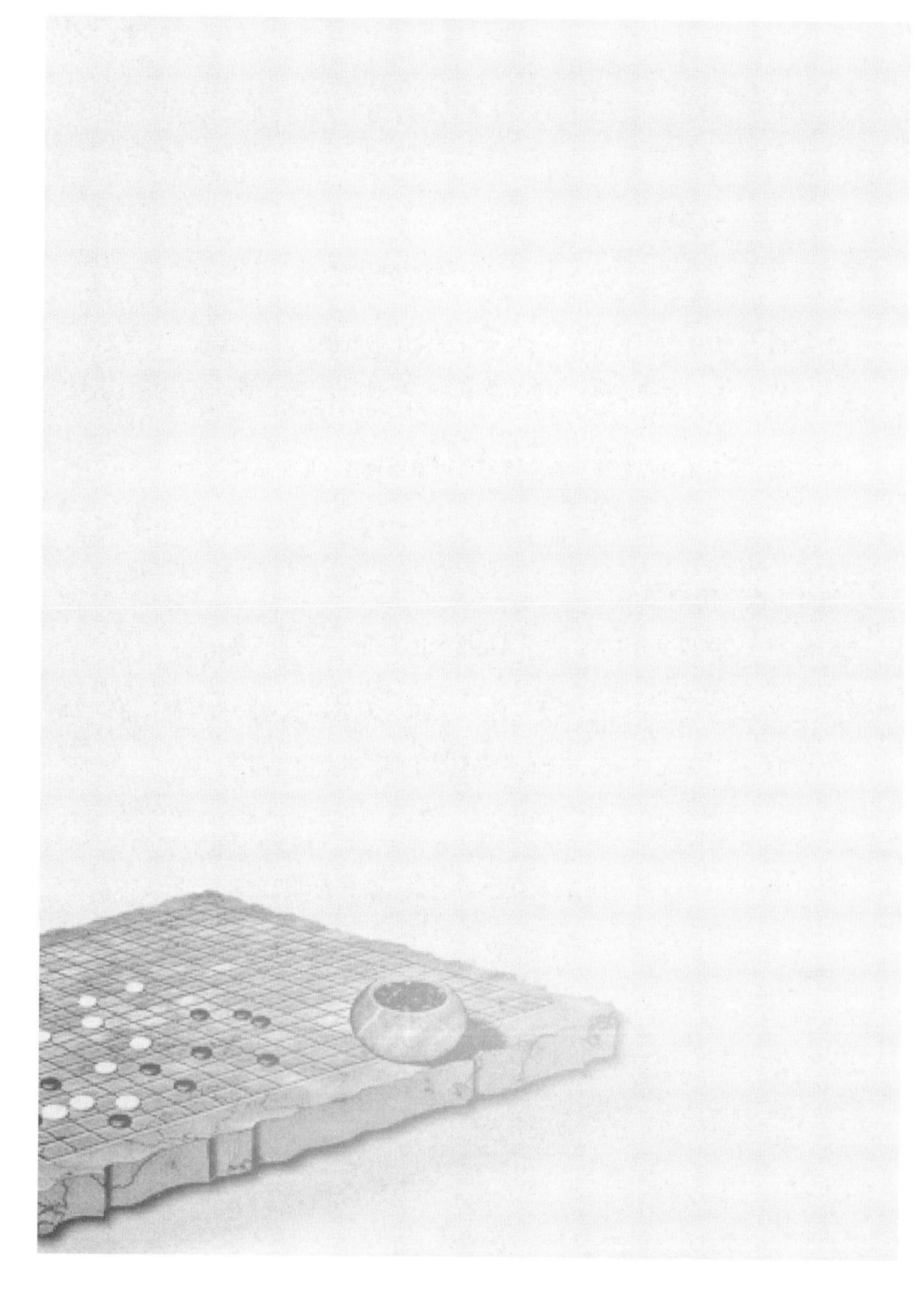

学者与企业家问对

第1章

计 篇

计篇从人事与自然、主观与客观两大范畴提出了决定战争胜负的基本条件。曹操注曰:“计者，选将、量敌、度地、料卒、远近、险易，计于庙堂也。”计篇主要论述：①研究战争的重大意义；②提出“经之以五事、校之以计”“多算胜，少算不胜”的战争胜负之分析、研究方法；③提出领军将领的素质、选拔与任用原则；④提出“兵者，诡道也”的示形、造势与随机应变的战略战术之原则；⑤强调“多算胜，少算不胜，而况于无算乎”的战争胜负法则。

孙子曰：兵者，国之大事，死生之地，存亡之道，不可不察也。

故经之以五事，校之以计，而索其情：一曰道，二曰天，三曰地，四曰将，五曰法。道者，令民与上同意也，故可以与之死，可以与之生，而不畏危。天者，阴阳、寒暑、时制也。地者，远近、险易、广狭、死生也。将者，智、信、仁、勇、严也。法者，曲制、官道、主用也。凡此五者，将莫不闻，知之者胜，不知者不胜。

故校之以计，而索其情，曰：主孰有道？将孰有能？天地孰得？法令孰行？兵众孰强？士卒孰练？赏罚孰明？吾以此知胜负矣。

将听吾计，用之必胜，留之；将不听吾计，用之必败，去之。

计利以听，乃为之势，以佐其外。势者，因利而制权也。

兵者，诡道也。故能而示之不能，用而示之不用，近而示之远，远而示之近。利而诱之，乱而取之，实而备之，强而避之，怒而挠之，卑而骄之，佚而劳之，亲而离之。攻其无备，出其不意。此兵家之胜，不可先传也。

夫未战而庙算胜者，得算多也；未战而庙算不胜者，得算少也。多算胜，少算不胜，而况于无算乎！吾以此观之，胜负见矣。

1.1　兵者，国之大事，死生之地，存亡之道，不可不察也：研究竞争的重大意义

孙子曰：兵者，国之大事，死生之地，存亡之道，不可不察也。

1.1.1　原解

这里的“兵”，不是指现代意义的“士兵”的“兵”，而是指战争。

“兵者，国之大事”是说，战争是国家的大事。为什么是国家大事呢？孙子曰：**“死生之地，存亡之道。”**战争发生在战场，战争双方在战场上生死相搏，战场是死生之地；而走向战场的道路，就是走向生死存亡的道路。所以，对于战争，不能不认真研究。

那么，从商业竞争与发展视角，该怎么理解呢？

1.1.2 商解

“兵者，国之大事，死生之地，存亡之道，不可不察也。”这句话在商业上怎么解读呢？我们知道，在商业活动中，企业之间为了争夺市场和客户而时常处于竞争状态。竞争的“竞”字，说文解字注曰：“竞”是“角逐”的意思，即竞争、相争之意；而“争”是指“争夺”，所谓“争夺”意指在行动上互不相让，即“抢夺”。所以，人们常说，商场如战场。

那么，我们把原意为“战争”的“兵”字换成“竞争”㊀，**“兵者，国之大事，死生之地，存亡之道，不可不察也”**这句话，就可以说成：**竞争，是关系到企业生存与发展的大事，不能不认真研究。**凡是慎重对待商业竞争，认真研究竞争，做出客观理性的决策的企业，就能够赢得竞争，至少不至于彻底失败。如果不认真研究，随心所欲、

㊀ 当某种同质化产品从增量竞争逐渐向存量竞争发展时，竞争日趋激烈，到完全存量竞争时（产量过剩，供过于求），竞争异常激烈，其激烈程度近乎或不亚于战争。（周云成．从增量竞争到存量战争，商界，2013 年第 7 期第 5 页）近几十年来，大国之间发生的摩擦常表现为“混合战争”，混合战争是指综合使用政治、经济、信息和法律等手段，以常规和非常规军事力量避免大规模正面冲突的竞争方式。即“混合战争”被称为竞争。而“混合战争”的概念起源于孙子兵法，即“不战而屈人之兵”，“混合战争”可以是隐蔽的，也可能是公开的，往往呈现一种模糊的状态，既没有发生大规模军事冲突，也不完全处于和平状态。（赵懿黑．大国竞争背景下美国对华的“混合战争”威胁，国际关系研究，2021 年第 5 期第 92–112 页。）

盲目决策与盲目行动，就容易导致失败！

1996 年 3 月 26 日，长虹老总宣布：长虹彩电全面降价 8%~18%。中国彩电业的最大厂家长虹再次发起了更大规模、更猛烈的价格战，其目的一是清除库存，二是扩大市场份额，清除实力弱小的彩电厂家。许多企业闻风惊魂，纷纷被迫跟进降价，彩电业爆发了大规模的价格战。

时任海信山东临沂办事处负责人的杨运铎说："海信电视机当时面临巨大压力，身处市场，切实感觉到长虹东扩的气势！"

在海信的会议室里，总裁周厚健与下属们在不停地争论着海信产品该不该降价，对于海信来说，生死只在一念之间。谁也说服不了谁，大家的看法是：降价是死，不降价也是死，不如到市场上去看看。于是，海信的高层管理者们花了一个月的时间四处做市场调查，在那一个月里，他们深入实际进行调查，结果发现，尽管客户在乎价格，但更在乎产品性价比。他们认真研究后，做出决定：不降价！

1996 年 7 月 12 日，海信在人民大会堂山东厅宣布：海信不打价格战，海信将以"高技术、高质量、高服务"的三高战略回应价格战。海信总裁周厚健把海信的产品机芯展示出来，比其他品牌同型号彩电多了 12 个零部件，周厚健说："海信产品不降价。我们已经做到了质价相符，也就没有必要降价。"

1996 年 4 月，海信为应对长虹的价格战竞争，成立了众多办事处，负责各地区市场保卫与开拓，仅在山东一个省，就设了 14 个办事处。6 月底，海信近乎收复了失地，恢复到年初时的市场份额。

几个月后，持续降价的价格战结束，盲目跟风降价、参与价格战的电视机品牌损失惨重、溃不成军，只有海信存活下来。1996 年价格战后，泰山、双喜、牡丹、黄河、金凤等品牌最终消亡了。[一]

兵者，国之大事，死生之地，存亡之道，不可不察也。

1.1.3 问对

陈德智问企业家：陈德智的解读，是否切合实际？您还有哪些纠正与补充？

贾少谦（海信集团控股公司党委书记、董事长；下同）：德智教授的解读非常切合实际。海信一直非常重视对企业竞争与发展的研究，这对海信的稳健发展非常有帮助，是向优秀企业学习、借鉴的契机。从海信显示技术的发展历程看，从 20 世纪 70 年代开始，海信就持续学习国内同行以及日本、韩国、欧美的技术与产品理念，研究发展趋势，通过努力不断缩小与行业龙头的差距。

陈德智：好！

张诚泉（菲码（江苏）智能科技有限公司董事长兼总裁；下同）：陈教授的商解切合商业竞争实际。企业间市场竞争的结果左右着企业的生存及发展。商业竞争与战争的主要差别在于，战争是国家间的竞争，并且涉及人员伤亡，而商业竞争的结果主要导致企业的破产重组，更新迭代。新企业会不断地创立，行业竞争的演化速度非常快。

[一] 迟宇宙著. 海信突围，北京：北京大学出版社，2006 年版第 9，83 页。

陈德智：好！认同诚泉董事长的观点。

李巍（上海云序生物科技有限公司董事长兼总裁；下同）：陈教授解释得非常好。我认为企业竞争与战争有类似之处，某些竞争也直接关系到企业的生死存亡，只是，企业竞争没有战争那么残酷而已。企业竞争是多方面的，有时只要在一个细分领域掌握优势，就能谋求生存。在中国的电动汽车行业，比亚迪具有产业链优势，而理想汽车只是在一个非常细分的客户市场具有一定的竞争优势，就得以生存发展。企业只要在某些资源或技术上具有一定的竞争优势，就能获得一定的生存空间，同时，企业也常常是共生的。

陈德智：对于具有一定生存与发展空间的企业而言，竞争是否也需要认真研究呢？

李巍：对竞争肯定是需要认真研究的，无论竞争是激烈还是温和，都必须对其进行认真的调查分析与研究。还是举理想汽车这个例子，无论是最初的设想还是构思，围绕这个构思，把这项技术产品开发出来，让全中国乃至全球的客户都认可理想汽车所开发的“奶爸车”是符合自己需求的，就必须是经过认真的调查分析、研究开发与设计的。所以，商业竞争是关乎企业生存与发展的大事，不能不做认真的研究。

陈德智：好！

褚轶群（哈啰高级副总裁、两轮出行事业部总经理；下同）：陈教授的解读我认为是很有道理的。在企业经营过程中，虽然不同阶段有着不同的主航道和战略聚焦，但是对于任何一个志存高远的企业家来说，对于竞争的思考都是不应该缺位的，因为这是企业发展到足够的规模与市场渗透率后，或者直白点说做大做强后，行业开始出现进一步集中所必然要面对的。当行业还处在蓝海阶段的时候，这一点很容易被忽视，因为直面竞争总是伴随着更高的成本和现金流压力。当还有足够的市场空间可以去低成本扩张的时候，常听到的说法是，只要专注做好自己，就能取得最终的胜利。这种说法作为阶段性内部宣传倒是没有问题，可以有效地确保团队把有限注意力投入到增长中去，但对于企业的一号位来说，如果在企业长期战略思考中真的完全忽视这一点，很可能会在蓝海转红的时候吃亏。

不同的行业和不同的阶段，对于竞争在落地策略上是会有不同的。如果行业本身具备规模效应或者双边网络效应，那么即使是行业还处于发展初期，比对手更快地扩张，也是最好的竞争策略。比如网约车平台，这是一个具备非常强的双边网络效应的业态。这也意味着长期看赢者通吃，所以我们看到在行业刚启动不久，滴滴、快滴、Uber 等就展开了百亿级别的烧钱大战，其他想采取产品打磨、模式创新策略的对手，其竞争壁垒完全比不上规模扩张来得有效。当行业进入相对比较成熟的时期，成本优势是另一类比较常见的竞争策略，比如华为提出的“深淘滩，低作堰”，不过度追求利润，而是通过让利给客户的方式，刻意降低整个行业的利润，使行业后来者在达到领先者规模量级前完全无利可图。

陈德智：好！

1.2 道、天、地、将、法：五个战略要素的竞争力量分析

兵者，国之大事，死生之地，存亡之道，不可不察也。那么，怎么察呢？

孙子曰：**故经之以五事，校之以计，而索其情：一曰道，二曰天，三曰地，四曰将，五曰法。道者，令民与上同意也，故可以与之死，可以与之生，而不畏危。天者，阴阳、寒暑、时制也。地者，远近、险易、广狭、死生也。将者，智、信、仁、勇、严也。法者，曲制、官道、主用也。凡此五者，将莫不闻，知之者胜，不知者不胜。**

1.2.1 原解

孙子提出，可以通过“**经之以五事，校之以计，而索其情**”的分析方法，来研究战争的胜负。这里的“**经**”和“**校**”是一个意思，都是指“**比较**”。“**而索其情**”的“**索**”是什么意思呢？我们知道，纸上谈兵和战场上的战斗是存在差异的。在庙堂上的“**经**”和“**校**”，都是“**纸上谈兵**”，再怎么认真研究，都可能和实际交战的情况存在差异（尽管战前的战略分析也都是在实际调查的基础上进行的）。所以，到真正执行的时候，还要根据具体的实际情况重新进行分析、调整，使分析结果和决策更切合实际。这就是孙子说的“**索其情**”。

在这一节，我们先来解读“**经之以五事**”的战争分析、研究方法。

“五事”即**“一曰道，二曰天，三曰地，四曰将，五曰法”**。孙子认为，**“道、天、地、将、法”**这五个战略要素，决定战争的胜负。

（1）道者，令民与上同意也，故可以与之死，可以与之生，而不畏危。孙子在这里说的“道”，是指让民众与君王一条心，即保持在意愿和行为上的一致性。

（2）天者，阴阳、寒暑、时制也。是指会战时的天气、天候。

（3）地者，远近、险易、广狭、死生也。是指战场的地理状况。

（4）将者，智、信、仁、勇、严也。是指将军应该具备的能力素质。孙子认为，独立指挥军队作战的领军将领必须具备“智、信、仁、勇、严”五个方面的素质。智是指知识与智慧；信是指信用与信誉，同时包括信心；仁是指对国家的忠诚以及对士兵的关心与爱护；勇是指作战勇敢、敢于承担风险；严是指严格管理。梅尧臣曰：智能发谋，信能赏罚，仁能附众，勇能果断，严能立威。王皙曰：智者，先见而不惑，能谋虑，通权变也；信者，号令一也；仁者，惠抚恻隐，得人心也；勇者，徇义不惧，能果毅也；严者，以威严肃众心也。五者相须，阙一不可，故曹公曰：“将宜五德备也。”[㊀]

（5）法者，曲制、官道、主用也。是指部队的建制、管理制度和费用物资等。曲制是指军队的组织结构与制度；官道是指各级将校职

㊀ ［春秋］孙武撰，［三国］曹操等注，杨丙安校理．十一家注孙子，北京：中华书局，2012 年版第 9 页。

责；主用是指掌管物资费用的调配权力。

经五事，就是比较战争双方的五个战略要素，分析彼此的优势、劣势，以此判断自己能否取得胜利。

凡此五者，将莫不闻，知之者胜，不知者不胜。凡此五个方面，将领们没有谁不曾听说过，但只有透彻掌握的将领才能取得胜利，没有透彻掌握的将领则不能取胜。

那么，从商业竞争与发展视角，该怎么理解呢？

1.2.2 商解

（1）道。**“道者，令民与上同意也，故可以与之死，可以与之生，而不畏危。”**对于企业来说，“道”是指公司凝聚力，在竞争与发展中，团结一心，为共同的理想和目标而奋斗，让全体员工与公司董事长、总经理保持在意愿和行动上的一致性，同甘共苦，不畏惧艰难险阻。

任正非说：我既不懂技术，也不懂管理，也不懂财务。我就提了一桶“糨糊”，把18万员工黏结在一起，让他们努力冲锋。[㊀]

（2）天。**“天者，阴阳、寒暑、时制也。”**对于企业来说，在相同的政治与经济环境下的企业竞争，就是市场的争夺，就是客户的争夺。

㊀ 洛正阳.智慧与逻辑——华为创始人任正非“语录”分享，商业文化，2021年第3期。

据《史记·货殖列传》记载，治生者祖、商圣白圭（公元前370—前300年）说："吾治生产，犹伊尹、吕尚之谋，孙、吴用兵，商鞅行法是也。"白圭的经商原则是"乐观时变"，即留意观察不同时期市场供求及价格的变化。他把市场变化分为三个层次：

第一个层次，白圭预测商情之法可从天时变化来掌握丰歉规律："太阴在卯，穰；明岁衰恶。至午，旱；明岁美。至酉，穰；明岁衰恶。至子，大旱；明岁美，有水。至卯，积著率岁倍。"他认为，这十二年间天时和年景是按下列规律循环的：十二年中，每六年有一个丰年，而两个丰年中间则有一个旱灾之年，也就是六岁穰，六岁旱。根据这一规律，丰年收购粮食，歉年出售，获利很大。掌握天时及年景的这种循环起落规律，从而采取不同的经营对策。

第二个层次，是在每年之中，随着季节变换，市场需求（客户需求）的不同，经营活动也不同。粮食收获的季节，谷物价格就会降低，应收购粮食，出售非粮食商品。而到蚕桑成熟的季节，帛絮价格就会降低，此时当收购帛絮，出售谷物。这就是"夫岁孰取谷，予之丝漆；茧出取帛絮，予之食"的经商原则。

第三个层次，是市场上的即时变化。市场上随时都有供过于求的商品和供不应求的商品。供过于求的商品必然是人们争相抛售价格不断降低的商品，所以应该及时收购。供不应求的商品必然是人们争相抢购价格不断升高的商品，所以该及时出售。这就是白圭所谓"人弃我取，人取我与"的经商原则。把握了市场上商品供求和物价波动的规律，及时贱买贵卖，自然就可以不断获利，这就是经商必须知足与

权变的原因。[一]

现代企业的市场营销能力包括市场信息收集研究能力、定价能力（包括利用定价技能和系统快速应对市场变化、了解竞争对手的定价策略、有效地为产品或服务定价、监控竞争对手的价格和价格变化等）、新产品商业化开发能力、营销渠道能力、销售能力、分销能力（与分销商的关系强度、吸引和留住最好的分销商、为分销商业务增加价值、为分销商提供高水平的服务支持等）、营销传播能力（包括广告、公共关系、品牌等）、营销策划能力（营销策划技能、有效细分和瞄准市场的能力）等多维度能力的集合。[二] 多方面的营销能力充分体现出公司综合能力，为赢得客户、满足客户需求，实现客户满意度，实现持续营收与发展。

战争的目的是争取为人民的服务权力，获得人民的支持并为政府的服务而照章纳税，所以，得民心者得天下；企业的竞争与发展也是为了给更多的客户提供产品和服务，赢得客户为其提供的产品或服务买单，从而获取收益以求发展，所以，得客户者得市场。

[一] 张守军. 孙子兵法与白圭经商，商业研究，1988年第3期第23-25页。

[二] MORGAN NA，VORHIES D W，MASON C H. Market orientation，marketing capabilities，and firm performance，Strategic Management Journal，30（8）：pp.909-920（2009）.
TAKATA H. Effects of industry forces，market orientation，and marketing capabilities on business performance：An empirical analysis of Japanese manufacturers from 2009 to 2011，Journal of Business Research 69（2016）5611-5619.

中国上市公司协会会长、中国企业改革与发展研究会会长宋志平先生说：我经常讲四大主义，其一就是客户主义。我认为，我们所做的一切都是为客户服务，都是为了创造客户，所以**客户是我们企业的江山**。我认为企业要稳健发展，经济发展有周期，有些行业也有周期。企业要注意发展节奏，重视周期性变化，防范各种风险。周期上行时可快一些，周期下行时可慢一些，无论快和慢都要突出一个“稳”字。㊀

（3）地。**“地者，远近、险易、广狭、死生也。”**对于企业的竞争与发展来说，“地”是什么呢？从产业价值链来看，可理解为企业生存与发展的资源基础。由此，对于企业而言，“地”就是“资源采购能力”或“资源获取能力”。

制造业的资源采购包括原材料资源、人力资源（劳动力资源、科技人才、经营管理人才等）、科技资源、金融资源、信息资源以及资源获取渠道能力或供应链管理能力、社会资源、政治经济等资源获取能力。服务行业与制造业有所不同，比如，旅游服务行业的资源采购包括交通（汽车、火车、飞机等）、住宿（酒店、民宿等）、景点等。各行各业的企业竞争与发展，资源采购都非常重要，所谓“巧妇难为无米之炊”。

（4）将。**将者，智、信、仁、勇、严也**。以这五个方面来衡量总经理、高级经理人的综合素质为许多学者所认同。因此，“将”就是

㊀ 宋志平．既要创新＋资本，也要技术＋管理，经理人，2023年第5期第6–8页。宋志平．变局之下企业如何稳健经营，中国农垦，2023年第2期第35–39页。

指公司总经理和高级经理在这五个方面的综合能力。

（5）法。**法者，曲制、官道、主用也**。对于企业而言，“法”就是组织管理能力。包括企业的组织结构、组织管理制度、财务管理制度等。

经五事，就是以这五个要素作为战略要素进行竞争力量的比较分析。由于每个要素对竞争力量的重要程度是不完全等同的，因此，需要对每个要素分别赋予权重。在具体分析时，采取专家打分法，首先对五个战略要素的权重进行评估，再对每个要素进行比较打分，最后计算竞争双方的加权得分及加权总分。

分析、计算出竞争的每一方的总计加权得分，就是通过比较五个战略要素后得出的综合竞争实力，也就是孙子说的“算”（算筹，胜利条件），由此知晓双方各自的“胜算”多少。孙子曰：“多算胜，少算不胜，而况于无算乎！”

凡此五者，将莫不闻，知之者胜，不知者不胜。读过或听人讲过孙子兵法的企业家都知道“道、天、地、将、法”这五个战略要素，但只表面知道是远远不够的，只有深刻、透彻掌握这五个战略要素在竞争中的作用与重要程度（权重）及在什么条件下能够改变战略要素的作用与权重、从而达到“多”算，能够做到动态分析、灵活运用的企业家，才能够赢得竞争。

1.2.3　问对

陈德智问企业家：陈德智的解读，是否切合实际？您还有哪些纠

正与补充？

贾少谦：德智教授解释得很清晰，切合实际。

张诚泉：是的，商解基本覆盖了企业的战略要素。我认为“将”可以扩展为公司的管理层及主要核心骨干。“天”除了表现为公司的市场营销能力外，也可以解释为客观市场变化所产生的机会，诸如行业处在巨变阶段。譬如诺基亚手机的失败是因为智能手机市场的崛起，非行业内的苹果公司采用颠覆式创新改变了手机市场的竞争格局。“地”除了指公司获取资源的能力外，我认为还可以体现为公司已经积累的竞争壁垒，就是我们所谓的“护城河”，是防御竞争对手蚕食公司已有市场份额的能力。相对而言，“天”是指夺取市场的进攻能力。

陈德智：诚泉董事长补充的观点很好，市场发生变化的时机把握是很重要的。产业技术变革具有一定的周期性，新产品开发既需要根据客户已有的需求，也需要预测客户需求的变化，技术变革一定会带动客户需求发展。所以，市场营销能力不仅包括市场发展预测分析和新产品开发等，还包括及时把握客户需求的市场时机，正如我们的商祖白圭从三个层次把握市场客户需求的变化，所谓“乐观时变”。企业拥有生产经营所必需的资源，或在采购 / 获取所必需的资源能力上具有很强的优势时——这种采购 / 获取资源能力包括长期合作积累的信任、情感以及利益相关性等，也包括通过资本纽带（参控股）等，即成功构筑了资源护城河。

李巍：陈教授解读得很详细，非常切合实际。我有一个问题，怎么做才能让公司全员在意愿和行动上保持一致呢？

陈德智：李巍董事长提的问题很好！一般来说，可从两个方面使公司上下保持一致：一是自愿性一致，主要是通过愿景、目标、价值观、思想理念等从精神层面来提高公司全员的自愿性一致程度。但人的价值观和思想不是一成不变的，长期保持一致的人虽然有，但也有人会发生变化；二是被迫性一致，即通过各项规章制度保持一致性。公司各项规章制度，既有积极、激励性作用，比如绩效考核的激励、薪酬激励、员工持股激励以及业务能力培训、职业发展等激励制度，有益于提高员工的自愿性一致程度。同时，制度还有约束、控制作用，比如，公司招聘员工的合同中有聘任期，在聘任期内，要求员工遵守公司的各项规章制度，在工作价值观与工作行为上与公司保持一致。

李巍：好！

李巍：“天”就是“市场营销能力”！很多时候在中国的商业竞争，最主要的是营销能力的竞争，好的营销要配合战略。“地”是资源获取能力，包括资源整合能力。企业从小到大，“法”越来越重要，企业越大，“法”越重要，制度越要严明，执行制度越要高效。

陈德智：好！李巍董事长补充得很好！资源获取能力确实应该包括资源整合能力，资源整合能力是创新、创业以及动态竞争与发展中，获取竞争优势的动态能力之一。

褚轶群：陈教授解读得很成体系。对于“天”的解读，我个人的理解会有一些不同之处，提出供参考。营销在企业中固然是极其重要且生死攸关的能力，但相对来说还是有些偏向于自身可影响的范围，而在战场兵法中，天时似乎更强调的是“借”或者“顺”，是对于大势大力的一种判断与巧妙运用。基于这个思路，我偏向于认为“天”是要读懂大势所趋，从而顺势而为。读懂政府的政策大方向是很典型的顺应大势，电动车行业的发展历程就是很好的例子，这里面的佼佼者当如宁德时代。技术变迁也是大势，个人计算机的兴起，互联网的出现，移动互联网的普及，都是典型的大势。顺势而为的企业，能取得一般正常行业难以望其项背的发展速度与成就。

陈德智：铁群提出的问题很好！与铁群商榷：顺应产业政策而为，其目的是取得市场发展，赢得更多客户！公司存在的根本原因或理由是有需要这家公司提供产品或服务的客户，没有客户的企业，就没有存在的价值，当然也就不可能生存了。无论是电动汽车还是宁德时代，如果没有客户购买它们的产品，或者说没有客户为它们的“顺势而为”买单的话，它们也就没有存在的价值了。

顺应产业政策的变化，是众多企业家的共识。能否顺势而为，取决于企业的资源能力。在有意愿也有能力、意图顺势而为的众多企业中，展开对市场的开拓与发展，开发与发展客户，比拼的是市场营销能力，赢得客户购买力，取得发展绩效。对于电动汽车而言，许多企业家都想抓住这个“机会风口”，顺势而为飞起来，但正是由于这种跟风的行为，造成产品的高度同质化，导致客户争夺异常激烈。

1.3 道、天、地、将、法、兵众、士卒、赏罚：八个战略要素的竞争力量分析

如果通过比较五个战略要素，就能够清楚地分析出战争双方的实力，那么，就可以做出明确的决策了。如果“经五事”分析后，还不能够清楚地分析出战争双方实力的话，就要进行“校之以计”分析，即在“五事”（五个战略要素）的基础上，再增加三个要素，即总共要对八个战略要素进行比较，对比分析战争双方的实力。

即比较：**主孰有道？将孰有能？天地孰得？法令孰行？兵众孰强？士卒孰练？赏罚孰明？**

1.3.1 原解

通常，人们把“**主孰有道？将孰有能？天地孰得？法令孰行？兵众孰强？士卒孰练？赏罚孰明？**”谓之以“七计”，但这里边有个问题，即孙子在“五事”（道、天、地、将、法）中，把“天”“地”各自作为一个独立的要素，而在“七计”中却把“天”与“地”合在一起作为一个要素即“天地孰得”，而事实上，对于战争，“天”“地”是各自独立地影响战争的战略要素。因此，我们在实际运用中，还是应该把“天”与“地”分开，这样，孙子所说的“校之以计”，实际上是“校八计”，也就是比较八个决定战争的战略要素，即：

一，谁的君主更能取得民众的支持？

二，谁的将领更有作战能力？

三，天气条件对谁更有利？

四，地理条件对谁更有利？

五，谁的组织管理更有利于战争？

六，谁的武器装备更强大？

七，谁的士卒更训练有素？

八，谁的赏罚制度更分明有效？

“校”是比较，“计”是条件。孙子曰：**“夫未战而庙算胜者，得算多也；未战而庙算不胜者，得算少也。多算胜，少算不胜，而况于无算乎？吾以此观之，胜负见矣。”**（《孙子兵法　计篇》）

孙子进一步提出的八个战略要素，只是在 1.2 节“经五事”的（1）（2）（3）（4）（5）这五个战略要素基础上，再加上三个战略要素，即：

（6）兵众。“兵众孰强”的“兵众”是指军队的“武器装备”。

（7）士卒。“士卒孰练”是指哪一方的士卒训练有素。在中国古代，士卒不是指单个士兵。在 2500 多年前的春秋时期，百人为卒。卒是军队中的基本作战单位。

（8）赏罚。“赏罚孰明”是指哪一方对将士赏罚分明，即有功则奖，有过则罚。

孙子曰：**夫未战而庙算胜者，得算多也；未战而庙算不胜者，得算少也。多算胜，少算不胜，而况于无算乎？吾以此观之，胜负见矣。**这里的“算”是指“算筹”，引申为“胜利条件”。

那么，从商业竞争与发展视角，该怎么理解呢？

1.3.2 商解

在 1.2.2 中，已经对（1）道、（2）天、（3）地、（4）将、（5）法这五个战略要素进行了商解，下面对（6）兵众、（7）士卒、（8）赏罚进行商解。

（6）兵众。在企业中，是指企业的技术与设备、设施先进程度，表现出的技术与设备的竞争能力，包括物化的设备技术、研发与工艺技术等，即技术（硬技术 + 软技术）的总和，由此，“兵众”可理解为“企业技术能力”。

（7）士卒。在企业中，“士卒孰练”可理解为员工整体素质。

（8）赏罚。在企业中，对待员工奖罚分明、公平合理是非常重要的。“赏罚”就是“激励机制”。

校之以计即校八计，比较竞争双方或多方在八个战略要素上的加权得分，具体分析方法同 1.2.2。

通过比较具有竞争关系的企业的五个或八个战略要素，即可以得出竞争对手各自的综合竞争实力。计算得出的综合实力就是孙子说的“算”，就可以判断出在正常状态下进行竞争，谁能够取得胜利。

1.3.3 问对

陈德智问企业家：陈德智的解读，是否切合实际？您还有哪些纠正与补充？

贾少谦： 德智教授的商解切合实际，具有切实的实践价值。

张诚泉： 八个战略要素非常贴切地描述了企业竞争力。“士卒”表达为员工的整体素养，我认为其中也应该包括基层单元的创新活力，比如持续改善的精益管理思想。

陈德智： 诚泉董事长的观点非常好！诚泉非常注重研发与创新，受诚泉邀请，我曾于 2007 年暑期给威侃公司员工讲解价值工程。那时，威侃公司还比较小，总共 50 多名员工。员工们很愿意学习，课间围着我问问题。课程结束后一周多，诚泉给我打电话说：员工回到工作岗位后，就开始运用价值工程原理，开展创新活动。

作为公司最小的作战单元，当个人目标与组织目标统一起来，个人就有动力，公司就有活力。TCL 华星曾提出“齿轮理论”，以小齿轮带动大齿轮，目的是打破职能限制，清除发展障碍，激发员工创业创新精神。㊀

李巍：“赏罚”很重要，具有普适性。制度要落地，最终就要落实到奖惩上。如果员工很好地执行制度，就应该给予奖励；如果违反制度，就应该给予惩罚。

褚轶群： 非常同意陈教授的解读。关于员工素质这一部分，不同类型、不同阶段的企业，对于员工素质的需求是有一定差异化的，这和企业技术能力，赏罚可动用的资源，是有比较强的相关性的。建议可以考虑进一步挖掘几个要素之间的内在联系，也许会有不一样的视角。

㊀ 秦朔，戚德志著．万物生生：TCL 敢为 40 年 1981—2021，北京：中信出版集团，2021 年版第 120 页。

陈德智：褚总的建议非常好，请各位读者根据各自的实践进行研究、思考。

1.4 将者，智、信、仁、勇、严也：选拔领军人才——总经理的标准

孙子曰：**将听吾计，用之必胜，留之；将不听吾计，用之必败，去之。**

1.4.1 原解

这句话，有两种不同的注释：第一种注释是，从孙子自己求职的视角，认为这个“将”读 jiang（读一声），是“如果”“假如”之意。意思就是：如果吴王您听我的计策，用我必胜，我就留下；如果您不听我的计策，用我必败，我就离开。第二种注释是，**这个“将”是带兵将领的“将”（jiang 读四声），是孙子从吴王阖闾的视角说，将领若听从吴王您的计策，用之必胜，就留任使用；将领若不听从吴王您的计策，用之必败，就不留用。**人们认为这两种注释都说得通，但戚继光等人士认为第二种解释更切合实际。我认同第二种解释。

既然我们认为孙子所说的“将”是指战略执行、带兵打仗的“高级将领”，那么，该按照什么标准去选拔这样的将领呢？孙子曰：**“将者，智、信、仁、勇、严也。”**孙子认为，带兵打仗的高级将领要具

备“智、信、仁、勇、严”这五个方面素质。曹操曰：“将宜五德备也。”梅尧臣释义为：“智能发谋，信能赏罚，仁能附众，勇能果断，严能立威。”

那么，从商业竞争与发展视角，该怎么理解呢？

1.4.2 商解

陈德智针对孙子提出的将之五德，对著名企业家任正非先生进行个案研究，归纳出以孙子将之五德为标准的优秀企业家的指标为：

（1）智。具有智谋的决策能力。包括：①管理知识与经验；②专业知识与经验；③战略智慧；④管理智慧。

（2）信。具有奖罚分明的激励员工的能力。包括：①与员工有共同信念；②战略自信；③信任下属；④诚信。

（3）仁。受员工拥戴的能力。包括：①爱护员工；②宽容他人；③胸怀广阔。

（4）勇。果断决策的能力。包括：①敢于冒险；②敢于承担责任；③敢于自我批评；④决策果断。

（5）严。保持威严的统御能力。①严于律己；②严格管理；③严格要求下属。

在企业竞争与发展中，如果是大公司或集团公司，独立事业部的总经理就是战略执行的高级将领，即可以运用孙子兵法提出的将之五德的标准进行选拔。

如果董事长（或企业老板）按照孙子提出的“智、信、仁、勇、严”的五德标准，选择了优秀领军人才作为总经理人选后，董事长要非常认真地与总经理候选人讨论公司竞争与发展战略。如果公司总经理认同董事长既定的竞争与发展战略，则董事长即可聘任候选人为总经理；或者根据董事长提出的战略愿景与目标，总经理候选人提出了实现战略目标的方案与措施，得到董事长认同，则董事长也即可聘用候选人为总经理。

1.4.3 问对

陈德智问企业家：陈德智的解读，是否切合实际？您还有哪些纠正与补充？

贾少谦：我认为，孙子提出的将之五德非常适用领军人才的选拔标准。在五德方面的重要程度，我认为：第一是“仁”；第二是“智”；第三是“信”；第四是“勇”；第五是“严”。在“智”里面，应该有克服短期、近利的大格局、大视野和长期能力。

陈德智：少谦董事长的观点非常好！

张诚泉：已经非常全面。“智”方面还可以包括企业家的不断学习能力。

陈德智：认同企业家要有持续学习能力。企业家具有持续不断的学习能力，意味着具有很强的好奇心驱使企业家学习与创新，不断探索未来。

李巍：陈教授解读得很详细，很切合实际。陈教授根据对任正非企业家素质进行的案例研究所提出的将之五德的企业家标准，堪称完美的总经理（CEO）。我认为，对于企业家或领军人才而言，“智”是首要的；第二位是“勇”，勇，更重要的是敢于承担责任；第三位是“信”，要诚信，无论是对客户还是对员工；第四位是“严”；第五位是“仁”，做公司最重要的就是把公司做好，至少在同行业中，员工的工资福利要比同行业的好，员工在公司里能够学到本领，能够得到发展，这就是对员工或对社会最大的企业家价值。

陈德智：好！

褚轶群：对于领军人才的选择，绝对是企业的重中之重，特别是对于已经开始进行多元化经营领域拓展的企业，这一点陈教授的提法非常到位。同时具备这五个方面的一号位管理者是非常难得的，在实际操作中，有时候不得不做出取舍。比较常见的情况是，对于那些已经成长到非常大规模的业务，需要且有充足资源空间来吸引全面的管理者操盘，而对于探索性或者起步型的业务板块，通常需要根据业务特性和阶段重点，在这五个方面有一定的侧重来挑选帅才。在一些大型的集团型业务中，有时候会说某某管理者适合从 0 到 1，某某适合从 1 到 100，这也从侧面体现了在选人上的差异。

1.5 计利以听，乃为之势，以佐其外：任用总经理的原则

孙子曰：**计利以听，乃为之势，以佐其外。势者，因利而制权也。**

1.5.1 原解

“计利以听”包括三层意思：①对决定战争胜负的条件进行对比分析后，战争双方胜利条件的多少已经非常清楚；②根据分析结果，国王已经有了或提出了战争的战略或谋略；③任命的将领认同分析的结果和国王的战略或谋略。[㊀]

“乃为之势，以佐其外”是说，如果国王任命的将领认同分析结果和国王的谋略，国王就可以让将领在都城之外进行战略布局，造势与辅佐，进攻或防守。国，是指国都城内，打仗在都城外。将在都城外打仗的权力授予将军，将军佐其外。

“势者，因利而制权也。”所谓“势”，是发挥出来的战斗力。在瞬息万变的战争环境下，要根据敌人和战场环境的变化，随时调整作战力量，即调整布局，随机应变，时刻把握有利因素的主动权而采取行动，赢得战争。所以，**“势者，因利而制权也”**是说：兵无常势（兵，是指兵力，军队与武器等），要随机应变（兵力部署要随机而变化）。随机应变即**“因利而制权”**。我们常说“权衡”，其中的“权”是秤砣，“衡”是秤杆。“权衡”就是要时刻衡量战争双方作战力量的大小，一旦出现有利时机，就立刻抓住，才能发挥出最大的战斗力，取得胜利。

那么，从商业竞争与发展视角，该怎么理解呢？

㊀《说文解字》对“计”的注释包含两个基本意思：①會也（合也），筭（算）也；也就是“总计、总和”“计算的结果”；②谋略、计策；设想、打算。

1.5.2 商解

如果选拔出的领军人才（待任命的领军领导者即总经理）能够清醒理智地认识到公司与竞争对手的竞争实力分析结果，认同公司愿景与使命、公司董事长的战略思想与原则，并且能够根据董事长的战略思想与原则，提出切实可行的战略方案和实施策略等，那么，公司董事长可通过合法程序任命选拔的领军人才为公司总经理或事业部总经理，责令其对业务进行战略规划、战略布局、实施战略等，去赢得竞争，取得良好的战略绩效。对其进行充分授权，以便于被任命的总经理根据市场竞争环境、竞争态势的瞬息万变，灵活机动地调配资源，调整战略战术，赢得动态竞争。

1.5.3 问对

陈德智问企业家：陈德智的解读，是否切合实际？您还有哪些纠正与补充？

贾少谦：德智教授解释得很清楚，切合实际。

张诚泉：完全认同。

李巍：陈教授解释得非常清楚，非常切合实际。

褚轶群：陈教授很好地用“权衡”二字精炼了用人之道，特别是在灵活应对竞争环境的变化上。这一点和现在比较流行的企业 OKR 应用中，对于 O 和 KR 项应当定期重新校准，允许灵活调整的思路不谋而合。即目标不应该是一成不变的，而应随势而变，正如互联网企业中常说的一句话：唯一不变的就是改变。如何在变化中权衡放权与管理，从而实现业务发展与风险控制的合理平衡，这种动态调整对齐是非常重要的。

陈德智：铁群补充的观点非常好！

1.6　兵者，诡道也：灵活善变的战略战术

孙子曰：**兵者，诡道也。故能而示之不能，用而示之不用，近而示之远，远而示之近。利而诱之，乱而取之，实而备之，强而避之，怒而挠之，卑而骄之，佚而劳之，亲而离之。攻其无备，出其不意。此兵家之胜，不可先传也。**

1.6.1　原解

“诡道”的诡，是奇异、诡谲的意思。孙子在这里说的“诡道”与“道德”上的诡诈是不同的。

能而示之不能，用而示之不用，近而示之远，远而示之近。这四个策略都是在敌方不知道我方军事实力的前提背景下，我方采取的伪装策略，以蒙蔽敌方放松对我方的戒备，出现有利于我方取得胜利的战机，以便于我方及时进行战略布局，抓住有利战机，取得胜利。

利而诱之，乱而取之，实而备之，强而避之，怒而挠之，卑而骄

之，佚而劳之，亲而离之。这八个策略则是：根据敌方将领特点或缺陷、敌方的实力、团结状态，而采取的针对性策略，目的同样是为我方创造有利战机，进行战略布局与行动，取得胜利。

孙子讲的“诡道”是指误敌、隐蔽自己的真实企图，给敌方以假象，让敌方产生错觉，导致判断上的失误。就实质而言，这是战争情报战，即想方设法让敌方不了解我方，而我方要完全了解敌方。

诡道的核心是“**因利而制权**”的“**权变**”思想，孙子强调作战要打破常规、灵活多变。

那么，从商业竞争与发展视角，该怎么理解呢？

1.6.2 商解

对于商业竞争而言，“诡道”可以理解为商业情报在竞争中运用的具体策略。

“**能而示之不能，用而示之不用，近而示之远，远而示之近**”这四项，在商业竞争中，是企业商业机密的保护策略。企业要尽可能地做到“先知”与“全知”竞争对手，而要让竞争对手对我们“一无所知”，即不了解我们的真实实力和战略举措。在激烈的动态竞争环境下，企业为了生存与发展，都非常重视对竞争情报的搜集、分析与加工利用，但是，很多企业在关注对手信息的时候，常常忽略了竞争对手也在用尽各种办法来获取自己的竞争情报。这就要求企业在进行竞争情报收集研究的同时，进行反竞争情报收集的对策研究与实施。孙子兵法的**“能而示之不能，用而示之不用，近而示之远，远而示之近”**教导我们在保护自己的商业机密的同时，还能够误导竞争对手，因此，是反竞争情报的有效策略。

“利而诱之，乱而取之，实而备之，强而避之，怒而挠之，卑而骄之，佚而劳之，亲而离之”这八项，是在对竞争对手“先知”与“全知”的前提下，根据竞争对手的特征、实力、状态等，采取针对性的、有效的战略战术。

1.6.3　问对

陈德智问企业家：陈德智的解读，是否切合实际？您还有哪些纠正与补充？

贾少谦：德智教授解释得很清晰，切合实际。

张诚泉：解读是合适的。由于信息技术的发展，企业的保密工作还体现在通过信息系统的权限设置来控制技术机密。市场方面通过小代价的试错来试探竞争对手的反应。

李巍：陈教授解释得很清楚，也很切合实际。

褚轶群：陈教授的解读非常切合实际。商场如战场，情报体系是看不见硝烟的战争，这对双方一号位的战略判断，会起到非常重要的作用。

1.7 多算胜，少算不胜，而况于无算乎：竞争力量大小是决定胜负的法则

孙子曰：夫未战而庙算胜者，得算多也；未战而庙算不胜者，得算少也。多算胜，少算不胜，而况于无算乎！吾以此观之，胜负见矣。

1.7.1 原解

孙子说的“算”是指“算筹”或“筭”，[㊀] 引申为胜利条件或综合军事实力。孙子的庙算是战前的纯净评估，即对孙子提出的决定战争胜负的五个或八个战略要素，进行得分评估。

那么，从商业竞争与发展视角，该怎么理解呢？

1.7.2 商解

“算”（筭）在商业竞争中就是综合竞争实力。所谓“庙算”即是在未实施竞争行动前所进行的正式、严谨的竞争分析过程，包括详细、切实地对竞争环境、竞争对手等的调研、竞争数据收集等，然后进行缜密分析。

通过比较自己的企业和具有竞争关系的企业，在不同竞争环境下

㊀ 古代的“筭”一般是六寸长的小竹片或小木棍，是计数目的筹码。

（或不同条件下）的五个或八个战略要素的加权得分总和，即可以分析得出自己和竞争对手各自的综合竞争实力。计算得出的综合竞争实力就是孙子说的“算”。根据在竞争之前的竞争分析结果，就可以判断出，在什么样的竞争环境下（或条件下），竞争对手之间的各自综合竞争实力的大小（即“算”的多少），得分（“算”）多的就有可能胜利，得分（“算”）少的就不能胜利。如果比较分析后，没有任何胜算（得分为零）的一方，失败的可能性很大！㊀

“多”算，是相对“多”，而非绝对“多”。即在竞争中，己方投入的竞争力量相对于竞争对手多，并非一定是整体竞争力量或公司竞争力量的总和。所以，我们要在“知彼知己、知天知地”的基础上，判断在什么条件下、采取何种战略行动时，我们的竞争力量能够达到最大，这就是“多”算的含义。

1.7.3　问对

陈德智问企业家：陈德智的解读，是否切合实际？您还有哪些纠正与补充？

张诚泉：陈教授的解读切合商业竞争与发展实际。我认为除了综合竞争力的评估，还可以根据竞争者各自的发展态势，通过仿真、模拟和推演的方法，推算竞争者未来竞争力的发展趋向，从而预测竞争态势的变化。

㊀ 陈德智著. 孙子兵法商业战略，北京：机械工业出版社，2021 年版。

陈德智：是的！

李巍：陈教授解释得很清楚，也很切合实际。

褚轶群：在实际业务中，陈教授倡导的“谋而后动”确实是有效避免盲目投入的策略。一个典型场景是，在企业主营业务进展到一定规模后，往往会开始探索多元化经营。这个时期往往是主营业务已取得了很好的市场地位，并累积了一定的资源。然而，若没有经过严谨客观的“算”的过程，企业容易在一个新领域中过度自信，甚至在还没有摸清商业本质的时候就贸然投入大量资金。比如，社区团购的风口兴起之时，来自不同领域的企业在极短的时间内纷纷投入重金。但事后观察，很多企业其实是在没有摸清赛道本质和资金实力对比的情况下就盲目跟风进场，结果导致损失惨重。

陈德智：轶群的补充观点与实例非常好！

学者与企业家问对

第2章

作战篇

作战，即始战、战争准备，并非指一般作战之事。张预注曰："计算已定，然后完车马、利器械、动粮草、约费用，以作战备。"

孙子在作战篇中，从战争对国家人力、物力、财力的依赖性出发，着重论述了战争对各种资源的巨大耗费，提出：①"兵闻拙速，未睹巧之久也"的战略原则；②"因粮于敌"的资源争夺策略；③激励士卒和"兵贵胜，不贵久"的战略原则，以及"故知兵之将，生民之司命，国家安危之主也"。

孙子曰：凡用兵之法，驰车千驷，革车千乘，带甲十万，千里馈粮，则内外之费，宾客之用，胶漆之财，车甲之奉，日费千金，然后十万之师举矣。

其用战也胜，久则钝兵挫锐，攻城则力屈，久暴师则国用不足。夫钝兵挫锐，屈力殚货，则诸侯乘其弊而起，虽有智者，不能善其后矣。故兵闻拙速，未睹巧之久也。夫兵久而国利者，未之有也。故不尽知用兵之害者，则不能尽知用兵之利也。

善用兵者，役不再籍，粮不三载。取用于国，因粮于敌，故军食可足也。

国之贫于师者远输，远输则百姓贫。近于师者贵卖，贵卖则百姓财竭，财竭则急于丘役。力屈、财殚，中原内虚于家。百姓之费，十去其七；公家之费，破车罢马，甲胄矢弩，戟楯蔽橹，丘牛大车，十去其六。

故智将务食于敌，食敌一锺，当吾二十锺；萁秆一石，当吾二十石。

故杀敌者，怒也；取敌之利者，货也。故车战，得车十乘已上，赏其先得者，而更其旌旗，车杂而乘之，卒善而养之，是谓胜敌而益强。

故兵贵胜，不贵久。

故知兵之将，生民之司命，国家安危之主也。

2.1　故兵闻拙速，未睹巧之久也：求真务实地追求效率

孙子曰：凡用兵之法，驰车千驷，革车千乘，带甲十万，千里馈粮，则内外之费，宾客之用，胶漆之财，车甲之奉，日费千金，然后十万之师举矣。

其用战也胜，久则钝兵挫锐，攻城则力屈，久暴师则国用不足。夫钝兵挫锐，屈力殚货，则诸侯乘其弊而起，虽有智者，不能善其后矣。故兵闻拙速，未睹巧之久也。夫兵久而国利者，未之有也。故不尽知用兵之害者，则不能尽知用兵之利也。

2.1.1 原解

“驰车千驷”指配备四匹马的轻型战车达一千辆，“革车千乘”指重型战车一千辆，“带甲十万”描述的是穿戴盔甲的军人数量，泛指军队规模庞大。“内外”涵盖了前方与后方的所有事务，“宾客”则是指战争期间需要往来的各国使节、游士、说客等。“胶漆之材”指的是制造与维修武器装备的物资，“车甲之奉”则涉及车、甲等装备的保养与补给。“日费千金”形象地描绘了战争费用的高昂，只有如此庞大的开销，十万大军才能出动。**“其用战也胜，久则钝兵挫锐，攻城则力屈，久暴师则国用不足。”**是指以这样规模（十万之众）的军队作战，宜速胜，若战事拖延，军队将疲惫不堪，士气受挫，攻城乏力，支撑战争的国力有耗尽的风险。

这一小段主要阐述了战争成本极其高昂，资源耗费巨大。如果战争拖得过久，将导致国力衰竭，其他诸侯国趁机入侵，则有亡国之危险。**“虽有智者，不能善其后矣。”**是说即使有睿智高明的人，也难以拯救危局。所以，孙子强调：**“故兵闻拙速，未睹巧之久也。”**意思是，只听说过通过看似并不高明的方法迅速取得胜利，却没见过追求精妙战法却导致战争久拖不决的情况。

“拙”除了“笨拙”的意思之外，还有“质朴或朴实”的含义。它强调的是官兵通过质朴务实的选拔、训练和作战方式来实现速胜和全胜，这实际上是一种大智若愚的智慧。

实现速胜的“拙笨”方法大致有三种情景：

（1）突围。在面临严重危机的情况下（比如被敌人围困或围追堵截），必须抓紧时间，快速寻找时机，拼命突围。除此之外，别无他法，否则，必将面临全军覆没的风险。这种看似笨拙的突围方法，在危急关头却是不得已而为之的高明之举。

（2）攻坚。当攻坚成为取得整个战役的核心关键时，也就是说，只要把这个关键点攻克下来，敌人整个战线就会崩溃，我们就能够发起全面进攻并快速取得胜利。这时，也只能采取“拙笨”的硬碰硬攻坚策略，以实现快速且全面的胜利。这种情境下的“拙笨”方法，也是为赢得全局胜利的高明之举。

（3）第三种是以表面上（看上去）的“拙笨”来迷惑敌人，从而采取隐蔽性的行动，取得快速、全面的胜利。比如，韩信的“背水一战”，背水布阵看似“拙笨”，却是为了迷惑敌人从而出奇制胜，实为高明策略。孙子强调，长期处于战争状态或把战争拖得过久，对国家是非常不利的。所以，要深切地理解战争的害处。如果不能理解战争有害的一面，也就不能理解战争有利的一面。

那么，从商业竞争与发展视角，该怎么理解呢？

2.1.2 商解

在商业竞争中，价格战无疑是最为激烈的竞争方式。一些行业中的“烧钱大战”层出不穷，既浪费了资源，又伤害了消费者。孙子在第二篇的第一段中提到战争成本太过高昂，同样的，商业竞争中的长期价格战的竞争成本也非常高昂，在激烈的烧钱大战中，破产倒闭的企业比比皆是。所以，最好的竞争方式或策略是避免价格战等血拼式的恶性竞争。

孙子提出的**“故兵闻拙速，未睹巧之久也”**在商业竞争与发展中的意义非常重大。竞争是关系到企业生存与发展的大事，企业在心理与行为上，切不可刻意追求表面的、形式上的精妙，而是要切合实际地提高效率，最大限度地追求竞争战略绩效。

（1）“价格战”是消耗战，所以当竞争对手发起价格战时，企业要想办法尽快结束价格战。如果竞争对手不肯停止，甚至有愈演愈烈的趋势，且不能避开时，如果企业资源能力较强，可以采取看似“拙笨”的正面快速跟进策略，固守自己被攻击的市场领域。在竞争对手比较强的正面，不主动攻击而只是防守，让竞争对手为取得一点点市场份额而付出较大的损失，直至其陷入严重亏损的困境。同时，快速分析并抓住竞争对手的薄弱之处，进行猛烈攻击，深耕细作自己强势的细分领域，快速赢得价格战，快速结束价格战。

艺龙选择旅游行业中的细分市场竞争，集中优势攻打酒店预订服务。[㊀] 艺龙总裁认为，在酒店预订领域必须要做到行业第一，否则没有未来。因此，艺龙希望通过“价格战”获取更多市场份额，取得行业第一。通过大力推广艺龙消费券以及加强对低星级酒店的渗透等策略，艺龙的酒店预定收入增长较快——2010 年第二季度的酒店销量同比增

㊀ 赵春风．旅游电子商务网站差异化战略研究：以艺龙旅行网为例，北京邮电大学 MBA 论文，2013 年 5 月。

长58%，高于携程34%的增速[一]。2013年12月，携程向艺龙客户发送“携程各个酒店都比艺龙便宜10%”的消息。随后，艺龙公开指责携程“2/3的酒店比艺龙贵10%”，向携程“约战”[二]，比拼促销力度和价格。在艺龙的猛烈攻击下，携程的酒店业务似乎很危险。携程的高管们对于打价格战显露出迟疑和不情愿，认为会严重损失公司利润。梁建章站出来说服大家：“行业内携程规模最大，市场占有率最高，服务体系相对更完善，流程以及成本控制各方面条件都还可以。携程在成本控制方面做得相对不错，运营能力也很强，完全有能力打价格战，打到对方亏本时我们还能赚钱。”[三]携程没有回避艺龙发起的价格战，而是采取正面直接跟进策略。通过一年多的价格战，艺龙严重亏损、陷入困境，最终为携程所收购。

携程以看似“拙笨”的跟进式价格战，取得了全胜。

（2）以“一贯的朴实勤奋，提高效率、保持高效率”，赢得高绩效快速发展。

三一重工文化的一个重要精髓就是“疾慢如仇”，强调以最快的速度对市场、对客户做出反馈，以最快的速度推出新产品、新工艺，以简洁明快、日事日清的风格做事。[四]向文波总裁说：“三一是一家疾

[一] 陈健健．艺龙酒店销量增幅首超携程，中国证券报，2010年8月18日第A12版。

[二] 携程剑指BAT“X”，2014年09月12日，中国产经新闻报（https://finance.sina.com.cn/roll/20140912/001520269945.shtml）。

[三] 秦姗，邓攀．梁建章X档案，中国企业家，2014年第1期第42-54页。

[四] 编辑部．疾慢如仇，中国质量万里行，2005年8月第20-22页。

慢如仇的企业”，“狮子和羚羊的赛跑，只有速度的差异”。[一]

（3）面对关键的竞争，以速度（效率）为前提，成本次之。尽快取得胜利，以避免陷入长期竞争的困境。

在参加2000年美国国际消费类电子产品展览会（CES）时，海信董事长周厚健心里沉甸甸的。他每参加一次展会，这种沉重感就加重一层。这一次他更加明确一个事实：没有自己的芯片，就没有中国电子产业的未来。缺乏核心技术，就无法生产出一流产品，即便能生产，也未必获得可观的收益。国外一流企业凭借其拥有的自主知识产权来制约我们，要求我们支付高额的知识产权费用高达20%以上，这严重压缩了我们的利润空间。如果我们自己没有芯片，只能依赖他人，那么我们的整机产品也将失去选择权，只能跟随他人步伐。

2000年12月，周厚健召集了一次内部专题会议，主题是研究开发芯片的可行性。一个极为严肃的课题摆在面前，中国虽然有7000多万台彩电的产能，却没有一片中国芯。海信到底有没有能力实现零的突破？芯片研发是一个高风险、高投入的领域，全部成果都依赖于计算机中的数据和代码，一旦失败，投入的巨资将付诸东流。然而，面对这样的挑战，海信研发中心战嘉瑾等七八位年轻工程师主动请缨，他们的理由很简单：海信一定要有自己的芯片，只要企业给予支持，芯片研发一定可以成功。就这样，周厚健董事长拍板定音，决定启动芯片研发项目。周厚健太希望拥有自己的芯片了，因为，这是成

㊀ 编辑部．三一重工“疾慢如仇”，商务周刊，2007年第23期第72-73页。

为世界领先家电企业的关键，他决心做一次赌博，为了海信！[1]

2000 年底，海信组建研发团队，每年投入近千万元研发自己的芯片。在忍受 4 年多只有投入没有成果的寂寞后，2005 年 6 月，海信成功研发出中国第一款具有自主知识产权的数字视频处理芯片，将其命名为“信芯”。这款芯片陆续获得 30 多项专利，其中发明专利 9 项。温家宝总理为此题词：“立足自主研发和技术创新，企业才有生命力；拥有自主知识产权和核心技术，企业才有竞争力。”“信芯”的研发成功和产业化，彻底打破了国外垄断，直接导致同类进口芯片价格从最初的 10 多美元下降到 8 美元。用上自己芯片的海信平板电视，居国内市场第一位。[2]

2.1.3　问对

陈德智问企业家： 陈德智的解读，是否切合实际？您还有哪些纠正与补充？

贾少谦： 德智教授解释得很翔实。

张诚泉： 陈教授的解读非常切合实际。在我们公司所面对的很多 ToB 端的客户中，客户的采购部门常常因为公司的考核压力对供应商进行压价，常用的方式便是引进外部新供应商进行价格竞争。但引入新的供应商需要时间和流程，所以通常客户采购部门会先期比较价格

㊀ 庞丽静．海信铸就中国“信芯”，招商周刊，2005 年第 28 期。

㊁ 郑国清．海信：技术创新赢市场，市场报，2008 年 7 月 9 日。

从而决定是否引进新供应商。他们会挑选几个采购量大的物料，找外部供应商进行比价。比价的结果通常是我们价格偏高，于是客户便会提出让我司降价的要求。如果我司不愿降价的话，客户基于利益考量将不得不引入新供应商。一旦新供应商引入，未来客户系统中所有的物料将面临价格竞争，对我司来讲面临长期的竞争损失。因此，最佳的策略是适度降价，承受个别物料的利润损失，不刺激客户引入新供应商。另外，由于客户引入新的供应商流程本身也有管理成本，降价时需充分考虑降价幅度，使降幅给客户带来的利益略高于引入新供应商所获得的总收益，从而将降价引起的损失减至最小。这一降价策略满足了客户采购的短期绩效目标，使其放弃引入新供应商，并常常给我们带来新项目机会。从长期看，降价策略反而让我司获益良多。这个案例充分说明，在价格竞争中，最佳策略是接受短期的利润损失，从而避免长期的价格竞争。

陈德智：诚泉董事长的实例非常好！表面看似“不高明”，却能尽快解决问题，避免价格竞争所带来的长期损失，并持续赢得客户业务需要，获得长期竞争优势、持续发展。

李巍：陈德智老师用商业世界中的“价格战”类比战争，非常贴切。价格战是一种非常激烈的竞争形式，一定要谨慎使用。**“不尽知用兵之害者，则不尽知用兵之利也。”**和真实的战争一样，“价格战”在“杀敌”的同时也在极大地消耗自身的资源。企业家必须清醒地认识到这一点，发动价格战前，一定要全面而审慎地评估价格战的“害”与“利”，否则可能适得其反。就如艺龙和携程的案例，我认为从艺龙的角度，在主动发起价格战前并没有充分评估双方的资源以及后果。2012 年，艺龙的酒店业务约占总营收的 7 成，而携程只占 3 成多。而且无论是业务规模，还是账面现金余额，携程都远胜艺龙。这种情况下，艺龙针对酒店预订业务主动发起价格战，是相当危险的，相当于压上自身全部资源去攻击对手的局部业务。事实情况也的确如此，在携程对艺龙发起的价格战进行反击后，艺龙迅速陷入亏损的泥潭，最终被携程收购。

陈德智：李巍董事长分析得很好！

褚轶群：从陈教授对于兵法的解读中，我联想到了企业在不同竞争格局和市场地位下其实具备不同的优劣势，可以基于自身的情况采取不同的竞争策略。

以价格战为例，这是一种典型的竞争方式，对于市场份额落后的企业来说，价格战的优势在于当市场份额大幅低于对手时，同等幅度的价格补贴对于规模更大的竞争对手来说是更大的失血。这里需要评估的是，是否自身在融资能力和现金流上具备较大优势，如果是，则完全可以采取速战速决的方式，快速压低价格逼迫对手跟进，待到市场份额持平甚至超过后结束战役，在新的市场格局下回到正常发展轨道。这里对双方战役期间现金流的准确评估是一个关键考量因素，否则反而会弄巧成拙，加速自身败亡。而反过来对于市场份额领先的企业来说，应对价格战的底气需要来源于规模效应带来的成本和利润领先，以及规模带来的融资成本下降，这些都是会随着时间累积的优势，所以在战前不断深入精细化运营的长期能力底盘建设，拉大与竞争对手在盈利能力上的差异，在战时持续评估双方的现金流状况，甚至有策略地让出一些市场份额来消耗对方的资金，选择对方现金流耗尽想要结束战争的时机，主动出击，延长战事以拖垮对手，都是可以选择的战略。

这里可以看到，不管是处于哪种地位，要选择正确的策略，“知彼知己”这一兵法的核心思想都是关键的基石。

2.2 取用于国，因粮于敌：竞争资源的争夺

孙子曰：善用兵者，役不再籍，粮不三载。取用于国，因粮于敌，故军食可足也。

国之贫于师者远输，远输则百姓贫。近于师者贵卖，贵卖则百姓财竭，财竭则急于丘役。力屈、财殚，中原内虚于家。百姓之费，十去其七；公家之费，破车罢马，甲胄矢弩，戟楯蔽橹，丘牛大车，十去其六。

故智将务食于敌，食敌一锺，当吾二十锺；萁秆一石，当吾二十石。

2.2.1 原解

“善用兵者，役不再籍，粮不三载。取用于国，因粮于敌，故军食可足也。”这句话是说，善于打仗的将领，不会两次三番地从国内

征调士卒，也不会频繁地从国内转运粮草。必要的武器装备从本国取用，而通用的粮草补给在敌国就地解决，这样，军队的粮草就可以满足需要了。这句话的重点在于“取用于国，因粮于敌”。

“国之贫于师者远输，远输则百姓贫。近于师者贵卖，贵卖则百姓财竭，财竭则急于丘役。力屈、财殚，中原内虚于家。百姓之费，十去其七；公家之费，破车罢马，甲胄矢弩，戟楯蔽橹，丘牛大车，十去其六。”这句话是对为什么要“因粮于敌”的解释。基本的意思是：如果远征打仗的军需物质、粮食给养等都需要不断地从国内远途输送、供应，则会拖垮国内的经济和资源供给，导致百姓的粮草、财源枯竭。

所以，孙子曰：**故智将务食于敌，食敌一锺，当吾二十锺；萁秆一石，当吾二十石。**即有智慧的将领，必力求从敌方手里夺取粮草等军需物质。从敌方夺得一份粮草，其效用相当于从国内起运粮草二十份。这不仅仅是由于从国内远途运输粮草的路途成本消耗，更深刻的道理是，如果我们从敌方夺取一份粮草，意味着我们增加一份的同时敌人减少一份。我们的战斗力量增加，而敌人的战斗力量则减少。所以说，**智将务食于敌！**

那么，从商业竞争与发展视角，该怎么理解呢？

2.2.2　商解

（1）**“善用兵者，役不再籍，粮不三载。取用于国，因粮于敌，故军食可足也。”**在商业竞争与发展中，孙子兵法中的**“取用于国，**

因粮于敌”，主要是对原材料资源、人力资源、金融与政策等资源的争夺。所以，**“取用于国，因粮于敌”**也可理解为“本土化”或“当地化”策略。

可口可乐的“当地主义”即在“当地”设立工厂，在“当地”筹措资金，在“当地”招募工人，在“当地”推销产品。换言之，除了可口可乐的秘密配方外，所有制造可口可乐的厂房、机器、资金、工人、技术乃至推销都由当地人来充任，可口可乐总公司只需要派一名全权代表主持工作。“当地主义”使可口可乐走向了世界市场，赢得了巨额的利润。[一]

可口可乐第四任总裁伍德鲁夫说：“技术和质量控制完全由我们传授给当地人，只要他们掌握了就能确保产品质量无忧。重要的是我们必须这样做，外国消费者对美国货不会永远迷信。他们的爱国之心会逐渐增强，像饮料这样的日常消费品如不借助当地人的力量，很难在海外长期立足。让全世界的人都喝可口可乐，只有搞‘当地主义’，让当地人来掌握生产和销售，才能永久立于不败之地。”[二]

充分开发利用当地各种物资与人力资源、金融与政策等资源，就能降低或控制企业经营成本，从而提高经营效率与绩效、增强竞争优势。

㊀ 李细建．跨国企业的当地化营销策略及其启示：可口可乐的当地化营销探析，发展研究，2010年第2期第89-91页。

㊁ 万城．让全世界的人都喝可口可乐，美国可口可乐公司海外市场营销策略，经济论坛，1998年第7期第728-729页。

（2）“国之贫于师者远输，远输则百姓贫。近于师者贵卖，贵卖则百姓财竭，财竭则急于丘役。力屈、财殚，中原内虚于家。百姓之费，十去其七；公家之费，破车罢马，甲胄矢弩，戟楯蔽橹，丘牛大车，十去其六。”

如果跨国企业选择在海外投资建厂，以生产加工产品，所需要的员工、原材料等却需要不断地从国内远途输送、供应的话，无疑会提高制造成本。当然，若东道国缺乏关键原材料或价格高昂，从本国运输也是必要之举。所以，实施本土化策略，根据当地实际情况灵活调整资源供给方案，成为降低成本、提升竞争力的关键。

（3）“故智将务食于敌，食敌一锺，当吾二十锺；萁秆一石，当吾二十石。”这一智慧同样适用于商业竞争，特别是跨国企业在东道国的投资、竞争与发展中。企业应优先在当地解决通用性资源的获取问题，而对于稀缺的战略性资源，尤其是高端人才，其争夺更为激烈。在东道国，高端人才资源有限，跨国公司若能多吸引一位或一批，则直接削弱了其他竞争对手的实力。这种资源争夺的一得一失，正是竞争优势差异的根源所在。

因此，在国际化竞争中，企业需从成本控制与质量保证的双重角度出发，尽可能实现人力资源、物资资源等的全面本土化。以特斯拉（Tesla）上海超级工厂为例，其本土化策略成效显著：

（1）技术研发本土化。2021年10月25日，备受期待的特斯拉上海研发创新中心和特斯拉上海超级工厂数据中心在临港建设落成。上海研发中心也成为特斯拉在美国以外的首个海外研发中心，标志着特斯拉中国本土化战略的全面推进。研发中心共设置28个实验室，现阶段专注于特斯拉在华软硬件、流程和技术的开发工作，同时承担中国市场的应用适配和标准测试，并参与全球AI机器学习的相关研发工作。其中，低压电子实验室、固件实验室、材料实验室是该研发中心三个具有代表性的中国本土化研发团队。特斯拉方面表示，未来特斯拉上海研发创新中心还将围绕整车、充电设备及能源产品等进行更多原创开发工作，发展成为与美国研发中心同等规模的综合型研发中心。通过技术部门本土化策略，其本质是争夺中国高端研发与专业技术人才，为后续持久获得产品升级以及当地市场占有率奠定基础。[㊀]

（2）人力资源本土化。人力资源本土化是最基本的本土化策略。重视引进了解中国政治、经济、文化、习俗等专业人才，以便做决策时能够更好地符合中国国情。利用中国本土劳动力，节约人力成本，从竞争对手处获得人才以抢占市场先机，提升劳动竞争力。本土化的优秀人才对当地语言及消费习惯都十分了解，能够疏通公司客户以及政府官员沟通交流关系等，取得中国政府产业政策及上海市政府各方面的大力支持。

（3）产品与营销本土化。特斯拉在中国上海设立超级工厂，并非单纯地把国外产品简单地引入中国，而是结合中国实际，开发生产出

㊀ 钱童心．特斯拉上海研发中心和数据中心正式启用，第一财经日报，2021年10月26日第A04版。

更多适应中国人需要的产品。特斯拉进入中国之前，详细地了解中国的风俗习惯、消费者的生活习惯以及产品心理预期，在此基础上进行产品创新升级，把洋品牌做本土化，甚至通过亲情营销的方式来减少文化差异的冲突，以此获得消费者的好感和忠诚度。㊀

特斯拉全球副总裁陶琳表示：上海超级工厂是特斯拉在中国本土化发展的重要里程碑。以上海超级工厂为起点，特斯拉开始广泛地与中国供应商进行业务合作，全面深入中国市场。“目前（2022 年），特斯拉的中国零部件供应商本土化率已经超过 95%，99.9% 的员工都是中国人。”陶琳给出这两个数字，描述特斯拉本土化战略的成果。㊁

2.2.3 问对

陈德智问企业家：陈德智的解读，是否切合实际？您还有哪些纠正与补充？

张诚泉：在我们从事的制造业中，有相当多的外资企业选择将畅销产品本地化生产，以维持在中国市场的竞争力。关键考量在于成本控制和交货时间。国外生产的成本一般远高于国内，起初因为技术和品牌积累的市场终将被本土竞争对手追赶并失去优势，所以尽快本土化将生产成本降下来，阻止本土竞争对手的进入是上策。同时，本土

㊀ 崔忠权．从特斯拉（Tesla）上海超级工厂分析跨国企业“本土化”策略，中国市场，2021 年第 29 期。

㊁ 吴丹璐．特斯拉正成“中国制造”一部分，解放日报，2022 年 11 月 10 日第 006 版。

化生产缩短了交付周期，提高客户满意度的同时，增强了客户黏性，从而构建了坚实的竞争壁垒。

陈德智：诚泉董事长的补充解释既具体又务实。

李巍：陈德智老师对于"取用于国，因粮于敌"的商业解读非常具有启发性。我觉得"因粮于敌"，还可以理解为通过并购或人力资源等策略合规地从竞争对手公司获取自身缺乏的战略资源。以我们科技行业为例，一个突出的矛盾就是：技术迭代过快和专业人才培养周期长之间的矛盾。因此，高端技术人才资源就是一种非常稀缺的行业战略性资源。本行业比较成功的企业，都在"因粮于敌"方面做得比较好。通过公司并购或人力资源规划，合法合规地"挖角"竞争对手的成熟技术人才，不仅可以有效避免由于内部人才培养周期过长而导致错过新技术红利期，而且可以削弱竞争对手的实力。

陈德智：非常好！

褚轶群：陈教授的解读我认为对于中国公司当下的出海热潮是很好的方向指引。以人力资源为例，中国对比欧美等发达国家市场，总体劳动力成本仍保持着不错的比较优势，而对比其他发展中国家，劳动力质量上又相对胜出，所以比较容易让初涉出海的企业忽略海外本土化人才团队的建设。而不管从品牌的融入，工作签证的限制，到本地供应链整合等方面，长期来看本土化都是必由之路。

2.3 取敌之利者，货也：激励、奖赏在竞争中取得绩效的员工

孙子曰：**故杀敌者，怒也；取敌之利者，货也。故车战，得车十乘已上，赏其先得者，而更其旌旗，车杂而乘之，卒善而养之，是谓胜敌而益强。**

故兵贵胜，不贵久。

故知兵之将，生民之司命，国家安危之主也。

2.3.1 原解

“故杀敌者，怒也”是指战前动员时，要激发将士们的斗志，使之奋勇杀敌。**“取敌之利者，货也。”**强调对于夺取敌人财物的将士，要给予实物奖励。**“故车战，得车十乘已上，赏其先得者，而更其旌旗，车杂而乘之，卒善而养之，是谓胜敌而益强。”**意指在车战中，对于缴获敌车十乘的将士，给予奖励，并将俘获的车辆更换成我方的旗帜，与我方战车混杂在一起，同时，优待敌方俘虏。这样做，既能战胜敌人，又能增强我方实力。

“故兵贵胜，不贵久。故知兵之将，生民之司命，国家安危之主也。”此为第二篇的结语。孙子在此反复强调战争耗费巨大，故而提出了一个非常重要的作战原则：**兵贵胜，不贵久。**战争应力求速胜，避免久拖不决，以免陷入困境，耗尽国力。

因此，孙子认为，具有高超战略智慧与卓越指挥才能，能战必胜且速胜的领军将领，实为民众命运与国家安危的主宰。

那么，从商业竞争与发展视角，该怎么理解呢？

2.3.2 商解

孙子兵法第二篇的这一小段虽然比较简单，但对商业竞争有着深刻启示。企业在商业竞争中，要构建具有竞争力的激励机制，涵盖考核、薪酬以及职业发展等多个维度、以业绩为导向，激发员工潜能。

商业竞争与战争具有一定的相似性，价格战便是典型例证。价格战成本巨大，所以，要尽量避免；如果不能回避，则要积极应对，并尽快结束，以免长期陷入，危及企业生存。

孙子在篇末提出**"故兵贵胜，不贵久"**的战略战术原则，与篇首第一小段中**"故兵闻拙速，未睹巧之久也"**相呼应，旨在强调激烈竞争的成本太过高昂，资源浪费巨大，所以，面对不可避免的激烈竞争，一定要速战速决！企业家雷军认为，商业竞争核心是效率。[一] 研究竞争、懂得竞争并善于竞争[二] 的企业家是企业生存与发展的主宰。

[一] 对话雷军：打造小米生态链，十年改变中国，数码世界，2015 年第 1 期第 70–74 页。

[二] 研究竞争、懂得竞争并善于竞争的核心意义在于：实施一套全面而深入的"知彼知己、知天知地"的战略分析框架，包括校之以计的竞争力量分析和行业发展趋势、市场与技术发展趋势预测分析研究等。在此基础上，应充分认识到长期陷入激烈竞争的弊端，并深刻领会"兵贵胜，不贵久"的战略战术原则。随后，灵活运用孙子兵法后续篇章中的多样化策略及其组合，努力达到"不战而屈人之兵"乃至"不战而全胜"的战略发展目标。

“兵贵胜，不贵久” 胜在前，所谓速胜，是以最快的速度取得胜利，速度只是手段而不是目的。

效率效益背后的X：TCL集团创始人、董事长李东生明确将“效率领先”定为TCL华星[㊀] 的战略。时任TCL华星CEO的薄连明和华星团队通过探索，找到了四个关于效率的X指标：一是投资产出最大化；二是设备稼动率（设备可以用于创造价值的时间所占的比率）；三是爬坡周期和良率（爬坡周期是指产品良率达到90%所需的时间周期，良率是指合格品量占全部加工品的百分比）；四是产品组合优化（优化产线规划、产品结构和客户组合）。这四个效率领先指标成了TCL华星核心竞争力的基石。如果再加上效益，则效益领先有两个指标：一是产品平均售价（产品平均售价的驱动因素是产品竞争力和客户竞争力：①超越同行、稳定的产品质量，得到客户的普遍认同；②在产品结构上，高端产品占比要远远超过同行；③在客户结构上，头部品牌愿意为高品质、高技术产品支付溢价；④新产品推向市场的速度要快）；二是成本（①物料清单成本最优；②制造成本最优；③从头到尾降低产线成本，通过增加产出降低成本；④降低营销研发费用；⑤降低市场服务费用）。经过不断校验和简化形成一个公式：

$$华星指数=(\frac{产能指数}{100}\times\frac{稼动力指数}{100}\times\frac{良率指数}{100}\times\frac{产品平均售价指数}{100})$$

公式中的产能、稼动力、良率、产品平均售价这四个要素就是华

㊀ TCL华星光电技术有限公司（简称“TCL华星”）。

星效率效益领先的关键。

作为以高科技制造为基础的重资产企业，华星自成立之初，就铆足劲奔跑，围绕产能、速度、成本，以挑战高目标为荣，秉持“一天当两天用，全年任务提前半年完成”的高效理念，追求产能极大化、良率极致化、成本极小化与周转极速化。这种极致追求让华星的一条生产线的盈利超过主要竞争对手四条半生产线的盈利。[㊀]

李东生说：“面对行业的激烈竞争，华星不拼规模，只拼效率，只有把关键的工作在最短时间内做到最好，才能撑起生存空间。”

2.3.3 问对

陈德智问企业家：陈德智的解读，是否切合实际？您还有哪些纠正与补充？

贾少谦：德智教授的解读非常切合实际。在企业战略决策和日常经营管理中，我们面临很多需要辩证思考的议题。比如：企业必须追求效率，快速决策、快速行动往往能够成为企业的竞争优势，所谓的“快鱼吃慢鱼”。但另一方面，又不能单纯地追求速度，或者很大程度来讲，欲速则不达。在某些情况下，稳健慢行反而能更快地达成目标，慢就是快，快可能就是慢。海信一直以来都秉持着“安全大于利润，利润大于规模”的准则，正是对这一辩证思维的深刻体现。

㊀ 秦朔，戚德志著．万物生生：TCL 敢为 40 年 1981—2021，北京：中信出版集团，2021 年版第 114-120 页。

陈德智：少谦董事长深谙管理哲学，善于辩证思维。确实，盲目快速扩张与草率冒进导致的失败案例屡见不鲜。我非常赞同您的观点！

张诚泉：陈教授的解读非常切合我们的实际经验。正如在 2.1 节案例中所展示的，通过牺牲短期利益来避免长期价格战的策略。我们公司在考核销售人员业绩时，不只考核销售额，更侧重考核销售利润，引导销售人员采用差异化的产品和服务为客户提供价值，与公司的差异化竞争战略保持一致。通过这样的考核机制，我们避免了销售人员为冲销售额而频繁降价，既保障了公司的利益，也提供了足够的利润空间奖励员工，形成正反馈。

陈德智：诚泉董事长以自己公司对销售人员的考核策略为例，生动展示了如何在保证公司利益的同时激励员工，形成正向循环，有效避免了价格战。谨记“兵贵胜，不贵久”原则中“胜”在前，即在“胜”的前提下追求速度，而不能一味地追求速度。

李巍：陈德智老师的解读和总结非常贴合实际。

褚轶群：陈教授的解读很切合我们的现实情况。

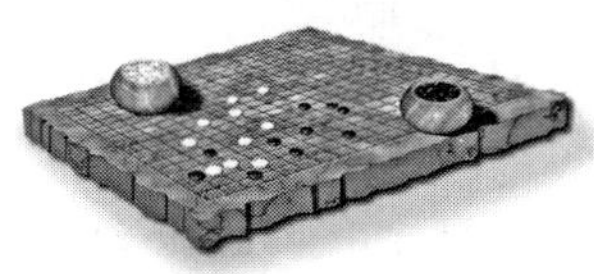

学者与企业家问对

第3章 谋攻篇

孙子在作战篇中反复强调，战争成本高昂，耗费巨大，故而主张尽量避免战争，力求和平。然而，如果是不得不打的战争，又该怎么打呢？孙子在谋攻篇中做出了回答：①确立追求全胜的战略目标体系；②按战争成本由低到高的次序提出“上兵伐谋，其次伐交，其次伐兵，其下攻城”的策略选择的优先原则；③提出“兵不顿而利可全”的谋攻原则与方法；④指出具备五德的将领是国家的宝贵辅佐，国君应充分信任将领，不宜盲目干涉军事行动，以免扰乱军心，不战自败。

孙子曰：凡用兵之法：全国为上，破国次之；全军为上，破军次之；全旅为上，破旅次之；全卒为上，破卒次之；全伍为上，破伍次之。是故百战百胜，非善之善者也；不战而屈人之兵，善之善者也。

故上兵伐谋，其次伐交，其次伐兵，其下攻城。攻城之法，为不得已，修橹辒辒，具器械，三月而后成；距闉，又三月而后已。将不胜其忿而蚁附之，杀士三分之一，而城不拔者，此攻之灾也。

故善用兵者，屈人之兵而非战也，拔人之城而非攻也，毁人之国而非久也。必以全争于天下，故兵不顿而利可全，此谋攻之法也。

故用兵之法，十则围之，五则攻之，倍则分之，敌则能战之，少则能逃之，不若则能避之。故小敌之坚，大敌之擒也。

夫将者，国之辅也，辅周则国必强，辅隙则国必弱。

故君之所以患于军者三：不知军之不可以进，而谓之进；不知军之不可以退，而谓之退，是谓縻军。不知三军之事，而同三军之政者，则军士惑矣。不知三军之权，而同三军之任，则军士疑矣。三军既惑且疑，则诸侯之难至矣，是谓乱军引胜。

故知胜有五：知可以战与不可以战者胜；识众寡之用者胜；上下同欲者胜；以虞待不虞者胜；将能而君不御者胜。此五者，知胜之道也。

故曰：知彼知己者，百战不殆；不知彼而知己，一胜一负；不知彼，不知己，每战必殆。

3.1　不战而屈人之兵，善之善者也：最完美的追求是“不战而全胜”

孙子曰：凡用兵之法：全国为上，破国次之；全军为上，破军次之；全旅为上，破旅次之；全卒为上，破卒次之；全伍为上，破伍次之。是故百战百胜，非善之善者也；不战而屈人之兵，善之善者也。

3.1.1　原解

国，指诸侯国领地。按照春秋时期的军队编制，军是 12500 人；

旅是 500 人；卒是 100 人；伍是 5 人。

孙子说：打仗的基本原则是，无论面对的敌人是一个国，还是一个军或一个旅、一个连队、一个班组，在保全我方的前提下，使敌人完整无损而降服为上策；击破敌人使其降服是下策。因此，百战百胜非最高境界；不交战而使敌屈服才是最好的战略。

孙子说的这段话有三个知识点：

第一，是“全”。“全”与“破”是两个相对的概念。“全”的意思是完整无损，而“破”的意思是造成无法补救的破坏。贾林说：“全得其国，我国亦全，乃为上。”所以，这个“全”字，旨在保全我方的同时也保全敌方。

第二，是“不战”，即不战而屈人之兵的“不战”。所谓战，就是使用武力进行交战。显然，“不战”就是“不交战”。但是，不交战，却不等于不进攻。从战略家的观点来看，必须采取攻击行动，才能达到积极的目的。从这一观点分析可以看出，“不战”只是不使用武力进行“交战”。

第三，是“屈人之兵”。人们常常把“屈人之兵”说成是使敌人屈服。其实也可以这样理解：孙子提出的不战而屈人之兵，并非一定要让对手屈服，而是主张不通过武力“交战”的手段，来解决矛盾或冲突。

孙子兵法在战略上的最高追求是“不战而屈人之兵”，提出了从国家层面到班组层面的全胜战略目标体系，即：全国为上，破国次之；全军为上，破军次之；全旅为上，破旅次之；全卒为上，破卒次之；全伍为上，破伍次之。这就构成了由“不战而屈人之兵”为总体目标的战略目标体系。

那么，从商业竞争与发展视角，该怎么理解呢？

3.1.2　商解

在商业竞争中的“不战”就是不实施价格战，那么，商业上的“不战而屈人之兵”就是不采取价格战而解决竞争双方的矛盾或冲突，进一步说，就是不以恶性的价格战为手段，避免两败俱伤，从而取得竞争上的最后胜利。

孙子曰：**“凡用兵之法：全国为上，破国次之；全军为上，破军次之；全旅为上，破旅次之；全卒为上，破卒次之；全伍为上，破伍次之。是故百战百胜，非善之善者也；不战而屈人之兵，善之善者也。”**在商业竞争发展中，又如何制定不战而胜的战略目标体系呢？我们可以这样理解，作为独立组织的企业，应从公司层面到事业部层面、部门层面和班组层面，从上至下，避免价格战与不正当竞争，以全胜为目标，构建不战而获得全胜的战略目标体系。

在商业竞争与发展中，孙子说的“全”，可以从可持续发展的视角理解，即经济效益、社会效益和环境效益：

第一，在保全自己健康与良性发展的同时，也要保全竞争对手的生存与发展。在竞争中，要尽力保全企业自身的经济收益不受到损失或损失最小，同时，也尽力保全竞争对手损失最小。

第二，要注重社会效益，不要对社会产生不良甚至恶劣影响；要特别注意不要伤害消费者利益；要承担起就业人口的就业责任，不可因竞争而随意裁员；要合法经营，照章纳税，不可偷税漏税等。

第三，不得浪费资源，不污染环境等。

3.1.3 问对

陈德智问企业家：陈德智的解读，是否切合实际？您还有哪些纠正与补充？

张诚泉：恶性价格竞争的结果必然是双输的，只有创新和公平的良性竞争才有利于行业的长期发展。尤其对于很多存在于狭缝市场中的行业来说，这一规律更为显著。S公司曾是我司在MRO市场的竞争对手，其在过往的多年间通过超低价格从我司夺取了部分市场份额，并且公司口号是把我司打垮。而我司选择并不回应价格战，而是通过品质和服务保住了高端客户的市场份额。近期S公司的老总主动找我沟通，表示其低价策略表面上取得了市场份额，但是极低的利润和高昂的电商成本并未给他们带来预期的回报。相反，恶性的低价竞争导致双方利润受损，也没有足够的现金流来研发更好的产品，以支撑公司的长期可持续发展。低价低质的产品在客户眼中成了一次性使用的产品，造成了大量的资源浪费。S公司的老总对我司新开发的打印材料非常感兴趣，他希望与我司合作共同培育高端市场，防止未来再次陷入价格战。他认为，只有把市场做大，实现双方互利共赢，才是支撑公司可持续发展的良性竞争之道。

陈德智：诚泉董事长的这个切身实例举得好！

李巍：陈德智老师的解读非常切合实际。企业的经营目的一定是在为社会和消费者创造价值的基础上，合理地获取经济效益。合格的企业家需要思考的是，如何用最小的经济或社会资源代价获得企业的成功。不计代价地沉溺于价格战，本质上是一种零和思维，是缺乏战略性思维的体现。中国摩托车品牌在越南市场进行的恶性价格战就是一个例子。虽然他们在短期内获取了不错的市场份额，但由于一味强调低价而忽视了产品质量，最终带来的是中国品牌口碑的全面溃败。辛辛苦苦靠自相残杀获得的市场份额又拱手让回给了日本品牌。可见，价格战只是手段，不是目的，恶性的价格战更是不可取。企业家必须从可持续发展的视角出发，为社会和消费者可持续地提供价值。

陈德智：南洋理工大学黄昭虎教授在讨论孙子兵法“远形”时认为：“在一个遥远或对双方都陌生的区域，外来者与外来者最好不要竞争。”所以说，到越南开拓、发展的中国摩托车品牌公司不该自相恶性竞争。

褚轶群：陈教授解读得很成体系。其中对于不战的解读，我个人的理解会有一些不同之处，提出来供大家参考。价格战固然是商业竞争中一个很重要的方式，但其代价也很惨重，且并不是唯一方式，还有不少其他种类的竞争方式也会造成巨大的代价。让竞争对手连竞争的欲望都无法产生，可能是更往前一步的“不战”。

比较典型的例子是华为曾经提倡的“深淘滩，低作堰”，他们主动基于自身的成本优势更多让利给客户，维持行业利润在一个不算很高的水平。这使得新的竞争对手入场时面临着高额的基础建设投入，以及微薄的利润率带来的长期亏损预期，从而让潜在的竞争对手望而却步。

光刻机行业是另一个类型的例子，企业通过巨额的技术投入不断推高壁垒，使得几乎没有企业敢于在不借助国家推动的力量下，独自踏入这个领域。

陈德智：轶群讲得非常好！是的，就是不打恶性的价格战，而赢得竞争。

3.2 上兵伐谋，其次伐交，其次伐兵，其下攻城：依成本低高递次选择竞争策略

孙子反复强调，战争成本太过高昂，因此主张最好是不打仗。对于不得不打的战争，也主张“不战而屈人之兵”。那么，该如何做出战略选择呢？

孙子曰：**故上兵伐谋，其次伐交，其次伐兵，其下攻城。攻城之法，为不得已，修橹轒辒，具器械，三月而后成；距闉，又三月而后已。将不胜其忿而蚁附之，杀士三分之一，而城不拔者，此攻之灾也。**

3.2.1 原解

孙子按成本由低到高的次序提出了四种策略：

（1）**上兵伐谋**。上兵，“上”是“上等”“最优”“最好”；“兵”是“打仗”“作战”。“上兵伐谋”即指上等的或最优选的打仗策略是“伐谋”。

伐谋有两种解释：

①梅尧臣认为，上兵伐谋是“以智胜”；王皙曰：“以智谋屈人最为上”；[一]《司马法》曰：“上谋不斗”。即以智慧谋略取胜，采取非直接武力对抗策略。在没有战争或刚刚出现战争端倪时就积极地运用战略智慧，防患于未然或将战争消灭于萌芽之中。

②曹操注释曰：“敌始有谋，伐之易也。”即若识破或知晓敌人刚刚萌生攻打我们的谋略，我们就立即对其攻伐，破解其谋略，则为上策。但周亨祥等学者认为曹操的注释不妥。[二]

（2）**其次伐交**。比“伐谋”次一等的策略是通过“伐交”取胜，即通过外交手段，破坏敌人的联盟，巩固自己的联盟，以阻止战争爆发，解决矛盾冲突。例如，秦欲侵吞六国，苏秦约六国不事秦，而秦闭关十五年，不敢窥视山东也。伐交也属于“非武力对抗性策略”，即诡道之“亲而离之”；而巩固自己的联盟，则是“利而诱之”等策略的运用。

（3）**其次伐兵**。比“伐交”次一等的是“伐兵”。“兵”指兵械、

㊀ [春秋] 孙武撰，[三国] 曹操等注，杨丙安校理．十一家注孙子，北京：中华书局，2012年版第44页。

㊁ [春秋] 孙武原著，周亨祥译注．孙子全译，贵阳：贵州人民出版社，1992年版第21页。

兵器、武器，即使用武器取胜，属于“直接武力对抗性策略”。伐兵，主要指野战。虽然是使用武力征伐，但在打仗时也需要智慧、谋略和外交的配合。

（4）其下攻城。孙子认为最下策是攻城。这是在不得已的战争状态下做出的策略选择，通常属于“逆势直接武力对抗性策略”。攻城之所以是最下策，孙子做出了详细的解释：**“攻城之法，为不得已，修橹轒辒，具器械，三月而后成；距闉，又三月而后已。将不胜其忿而蚁附之，杀士三分之一，而城不拔者，此攻之灾也。”**

修橹是制造攻城时用以侦察敌城的望城楼。**轒辒**，是古代攻城的四轮车。**具器械**，是置备攻城的各种器具、器械。**距闉**，是为攻城而堆积的、向敌城推进的土丘。**蚁附**，是形容攻城士卒像蚂蚁一样攀墙登城。制作望城楼和攻城车、置备攻城器具，需要三个月；堆积攻城的土堆，又需要三个月；前后准备共需六个月，人力物力耗费巨大。如果带兵将领焦虑愤怒，而令士卒像蚂蚁一样攀墙登城，被守城敌军杀伤三分之一，而城仍未攻破，这便是攻城之灾。这段话主要是说攻城成本巨大、士卒伤亡惨重。

因此，攻城也需要伐谋、伐交，即需要智慧谋略和外交手段配合攻城，尽量减少伤亡。

以上便是孙子提出的面对战争的四个层次的战略行动选择。“伐谋”与“伐交”属于“非武力对抗性策略”，“伐兵”与“攻城”属于“武力对抗性策略”。

孙子崇尚智慧，面对战争，无论做出什么样的战略行动选择，都需要战略智慧。在任何情况下，都要多想办法而非盲动。

那么，从商业竞争与发展视角，该怎么理解呢？

3.2.2　商解

在商业竞争中，“上兵伐谋，其次伐交，其次伐兵，其下攻城”可逐一解释如下：

（1）**上兵伐谋**。若按照对“伐谋”两种注释来商解的话，则：

①最优等的竞争策略是通过运用智慧、谋略赢得竞争并取得持续发展。在商业竞争与发展中，智慧、谋略来自多个方面，无论是市场或客户选择、产品或服务功能与质量，还是生产运营以及采购与销售、技术与服务等，既要关注细节，也要整体考虑。认真调查研究竞争环境与竞争对手，做到“知彼知己，知天知地”，做出避免和竞争对手发生激烈冲突的市场选择或产品等选择、创新，从而赢得竞争。在商业竞争中的“智慧”体现在多个方面，其核心或基本理念就是“创新”。具体的策略，在孙子兵法的后续篇章中讲了许多，比如：“避实击虚”“以正合、以奇胜”以及“以镒称铢”“以迂为直”等多种策略和策略组合。

生命科学专业硕士毕业、在一家公司从事基因测序技术研究开发工作五年的穆子巍想创业，做什么呢？穆子巍认真思考后，认为自己最好的选择是从事基因测序技术研发服务。根据面向的客户对象不同，基因测序市场分为临床级、科研级和消费级。以自己的科研工作经历，穆子巍认为自己最合适选择科研级市场。然而，科研级市场是成熟的商业模式，高市场分散度、较低的资质门槛以及较小的市场规模，使得科研级市场竞争异常激烈，是个典型的红海市场。最合适自己选择的细分市场竟然竞争异常激烈，这又该怎么办？善于缜密而深入分析的穆子巍，针对这个科研级细分市场，按照价格敏感度和新技术接受度两个维度，再进一步细分成专家型、传统型、创新型和潜力型四类。划分后发现，创新型细分市场是红海中的蓝海，这类客户对新的科研热点和新技术非常敏感，热衷于将新技术结合到自己研究课题中并愿意为新技术支付高溢价。由于创新型市场的研发技术服务要时刻把握前沿、追踪科研热点，为医学与生命科学做个性化服务，难度非常高，所以竞争不激烈，甚至可以说没有竞争。热爱科学研究，一直跟踪基因测序前沿与热点的穆子巍决定选择科研级细分市场中的进一步细分的创新型市场进行创新创业。这就是孙子兵法中的避实击虚策略。

②在竞争对手未发起竞争行动之前，就能够获取竞争对手即将发起的竞争谋略，从而运用针对性的策略对竞争对手进行攻击或防守，使竞争对手的竞争谋略不能得逞或不能实施。

（2）其次伐交。“伐交”就是通过外交策略取得胜利。在商业竞争中，可以通过外交策略瓦解竞争对手的联盟，从而赢得竞争；或通过外交策略，直接与竞争对手沟通、谈判，解决双方的冲突。

艺龙旅行网（以下简称“艺龙”）以成为酒店预订行业第一为战略目标，一直以“价格战”为主的各种策略来获取更多的市场份额。2013年底，艺龙公开向携程“约战”，要求比促销力度和价格，同时，联络同程旅行等建立同盟，发起对携程进一步猛烈的攻击。2014年4月10日，同程旅行与艺龙召开“艺起同行”发布会，签署了战略合作协议，同程旅行将独家向艺龙提供景区门票库存，同时艺龙将向同程旅行提供中国大陆的前台现付和团购酒店库存。[㊀] 发布会结束当晚，同程旅行总裁吴志祥收到携程高层短信说梁建章想到苏州来谈谈。双方的第一次会面定在4月19日。会谈在高速公路路口附近的酒店如期进行，梁建章面带笑容、以非常平稳的口气说：“你看同程账上还有多少钱？一个亿。我们账上还有多少钱？一百个亿。你觉得这两个公司打仗谁能打得赢？”[㊁] 谈判两小时后，双方握手言和。4月28日，携程发布公告称，携程将投资同程旅行2.2亿美元。4月29日，携程又宣布与途牛达成协议，将在途牛IPO完成时以发行价收购途牛价值1500万美元的股份。[㊂] 携程迅速切断了艺龙企图与同程旅行的战略合作。2015年5月22日，携程通过收购艺龙37.6%的股份，赢得了与艺龙价格战的胜利。

（3）**其次伐兵**。商业竞争优势的主要衡量指标是财务绩效（主要指标包括利润率、投资回报率和销售回报率）和战略绩效（核心指标是市场份额）。在商业竞争中，常见的是一对一的价格战和一对多或

㊀ 何金水．沸腾新十（上）：携程与去哪儿的先战后和，https：//book.douban.com/review/14001867/.

㊁ 携程：离开梁建章的日子，https：//baijiahao.baidu.com/s？ id=1656213362096457157&wfr=spider&for=pc.

㊂ 携程超2亿美元入股同程途牛，东方早报，2014-04-30，https：//www.163.com/money/article/9R2N1L6F00253B0H.html.

多对多，以及行业中众多企业参与的混合价格战等多种形式。

一对一的价格战，一般是势均力敌的竞争双方中的一方向另一方发起价格战的攻击行为（降价或产品销售时的价格补贴等促销）时，另一方接受对手的价格战攻击，并积极响应与攻击者展开价格战。

相继创建于2014年和2015年1月的ofo单车和摩拜单车，到2016年已成为势均力敌的中国两大共享单车（单车租赁）企业，竞争异常激烈。2017年3月，ofo单车和摩拜再次打响了补贴大战，疯狂“烧钱”。ofo与摩拜的持续竞争使整个行业都处在激烈的价格战氛围之中。[㊀]

而一对多的价格战，一般是实力雄厚的行业领导者对后进入这个行业的众多后发企业进行价格战的攻击，引发行业中的诸多企业盲目跟进，并造成后发企业的相互攻击的混合价格战，其结果可能导致大批或至少多个后发企业因价格战而倒闭。

2019年以来，特斯拉在中国市场以持续的降价或变相降价抢夺客户、占领中国市场，特斯拉电动汽车平均每年降价3~5次之多，而且，大幅降价攻击行为常常具有突然性。有专家认为，2019至2020年的价格战攻击的主要对象是燃油汽车，其目的是为在中国本土制造的特斯拉电动汽车开拓、抢占市场。2021年因大宗原材料等涨价，特斯拉电动车连续多次涨价后再次大幅降价，价格战一直持续下去，

㊀ 段婷婷．“ofo共享单车”行业竞争五力模型分析，中国市场，2017年第21期第167页。

主要攻击对象是新能源汽车，引发在中国制造的新能源汽车和新势力电动汽车的骚动与跟进、内卷加剧。直至2023年上半年，新能源汽车价格战进一步加剧，竞争十分激烈，多家车企损失巨大，个别车企倒闭。为了避免过度降价带来的恶性循环，2023年7月6日上午，中国汽车论坛在上海召开。会上，在有关部门见证下，中国汽车工业协会携一汽、东风、上汽、长安、北汽、广汽、中国重汽、奇瑞、江淮、吉利、长城、比亚迪、蔚来、理想、小鹏、特斯拉等企业高层联合签署了《汽车行业维护公平市场秩序承诺书》（共计四条）。第一条便是**“不以非正常价格扰乱市场公平竞争秩序”**的约定，反映出各大车企已饱受“降价潮”困扰久矣。

（4）其下攻城。“攻城”在商业竞争中，类似于新进入者或后发者对市场在位者或领先者的市场地位的争夺。

携程是互联网旅游行业的先行者也是领先者，而艺龙网则是后发者，艺龙发起对携程的逆势攻击性价格战，酷似“攻城”。

于是，携程开启了与艺龙的价格战。这场价格战的结果是艺龙的市场份额在提升，但业绩却在下滑。2014年第一季度财报显示，艺龙的预订量同比增长43%，但营收增长仅为14%，连续第七个季度亏损。反观携程，同期仍然实现净利润1.15亿元。艺龙主动发起战争，最终把自己拖入泥潭。同时，携程迅速切断了艺龙企图与同程的战略合作。2015年5月22日，携程旅行网宣布，已通过收购Expedia对艺龙进行战略投资，携程将出资约4亿美元，收购艺龙37.6%的股份，携程最终取得了与艺龙价格战的胜利。

3.2.3 问对

陈德智问企业家：陈德智的解读，是否切合实际？您还有哪些纠正与补充？

张诚泉：我认为“伐谋”和“伐交”为上策，着重于前期的战略制定和市场策划。比如深入研究市场和竞争对手，选择一个竞争对手尚未满足的细分市场，或者与竞争对手合作共同培育新的市场。“伐兵”则是中策，它更多地指通过价格和营销手段来扩大市场份额。虽然价格降低，但公司的总体利润仍能保持增长。“攻城”则意味着不得不应对使用价格战的下策。即使通过降价获得或保持了市场份额，但公司利润仍将蒙受损失。“伐兵”旨在如何将损失降至最低。我司XT机型的成功上市，获得了客户的好评，这正符合了“伐谋”策略的成功。由于公司产品所在的各个细分市场都有低价跑量的产品，如何通过创新开发出市场认可的产品成为公司的主要目标。通过分析客户存在的痛点和竞争对手尚未满足的客户需求，我司开发了XT机型。其创新的自动进纸和自动打印模板功能，辅以安装色带的简便操作，帮助客户提高了效率，节省了时间。同时我司提供高保障的售后服务，消除了客户低价从电商渠道购买竞争对手的产品而无后续维保的窘状。虽然XT机型在定价方面远高于竞争对手，但仍然取得了相当一部分客户的青睐，成为一个成功的产品。

陈德智：诚泉董事长认为孙子提出的“伐谋”与“伐交”为上策，“伐兵”为中策，“攻城”为下策，这样划分为“上、中、下”三策。他补充的实例很好地诠释了“上兵伐谋”的理念。

李巍：陈德智老师的解读非常切合实际。选择不同的竞争策略后，竞争成本是截然不同的。优秀的企业家善于“伐谋”与“伐交”，用最小的竞争成本获得商业上的成功。电视剧“鸡毛飞上天”的原型人物之一楼仲平，就是一个典型的代表。身处吸管生产这样一个竞争激烈的传统行业，楼仲平虽然读书不多，但善于学习和思考。他敏锐地发现，当年几乎所有的吸管企业都没有正式的品牌和商标，但他们的包装上都印着一男一女两个儿童头像的图案，而且只要用了这款包装的吸管销量就比其他吸管好。1995 年，楼仲平抢注了“双童”商标，通过“伐谋”使他的工厂率先走上了品牌之路。此后，他又通过“伐交”告知竞争对手：双童商标已经被我注册了，你们继续使用就是免费给我做广告。从而让竞争对手主动放弃了被消费者熟知的双童标志，最终从众多吸管企业中脱颖而出。回过头来看，楼仲平仅仅花费了 2000 元的商标注册费就抢占了竞争的先机，其背后体现的是企业家先人一步的品牌意识和“上兵伐谋”的经营智慧。

陈德智：李巍董事长举的这个例子很好！

褚轶群：陈教授对于从伐谋、伐交，到伐兵、攻城的梳理很有层次感，让我从中受到了不少启发。我也尝试着用自身管理体系理解的内容做了个比对，呈现如下供大家参考：

“伐谋”对应了企业的整体战略，从企业长期愿景使命的视野出发，结合对所处行业阶段的商业本质理解，进行资源投入侧重的取舍，并落地到相应运营配称的建设上，不断积累形成企业的基因，或者说长期能力。这一点和波特对于战略的定义颇有共鸣之处。

“伐交”除了包括行业的横向联盟外，也应该包括价值链的纵向联合。在传统工业时代，价值链的联合通常体现在供应链的上下游协同上，而在互联网时代，价值链的联合进一步向前延伸到市场与用户端。因此出现了大量聚合平台与垂类的合纵连横现象。这种新形态的联合往往是竞争与合作并存的状态。品牌与平台在这一新形态的合作中围绕用户心智的争夺相互博弈，演绎了很多波澜壮阔的经典案例。比如实物电商行业中，淘宝、天猫平台与众多商家，特别是品牌商家的竞合关系；出行行业中高德聚合打车与滴滴、T3 的竞合关系等。

从“伐兵”开始到“攻城”，相对上面两者来说，处于从战略层面到战术层面的过渡阶段。以战场做比的话，伐兵偏向在空白市场或者充分竞争市场的争夺，而攻城偏向杀入对方的优势市场展开竞争。具体的例子陈教授的论述中已有提及，这里不再赘述。

陈德智：轶群总裁的观点更有新意！非常好！

3.3 兵不顿而利可全，此谋攻之法也：竞争力量不受损耗就能获得全胜的法则

孙子曰：故善用兵者，屈人之兵而非战也，拔人之城而非攻也，毁人之国而非久也。必以全争于天下，故兵不顿而利可全，此谋攻之法也。

故用兵之法，十则围之，五则攻之，倍则分之，敌则能战之，少则能逃之，不若则能避之。故小敌之坚，大敌之擒也。

3.3.1　原解

善于用兵的将领，能使敌人屈服而不交战；攻城拔寨而不用士卒像蚂蚁一样攀墙登城；消灭敌国而不长期交战。必须采取全胜的战略战术争取天下，所以，不使用武力交战就使敌人屈服的战略战术，就是谋攻的法则。

当我方兵力十倍于敌，就包围敌人。如果五倍于敌，就主动攻击，孙子虽然没有讲是否围攻，但前边已经讲过了十倍对敌的时候才围攻，所以，五倍对敌时，并非一定要围攻。**“倍则分之”**是说，两倍对敌时，按照曹操注释：“以二敌一，则一术为正，一术为奇。”则我军可以一明一隐的“前、后”或“左、右”分兵合击（夹击）；郭化若的解释是，使敌人再分散，即我军再分割敌人，然后再合击之。**“敌则能战之”**是说，若与敌人实力相当，要积极主动地想方设法击溃、打败敌人。需要讨论的是，**“少则能逃之”**，这里的“逃”和挑战的“挑”相通，是侵扰、扰敌之意，少不完全等于弱，如果可能，要灵活侵扰、袭扰敌人。**“不若则能避之”**，这里说的“不若”是指，实力不如敌人，此时要设法避免和敌人发生正面冲突，主动撤退。逃跑也是求生的策略之一。

“故小敌之坚，大敌之擒也”，意思是说，只知道固执硬拼的小股兵力，若不能根据敌我双方实力而灵活应变，即使英勇顽强，也有可能被强大的敌人所擒获。孙子的最后这句是对前边讲的作战原则的总结，强调了实力的重要性，一定要根据敌我双方的实力，理性地选择应对策略。

那么，从商业竞争与发展视角，该怎么理解呢？

3.3.2 商解

（1）**“故善用兵者，屈人之兵而非战也，拔人之城而非攻也，毁人之国而非久也。必以全争于天下，故兵不顿而利可全，此谋攻之法也。”**在商业竞争中，征服竞争对手应避免采取价格战，抢夺竞争对手的市场份额也应避免采取恶性的价格战。在商业竞争史上，激烈的价格战导致企业倒闭或濒临倒闭的确实不在少数，例如，在2016年至2018年间，租赁单车行业的血拼式价格战导致许多小型租赁单车企业倒闭；2023年上半年新能源汽车行业激烈的价格战，也造成了个别新势力电动汽车企业的倒闭。同时，也存在以恶性价格战逼迫竞争对手倒闭的事例。孙子主张不以血腥暴力（武力）手段争夺天下，所谓“杀敌一千，自损八百”。在激烈的价格战中，不仅仅是竞争者会遭受严重损失，也会造成相关产业链企业的损失甚至破坏。同时，以更低的价格竞争，势必导致缺斤少两、假冒伪劣等种种损害消费者利益的事件甚至是恶性事件发生，并严重影响产业的健康发展。因此，不要打价格战，更不要打持久的价格战！必须尽最大努力做到，在保全自己的同时，也要保全竞争对手、保全经济、社会与自然环境，以可持续发展的理念和战略智慧来竞争与发展。

所以说，在竞争力量不受到损耗的前提下，获得可持续发展绩效，这便是谋攻战略法则。

（2）故用兵之法，十则围之，五则攻之，倍则分之，敌则能战之，少则能逃之，不若则能避之。故小敌之坚，大敌之擒也。在商业竞争中，企业所拥有的资源能力等综合竞争力量也影响或决定着企业的竞争策略。

①“十则围之”“五则攻之”。当你的资源能力十倍或五倍于竞争对手时，相对而言，你具有绝对竞争优势，可以采取全面围攻或主动进攻的策略。

2004 年，华为收购港湾公司的商战，华为实施零利润策略与港湾公司抢夺业务订单，到 2004 年底，港湾公司业务停滞。2006 年 5 月，华为实现了“和平而完整地收购港湾公司”。

2014 年，携程面对同程旅行参与价格战攻击时，约谈同程旅行总裁说：“你看同程旅行账上还有多少钱？一个亿。我们账上还有多少钱？一百个亿。你觉得这两个公司打仗谁能打得赢？”经过两个小时的谈判，同程旅行同意加盟携程，携程实现不战而全胜。

②“倍则分之”。按照曹操的注释，“倍则分之”是指当你的资源能力是竞争对手的两倍时，你可以将资源能力进行一“正”一“奇”布局，“正”是指在产品或服务的基本功能质量上，能够与竞争对手抗衡，即不输于竞争对手；“奇”是指在特殊功能或辅助功能上明显地强于竞争对手，依靠“奇”夺得客户、夺得市场。不打价格战，赢得客户、赢得市场。

③“敌则能战之”。在商业竞争中，当你的资源能力与竞争对手相当时，你依然能够以不打价格战的策略实现全胜。那么，怎么做呢？要针对竞争对手在产品或服务上存在的缺陷或薄弱之处，而该缺陷或薄弱之处，却恰恰是客户需求的“痛点”。集中资源能力解决客户需求的痛点，攻击竞争对手的薄弱点，赢得竞争。

由上汽集团2018年创立的网约车平台公司“享道出行”，通过调查分析网约车客户痛点，主要集中在：第一是司机抢劫乘客财物、对女乘客性骚扰、强奸杀人等恶劣行为；第二是“马甲车”以及网约车乘坐室内不整洁、有烟味等异味；第三是客户在乘坐网约车时遇到问题或危急情况，打电话给平台，平台不及时处理等。据此，享道出行选拔的司机都必须具有上海户籍，以便于监督管理；所有网约车辆都是上汽集团生产的新车，并要求司机必须保持车内整洁、严禁司乘人员在驾驶室内吸烟等；运用大数据技术对网约车实施运行全过程监控管理、强化平台管理制度等。享道出行开始运营后取得了很好的绩效，特别受到年轻女性乘客的青睐，80%多的乘客都是年轻女性。

④“少则能逃之，不若则能避之”。“少则能逃之”，是指你的资源与竞争对手相比较，在数量上有点少（只是相对较少），但能力不弱，或许你拥有竞争对手没有的某种资源或特殊能力，如果你能够伺机而动、充分地运用自己拥有的相对特殊的资源能力，也是可能不打价格战而赢得竞争的。

“不若则能避之”是指在资源能力上明显比竞争对手弱，这种情况下，就不要与竞争对手正面发生竞争，而应采取“避实击虚”的策略来生存与发展。“不若则能避之”的“不若”是指明显弱于竞争对手，“能避之”的“避”是指避开竞争对手已占据的市场，去寻找、开辟没有竞争或竞争对手尚未涉足的细分市场，去开发、生存发展。

⑤“故小敌之坚，大敌之擒也”。在商业竞争中，有一些创业者在选择创业项目时，也常常有跟风的行为，现在也称为“追风口”。近些年，无论是租赁单车还是电动汽车以及其他行业，跟风创业者大有人在。在激烈的价格战中，既没有特色也缺少资金支撑的弱小的新创企业，往往血本无归。另有一些有技术实力也具有一定特色的小型企业，由于缺乏资金支持，尽管创业者有雄心也有意志，在激烈的竞争中终究难以生存，所幸被大企业收购。

孙子的最后这句是对之前阐述的竞争原则的总结，即竞争凭借的是实力！因此，一定要根据竞争双方的实力，理性地选择竞争策略。

3.3.3 问对

陈德智问企业家：陈德智的解读，是否切合实际？您还有哪些纠正与补充？

张诚泉：比如我司标识和模切材料的竞争策略，就是做别人不屑于做的小批量多品种生意，采用柔性制造和智能系统实现流程的低成本与高质量，并且以高质量服务与客户形成黏性。由于主流的消费类产品制造需要规模效应，依赖资金和设备等生产要素的重大投入，大部分中小企业无法拥有这样的资源。而在工业设备制造的市场中，小批量多品种的客户需求由于成本高、流程烦琐、质量控制难等因素，大公司不屑去做。我司正是通过不断耕耘大公司看不上的辛苦小生意，走出了柔性制造的核心竞争力之路。我们通过信息系统运作成千上万的小批量订单，提高了效率，使原本难做的生意也能获得利润。

陈德智：诚泉董事长补充的实例非常好！定能给广大读者以启发与借鉴。

李巍：陈德智老师的解读非常切合实际。在商业竞争中，企业与竞争对手实力对比的不同，以及所拥有的资源能力的不同，决定着竞争策略的选择。对企业家而言，必须知彼知己，充分评估敌我双方的实力和自身的资源禀赋，才能制定出合理的竞争策略。另外，企业家也必须意识到，商业竞争格局与战场局势一样千变万化。随着企业自身的发展以及市场竞争格局的变化，竞争策略不是一成不变的，企业家需要动态地调整竞争策略。对于绝对领先的产品线，要思考如何提高业务护城河，利用领先优势十而围之；面对实力强大的对手，则要思考如何避实击虚，发挥“船小好调头”的特点。总之，我觉得孙子所提出的不同情况下的具体作战策略，对于企业经营非常有启发性。既可以用于应对不同实力的商业对手，又可以用于企业在自身不同发展阶段的动态战略调整。

陈德智：李巍董事长观点更深入也更有价值。

褚轶群：陈教授提倡的根据实力来理性选择竞争策略，朴实中蕴含着商业竞争的本质。企业的实力是由多种因素复合而成的，同时也受到天时地利人和的战场环境影响，并不能简单用规模大小、利润多少来衡量。不同企业间一般都同时存在着比较优势和比较劣势。选择正确的战场，借力大势的变化，以弱胜强的案例在商战史上并不鲜见。一个很常见的例子，大的企业面对行业变革时往往存在转身慢、管理成本高的问题。诺基亚在传统手机上堪称无敌，却从智能机战争一开始便输掉了整个品类；柯达是胶卷相机的霸者，数码的浪潮却重塑了整个格局。

对于竞争中处于弱势的企业而言，谨慎地选择自身有比较优势的战场是非常重要的。只有在合适的战场不断通过局部优势积累，才有机会在全局战场获得最终胜利。

陈德智：轶群总裁补充的观点很有价值，“只有在合适的战场不断通过局部优势积累，才有机会在全局战场获得最终胜利”。

3.4　故君之所以患于军者三：最高领导者的瞎指挥、瞎干预、瞎兼职是自取衰败

孙子曰：**夫将者，国之辅也，辅周则国必强，辅隙则国必弱。**

故君之所以患于军者三：不知军之不可以进，而谓之进；不知军之不可以退，而谓之退，是谓縻军。不知三军之事，而同三军之政者，则军士惑矣。不知三军之权，而同三军之任，则军士疑矣。三军既惑且疑，则诸侯之难至矣，是谓乱军引胜。[⊖]

⊖ 注释：①辅，是辅助的辅；②周是周密，辅佐周密；③隙，是缝隙的隙，即辅佐得不够周密；④君，是指国君，即国王；⑤患，是祸害；縻军，是束缚军队；⑥乱军引胜，引，夺也；自乱其军，自去其胜，即由于自乱而导致失败。

3.4.1 原解

孙子指出，深谙谋攻之法、具备大战略智慧与格局的战略家，如果对国家尽心尽力地辅佐，则是国家强盛、兴旺发达的依靠。

然而，国家的强盛不仅仅依赖于拥有战略眼光的将军，更需要明智的君王。话锋一转，孙子开始阐述君王对军队打仗盲目指挥、胡乱干预所带来的严重危害。他具体列出了三个极为重大的危害：

第一，君王不懂军事谋略与战场上的实际情况，而随意指挥军队行动，或进攻或后退，使军队受到严重束缚，无法根据战场情况灵活应变，这是束缚军队。

第二，君王不懂军队建设与管理，却参与、干涉军队的行政事务等管理工作，会导致军队将士困惑，进而造成军队混乱，此是迷惑军队。

第三，君王不懂得打仗的战略智慧和权谋之变，却随意兼任军队指挥重任，将会引起军队将士的疑虑和困惑。一旦军队将士心生疑惑、行动受到束缚，就无法根据实际情况随机应变。这时，如果其他诸侯国趁机前来攻击，我军将不战自乱，最终自取失败。

那么，从商业竞争与发展视角，该怎么理解呢？

3.4.2 商解

（1）**“夫将者，国之辅也，辅周则国必强，辅隙则国必弱。”**在企业组织中，公司总经理或总裁的角色类似于孙子所说的“将者”，而公司的董事长则类似于君王。一个具备孙子提出的将之五德素质的总经理，如果对企业尽心尽力地辅佐，则是企业强盛、兴旺发达的依靠。对于具备五德素质的总经理，企业所有者（董事长与董事会）要予其与目标责任相匹配的充分授权。

（2）“故君之所以患于军者三：不知军之不可以进，而谓之进；不知军之不可以退，而谓之退，是谓縻军。不知三军之事，而同三军之政者，则军士惑矣。不知三军之权，而同三军之任，则军士疑矣。三军既惑且疑，则诸侯之难至矣，是谓乱军引胜。”

在商业竞争中，企业要根据目标责任进行层级和岗位的合理授权，让听到炮声的人来做行动策略的决策，让最了解市场和管理的一线人员来做决策，这样可以使决策更加科学、切合实际。企业授权需要上级对下级的信任与下级对企业的忠诚作为支撑。如果缺乏上下级之间的相互信任，企业就难以充分授权，进而可能出现最高管理者的三种不当行为：**瞎指挥，瞎干预，瞎兼职**。这些行为势必导致企业管理混乱，竞争力下降，最终在竞争中失败。

3.4.3 问对

陈德智问企业家：陈德智的解读，是否切合实际？您还有哪些纠正与补充？

贾少谦：德智教授的商解非常切实，具有实践价值。

张诚泉：我非常认同让听到炮火的人指挥战斗的观点。我司对两个一线环节高度重视：第一个是客户需求端的准确性把握，需要销售和市场人员聆听客户心声，获取最准确的客户需求；第二个是生产车间的产品出口端，检测产品在质量、成本和交期方面是否达到客户预期的要求。个人认为这两端的高度准确一致是最佳运营效率的关键，而其他部分的管理活动必须围绕和支撑这两端的成功实现进行展开。

陈德智：诚泉董事长的宝贵经验对读者一定具有启发与借鉴价值。

李巍：陈德智老师的解读非常切合实际。作为一个创业者，我在瞎兼职、瞎干预方面有过切实的教训。由于我自身是研发人员出身，也领导和参与了企业初期大部分产品的开发。企业步入正轨后，我仍然惯性使然地深度干涉产品研发工作，导致研发部门层级混乱，管理人员权力被架空，积极性深受打击，人员流动加剧。最终，研发部门人员增多、投入加大，研发效率不升反降。意识到问题后，我放弃了直接干预研发工作，将精力放在了方向指导、制度制定、岗位授权和考核等方面。通过放权和合理的考核激励机制，研发部门的人员稳定性明显增加，研发效率也极大提升。

褚轶群：陈教授的解读很契合大中型企业管理的实际情况。大型组织就像国家一样，即使不考虑专业领域之分，单从精力来说，一号位也不可能了解到战场的每一处细节战况并做出有效指挥。在不掌握足够信息的情况下做出的决策，其正确性无从谈起，更别说决策还有时效性的问题。不过对于很小的组织，例如刚起步的创业公司，我认为一号位躬身下场，亲自指挥还是非常有必要的。亲临一线可以确保创始人获取第一手的市场反馈和团队感知，从而快速调整创业期的战略方向和人员组成。同时，小组织的人才密度和成熟度通常较低，需要一号位的领导力充分辐射。

3.5　上下同欲者胜：团结是取得胜利的核心

孙子曰：**故知胜有五：知可以战与不可以战者胜；识众寡之用者胜；上下同欲者胜；以虞待不虞者胜；将能而君不御者胜。此五者，知胜之道也。**

3.5.1　原解

孙子认为，可以从五个方面预测战争能否胜利，一是**“知可以战与不可以战者胜”**，意指要评估我们要打的战争是否具备可以取胜的条件，即是否具有胜利的“算筹”以及“算筹”有多少。二是**“识众寡之用者胜”**，梅尧臣曰：**“量力而动。”**杜牧曰：**“先知敌之众寡，然后起兵以应之。”**要确保**“多算”**胜。三是**“上下同欲者胜”**，张预曰：**“百将一心，三军同力，人人欲战。”**四是**“以虞待不虞者胜”**，意指我们要以有备之师攻打无备之敌，才能取得胜利。五是**“将能而君不御者胜”**，这包含两个关键点，首先是要选择胜任的将领带兵去打仗；其次是对于有能力带兵打胜仗的将领，君王要充分授权，不得随意牵制、胡乱干预。**“此五者，知胜之道也。”**这里的“道”，是

“途径”“方法”的意思。

那么，从商业竞争与发展视角，该怎么理解呢?

3.5.2 商解

在商业竞争中，我们可以通过五个方面预测或评估取胜的可能性：

（1）**“知可以战与不可以战者胜”**。这意味着我们要调查竞争环境和竞争对手，尽可能地掌握全方位的竞争情报，分析我们和竞争对手的竞争战略要素即孙子所说的“算筹”（胜利条件），并比较双方的多少。如果我们的胜利条件多，我们就能够取胜，胜利条件越多，我们的胜利把握就越大。如果在正常情况下，我们的胜利条件少，不能取胜，那么，我们需再认真分析，在什么情况下或当具备什么条件时，我们的胜利条件能增多，从而能够取胜。按照孙子兵法的战略思想，我们在准备竞争行动时，必须清楚能否取得胜利，做好准备才去竞争，即“胜兵先胜而后求战”。

（2）**“识众寡之用者胜”**。企业之间的竞争是多层次、多方位的，需要根据我们和竞争对手、竞争环境的状况，进行战略布局和行动。这包括决定哪些业务或功能板块需要配置更多的资源，哪些需要配置少量的精干资源。

（3）**“上下同欲者胜”**。面对激烈竞争，必须团结一心，“心往一处想，劲往一处使”，即从思想到行动保持一致，才能够取得胜利。实现公司上下一致性的基本原则有两个方面：①通过价值观、共同愿景、共同目标、利益共享等进行培育，使公司上下从内心深处到竞争行动上自愿一致；②建立完善的制度并严格贯彻执行，使公司上下在行动上保持一致。

（4）“以虞待不虞者胜”。面对竞争，我们是否准备好了？不打无准备之仗，不打无把握之仗。准备不仅包括资源能力等，也包括心理方面。只有做好充分准备，才能够取得胜利。

（5）“将能而君不御者胜”。公司董事长应选择具有企业家素质、满足将之五德的人出任总经理，并根据责任与目标充分授权。

3.5.3　问对

陈德智问企业家：陈德智的解读，是否切合实际？您还有哪些纠正与补充？

贾少谦：德智教授的解释非常切合实际。企业在竞争中取胜，取决于各种因素的有效组合，其中比较关键的是“同心同德”。每当遇到困难、压力，海信总能表现出惊人的爆发力，这背后是长久以来在技术、管理、企业文化上的厚实积累，让海信在关键时刻“上下同欲”，拥有抵抗风雨的力量和自信，创造出了经营结果上的“奇迹”。

张诚泉：我非常认同公司间的竞争结果是战略、资源、价值观、竞争意识、人才等综合实力的体现。

李巍：陈德智老师的解读非常切合实际。企业间的竞争是多维度的，总体而言，一定是调研更充分、策略更合理、团队更团结、准备更充分且管理层能力更强的团队会取得最终的胜利。陈老师尤其强调了“上下同欲”，我也深以为然。调研有遗漏、策略不合适还可以通过快速试错进行及时调整。但如果团队不团结，劲不往一处使，执行力无法保证，再完美的调研、再合理的策略都无法落地，这样的团队也注定会失败。

陈德智：李巍董事长的观点来自自身实践，非常具有实用价值。

3.6 知彼知己，百战不殆：不至于惨败的前提是知彼知己

孙子曰：**故曰：知彼知己者，百战不殆；不知彼而知己，一胜一负；不知彼，不知己，每战必殆。**

3.6.1 原解

如果能做到知彼知己，并量力而动，就不至于“失败”，但未必能取得胜利。不殆是说不至于有危险，“殆”是危险；不知彼而知己，胜利与失败的概率各为50%；而若“不知彼，不知己”，则每战都会有失败的“危险”或者说，每战都有可能失败。

那么，从商业竞争与发展视角，该怎么理解呢？

3.6.2 商解

商业竞争是长期且复杂的。要想在激烈的竞争中立于不败之地，必须做到“知彼知己”。这意味着要切实、清楚地了解竞争对手的竞

争实力、战略布局等与竞争相关的所有情报信息。以竞争对手为镜子，逐一对照自己，进行比较分析，评估自己与竞争对手相比是否具有胜算，以及胜算的大小。如果在常态下竞争，自己没有胜算，那么需要进一步分析研究，在什么环境、什么条件下，自己与竞争对手竞争，能够具有胜算。简而言之，就是要全面、清楚地了解竞争对手的相关信息，并以竞争对手为参照，逐一与自己进行比较，从而明确自己与竞争对手相比的胜算大小和胜算存在的环境条件。然后，基于这些分析做出战略决策，就能够确保不败。

孙子兵法的原文是“知彼知己”，“知彼”在“知己”的前边，即先“知彼”而后才能“知己”。首先要了解竞争对手指挥竞争的总经理或负责人、人员、技术、市场与采购等竞争实力，再根据竞争对手的实力，来一一对比分析自己的竞争实力。这样，就能够准确、客观地分析出竞争对手和自己的优劣势，这就是“知彼知己”。“知彼知己”是以“彼”（竞争对手）为镜子来对照自己。非常遗憾的是，现在很多中国人都习惯于说“知己知彼”，这与孙子的原文不符。“知己知彼”意味着先了解自己，再去了解敌人，这是以自己为镜子来对照竞争对手。由于优势和劣势都是相对的，因此如果把“知己”放在前边，可能会导致两种倾向：

（1）有可能导致夸大自己的优势或实力，从而轻视敌人，造成决策失误。

（2）也有可能会由于首先看到自己的缺陷和劣势，导致看不到或看低自己的优势，而夸大敌人的实力，造成胆怯，不敢应战，甚至望风而逃。

如果经常错误地说“知己知彼”并将其牢记于心，久而久之，就会形成思维定式。在遇到竞争的时候，可能会夸大自己的实力而盲目自大，或者贬低自己的实力而盲目自卑。

3.6.3 问对

陈德智问企业家：陈德智的解读，是否切合实际？您还有哪些纠正与补充？

张诚泉：我个人认为，在当今这个充满不确定性（乌卡时代）的市场环境中，变化非常迅速。因此，我们必须以客户、市场以及竞争对手为中心来展开经营管理活动，否则很容易陷入闭门造车的困境。站在竞争对手的位置来看自己，往往能获得比自己看自己更高的分析维度。

陈德智：“站在竞争对手的位置来看自己，往往能获得比自己看自己更高的分析维度。”诚泉说得特别好！

李巍：陈德智老师的解读非常切合实际。就我自身的创业实践而言，我也觉得是一个先知彼再知己的过程。所谓“知彼”，是指通过行业观察，发现目标行业中的从业公司存在的漏洞或待改善优化之处。这些漏洞往往意味着未被满足的市场需求，从中发现了商业机会。知彼之后，创业者就会向内审视自己，评估自身所具备的资源是否能够抓住这样一个商业机会，或者说为了抓住这个商业机会自身还需要匹配怎样的资源。总体而言，我觉得创业过程就是一个先知彼后知己、以彼为镜发现市场需求、然后以己为本满足市场需求的过程。

陈德智：李巍董事长的观点——“创业过程就是一个先知彼后知己、以彼为镜发现市场需求、然后以己为本满足市场需求的过程。”——对准备创业和正在创业的创业者具有非常切实的启发价值。

褚轶群：非常赞同陈教授关于先知彼后知己的观点。没有知彼的参照，知己是无法做到客观全面的。处于激烈竞争行业的大型企业，多数都会设置行业研究部门，其重要的职责之一就是“知彼”。

学者与企业家问对

第4章

形 篇

形篇论述了有关军事实力“形”的一系列重要论题：①强调了要创造“先为不可胜，以待敌之可胜”“胜兵先胜而后求战”的战略条件。孙子认为，胜利的基础在于自身实力的强大与不可战胜，因此，要打有准备之仗，要打有把握之仗。②论述了“隐形”策略。战争固然要依靠实力取胜，但为了以最小的代价取得胜利，或者实现不战而屈人之兵，有时需要巧妙地隐藏自己的实力，使敌人产生错觉。③主张以绝对优势之“形”对抗绝对劣势之“形”，即运用“以镒称铢”策略，努力实现不战而屈人之兵的目标。

孙子曰：昔之善战者，先为不可胜，以待敌之可胜。不可胜在己，可胜在敌。故善战者，能为不可胜，不能使敌之可胜。故曰：胜可知，而不可为。不可胜者，守也；可胜者，攻也。守则不足，攻则有馀。善守者，藏于九地之下；善攻者，动于九天之上，故能自保而全胜也。

见胜不过众人之所知，非善之善者也；战胜而天下曰善，非善之善者也。故举秋毫不为多力，见日月不为明目，闻雷霆不为聪耳。古之所谓善战者，胜于易胜者也。故善战者之胜也，无智名，无勇功。故其战胜不忒，不忒者，其所措必胜，胜已败者也。故善战者，立于不败之地，而不失敌之败也。是故胜兵先胜而后求战，败兵先战而后求胜。善用兵者，修道而保法，故能为胜败之政。

兵法：一曰度，二曰量，三曰数，四曰称，五曰胜。地生度，度生量，量生数，数生称，称生胜。

故胜兵若以镒称铢，败兵若以铢称镒。胜者之战民也，若决积水于千仞之豁者，形也。

4.1 先为不可胜，以待敌之可胜：积蓄实力、立于不败，再伺机求胜

孙子曰：昔之善战者，先为不可胜，以待敌之可胜。不可胜在己，可胜在敌。故善战者，能为不可胜，不能使敌之可胜。故曰：胜可知，而不可为。不可胜者，守也；可胜者，攻也。守则不足，攻则有馀。善守者，藏于九地之下；善攻者，动于九天之上，故能自保而全胜也。

4.1.1 原解

“昔之善战者，先为不可胜，以待敌之可胜。”这句话的意思是说，善于打仗的将领，首先要积蓄实力、创造条件，保障自己不被敌人战胜；在此前提下，积极地等待、麻痹或诱惑敌人，创造条件使敌

人出现能够为我们所战胜的机会。

“不可胜在己，可胜在敌。”这句话的意思是说，创造不可被敌人战胜的条件，在于我们自己的努力；敌人是否能够为我们所战胜，关键在于敌人是否出现为我们所战胜的机会，而这个机会，不是由我们来决定的。

“故善战者，能为不可胜，不能使敌之可胜。”这句话的意思是说，善战者，也只能是创造不被敌人战胜的条件，但不能保证敌人一定犯错误、出现为我们所战胜的机会，因此也就不能保证一定能够战胜敌人。

“故曰：胜可知，而不可为。”这句话的意思是说，胜利虽然可以预测，但是，如果客观条件不具备，也就是没有战胜敌人的时机，则不能仅凭我们自己的主观意愿而为之，或强求。**“不可胜者，守也；可胜者，攻也。守则不足，攻则有馀。善守者，藏于九地之下；善攻者，动于九天之上，故能自保而全胜也。”**这句话的意思是说，如果我们具备了不可战胜的条件，我们就积极防守；如果我们具备了可战胜敌人的条件和时机，我们就积极进攻。之所以守，是因为我们进攻敌人取得胜利的实力与条件不足；之所以攻，是因为我们进攻取胜的实力与条件绰绰有余。**“善守者，藏于九地之下”**，是形容隐藏得特别深，藏到地底下；**“善攻者，动于九天之上”**，是形容善于进攻的人，犹如神兵天降。九，是数字之大。善守也善攻者，实乃善战者也，防守能够自保，进攻能够全胜。

那么，从商业竞争与发展视角，该怎么理解呢？

4.1.2　商解

（1）**“昔之善战者，先为不可胜，以待敌之可胜。”**在商业竞争中，可以理解为：善于竞争的企业家都非常注重积蓄、培植自己的竞争实力，在保障自己在激烈的竞争中立于不败的前提下，积极寻找与抓住发展的机会，取得胜利。

（2）**“不可胜在己，可胜在敌。”**可理解为，创造不被竞争对手战胜（或在竞争中能够立于不败之地）的条件，在于我们自己拥有（或可利用）的资源能力以及各方面的努力；竞争对手能否为我们所战胜，关键在于是否出现为我们所战胜的机会，而这个机会，不是由我们决定的。

（3）**“故善战者，能为不可胜，不能使敌之可胜。”**善于竞争的企业家，只能创造不被竞争对手的竞争性攻击而失败的条件，不能保证竞争对手一定犯错误并出现为我所战胜的机会，也不能保证一定能够在竞争中胜出。

（4）**“故曰：胜可知，而不可为。”**所以说，胜利虽然可以预测，但是，如果客观条件不具备，也就是没有战胜竞争对手的时机，则不能仅凭我们自己的主观意愿而获得或强求。

（5）**“不可胜者，守也；可胜者，攻也。守则不足，攻则有馀。善守者，藏于九地之下；善攻者，动于九天之上，故能自保而全胜也。”**如果我们具备了不可被战胜的条件，我们就采取防御战略、积极防守；如果我们具备了可战胜竞争对手的条件和时机，我们就积极进攻。之所以守，是因为我们进攻竞争对手、取得胜利的实力与条件不足；之所以进攻，是因为我们进攻取胜的实力与条件绰绰有余。**“善守者，藏于九地之下”**，是形容隐藏得特别深，藏到地底下；**“善攻者，动于九天之上”**，是形容善于进攻的人，犹如神兵天降。善守也善攻者，实乃非常优秀的企业家也，防守能够自保，进攻能够全胜。

在商业竞争与发展中，怎样做好防守，以避免被竞争对手的攻击性竞争所伤，遭受严重损失甚至倒闭？华为的防守策略是一个很好的例子：

在自家的地盘上，华为擅长以守为攻，把这个已有的收益市场封闭起来（类似建起牢固的城墙和护城河），让入侵者针插不进，水泼不进。华为的防守策略主要包括：①主动发现并弥补市场缝隙；②主动否定自己，以提高用户满意度，阻止新竞争者进入；③利用产品组合优势封杀竞争对手的进攻机会；④主动让利降价，不在价格上给竞争对手以可乘之机；⑤在客户关系和服务上，主动防守。而在竞争对手占据的市场，华为则采取猛烈的进攻，运用各种策略和策略组合发动价格战，降低竞争对手的利润和销售额，阻挠其市场发展，逐步挤占市场空间，最后取而代之。[㊀]

4.1.3 问对

陈德智问企业家：陈德智的解读，是否切合实际？您还有哪些纠

㊀ 卓文来，华为出击：“土狼”的3G战略，互联网天地，2004年第12期第11-12页。

正与补充？

张诚泉：作为中小企业，首要的任务是解决生存问题。如何成为打不死的企业，构建竞争壁垒，实现可持续发展，是至关重要的战略决策。比如，我司在创业初期设定的战略目标是为客户提供独特价值，避免同质化价格竞争，并将企业收益不断投入至公司资源和能力的积累中，以此夯实公司的竞争力。为了维持材料业务的高毛利，防止低价竞争者的侵蚀，公司将过往积累的收益用于新产品的研发，逐步形成软件、硬件和材料整合的总体解决方案。这种价值链延伸的策略为客户创造了独特的综合价值，增强了客户黏性，同时排除了同质化的竞争对手。

陈德智：诚泉的补充观点与实例对中小企业家读者深刻理解本节商解孙子兵法具有非常大的启发与借鉴价值。

李巍：陈德智老师的解读非常切合实际。萌发商业念头往往是一个“知彼知己”的过程，而真正做好企业经营则需要立足自身，先确保自己有能力在市场中生存下来，即“先为不可胜”。在确保能在牌桌上立足后，再通过时刻保持对行业的洞察，以等待击败敌人的机会。在现实商业世界中，我们可以看到很多企业缺乏等待敌人可胜的耐心，在没有提供更优质的客户体验、没有构建更有效率的商业模式的情况下，强行引战，企图靠烧钱击败竞争对手。无论是团购网站的百团大战，还是共享单车的一地鸡毛，最终结果都证明这样简单粗暴的竞争策略越来越失效了。在这种情况下，我们再来读一读孙子兵法中的“昔之善战者，先为不可胜，以待敌之可胜”，可能会有别样的体会。

陈德智： 李巍董事长的补充观点与实例对读者具有很大的启发与借鉴价值。

褚轶群： 陈教授的解读恰好契合了互联网行业从上半场向下半场发展的趋势。上半场是互联网企业利用对网络的认知和应用优势，降维改造传统行业，核心思路是结合信息网络的获客速度和资本的力量快速生长，野蛮扩张到市场支配地位后，再基于规模优势回头补课基础能力。而随着互联网进入残酷竞争的下半场，单纯靠闪电战已经无法达成速胜。竞争成为持久战，先让自己成为“不可胜”，才有等到“敌之可胜”的契机出现的可能。

共享单车行业就是很好的例子，不顾亏损盲目扩张、希望速赢的ofo和摩拜，都因为“不可胜”的内功缺失，没能活到下半场。

陈德智： 轶群总裁以互联网企业的竞争为例，进一步诠释了“昔之善战者，先为不可胜，以待敌之可胜。不可胜在己，可胜在敌。”的深刻含义，对广大读者理解和运用具有非常实际的启发！

4.2 胜兵先胜而后求战，败兵先战而后求胜：胜者不战而胜，败者先战求生

孙子提出：“先为不可胜，以待敌之可胜。”这个战略原则非常重要，意指要想战胜敌人，首要的是保全自己，确保自己不被敌人所战胜，然后等待时机，再行战胜敌人。

孙子曰：**见胜不过众人之所知，非善之善者也；战胜而天下曰善，非善之善者也。故举秋毫不为多力，见日月不为明目，闻雷霆不为聪耳。古之所谓善战者，胜于易胜者也。故善战者之胜也，无智名，无勇功。故其战胜不忒，不忒者，其所措必胜，胜已败者也。故善战者，立于不败之地，而不失敌之败也。是故胜兵先胜而后求战，败兵先战而后求胜。善用兵者，修道而保法，故能为胜败之政。**

4.2.1　原解

预见胜利如果不超过一般人的见识，那么这种预见并不算高明。同样，如果仅仅是通过力战打败敌人而受到天下人的称赞，也不算是最高明的。故争胜于白刃之前者，非良将也。[㊀]

秋毫是指兔毛。举起秋毫（兔毛）不算力大，看见太阳、月亮不算眼明，听见雷霆不算耳聪。真正善于作战的人，在战争刚刚露出端倪时，就运用战略智慧平息了战争，胜利于战争萌芽之时，不战而胜，故曰“易胜”。这样的胜利，天下人并不知道是如何取得的，因此他们没有辉煌的战功和显赫的名声。兵不血刃，敌国已服，故无勇功。“不忒”是没有失误或偏差的意思，**“不忒者，其所措必胜，胜已败者也。”**意思是说，没有失误的将领，所采取的战略举措必定取胜。之所以不会出现差错，是因为他们所战胜的是本来就已处于失败境地的敌人。

㊀ 太公望，黄石公等著．六韬·三略，沈阳：万卷出版公司，2008 年版第 60 页。

胜兵先胜而后求战，所谓胜兵，是在战前的战略分析时，就已具备“多”算的胜利条件。首先具备足够的胜利条件，然后再趁机进攻敌人，则一定能胜利。

败兵先战而后求胜，所谓败兵，就是在战前进行战略分析时，胜利条件少或没有胜利条件的一方。胜算少的一方，若在没有开战前就已经处于失败的局面，如果不甘心失败，那么就积极主动出击，先战，以战求胜。因为不战也是失败，是必定失败；选择主动出战，或许有伺机取胜的可能。

善于带兵打仗的将领，不仅要加强上下同欲的凝聚力建设，还要完善各种制度和激励机制，即加强军队文化与制度建设，这是胜利的保障。

那么，从商业竞争与发展视角，该怎么理解呢?

4.2.2 商解

（1）“见胜不过众人之所知，非善之善者也；战胜而天下曰善，非善之善者也。”这句话意味着，一味地通过打价格战或其他不正当竞争手段来夺取市场份额和财务绩效，算不上高明的企业家。商业史中的优秀企业家，基本上不会陷入价格战，而是在没有竞争对手（也即没有竞争）的状态下，稳健发展。即使有潜在的竞争者试图对其发起攻击，这些优秀的企业家也能够在攻击者行动之前，就通过战略智慧使其不敢或不能发起价格战，从而将潜在竞争者的攻击扼杀在萌芽状态，实现“不战而胜”或“胜于易胜”。所以，这些优秀的企业家并没有什么所谓的“攻城拔寨”的“丰功伟绩”和显赫的声名。他们之所以能够不断地战胜竞争对手，是因为他们所战胜的，是在未战之时就已经处于失败境地的竞争对手，他们是以“不战而胜”的策略保持了持续的竞争优势。

（2）**“胜兵”**是指在尚未与竞争对手竞争时，就已具备足够“多”的胜利条件。**“胜兵先胜而后求战”**是说，首先要确保具备足够的胜利条件并做好战略布局，然后，等待竞争对手出现失败的局势时，再发起进攻，则一定胜利。在这种情况下，甚至不需要“战”就能够轻易取胜，即实现不战而胜。

（3）**“败兵”**是指在尚未与竞争对手竞争时，胜利条件就少甚至没有胜利条件的一方。“败兵先战而后求胜”是说，胜算少的一方，若在没有竞争前就已经处于失败的局面，如果不甘心失败，那么就应该积极主动地去分析、寻找竞争对手存在的薄弱环节或缝隙市场，以及竞争环境可能提供的竞争空间与机会。然后瞄准竞争对手的薄弱环节或缝隙市场，集中资源能力主动攻击，以取得胜利。

（4）**“善用兵者，修道而保法，故能为胜败之政。”**孙子在第一篇中说：**“道者，令民与上同意也。……法者，曲制、管道、主用也”**。这意味着，善于竞争的企业家都特别注重以共同价值观、凝聚力为核心的企业文化的建设与发展。他们会根据企业发展战略的需要，设计、调整、优化改进企业组织结构，并不断完善、调整、优化各项规章制度等。这是企业竞争与发展的基础保障。

4.2.3 问对

陈德智问企业家：陈德智的解读，是否切合实际？您还有哪些纠正与补充？

张诚泉：我对“胜兵”的理解是构建一种“胜势”，确保在竞争中威慑竞争对手，使其不敢启动价格竞争，从而达到不战而屈人之兵的胜利。我比较认同“败兵求战”，指的是面对市场中强大的竞争对手时，只能在夹缝中求生存。这需要避开已有强大竞争对手的市场，寻找自己能够争胜的狭缝市场，并孤注一掷地赢取该市场。因此，我认为企业的战略决策必须是基于大概率能赢的决策。在市场形势有利的竞争情况下，企业应该不断投入资源，建立和维护“胜兵”的竞争优势，追求不战而胜的最佳竞争结果。而在市场形势不利的情况下，则需要瞄准竞争对手忽视或实力薄弱的细分市场，打攻坚战。这样的“败兵”策略其实是胜算概率最大的决策。

陈德智：诚泉把“胜兵”解释为构建一种“胜势”是很到位的！他对“败兵先战而后求胜”的进一步解释也更深入、翔实。

李巍：陈德智老师的解读非常切合实际。尤其是对“胜兵先胜而后求战，败兵先战而后求胜”的解读我非常认同。企业的成功不是偶然，成功的企业往往都有很好的战略规划，并围绕着战略规划进行充分的资源储备。通过不断地积累胜利条件，其成功也是可以预见的。以美的为例，通过多元化的战略布局，先后收购了荣事达、小天鹅、库卡等企业。其业务范围也从单一的空调业务拓展到消费电器和智能制造，目前消费电器业务已占据其总营收的半壁江山。得益于其提前的布局和规划，在空调市场日趋饱和的情况下，美的集团的营收规模和成长性都超越了竞争对手。

陈德智：李巍董事长补充的观点和例子让“胜兵先胜而后求战，败兵先战而后求胜”的诠释更加清晰。

褚铁群：陈教授的解读很清楚、也切合实际。

陈德智：好！

4.3　以镒称铢：以绝对竞争优势对抗绝对竞争劣势

“**胜兵先胜而后求战**”意指，在发动攻击之前，首先要具备足够的胜利条件，再去攻伐已处于失败境地的敌人，自然可以不战而胜。那么，怎么才能做到胜兵先胜呢？

孙子曰：**兵法：一曰度，二曰量，三曰数，四曰称，五曰胜。地生度，度生量，量生数，数生称，称生胜。故胜兵若以镒称铢，败兵若以铢称镒。**

4.3.1　原解

孙子指出，战争的胜负，取决于作战双方的资源能力。第一是“度”，即土地的广阔程度；第二是“量”，即军需物资的数量；第三是“数”，即士卒的数量；第四是“称”，即双方资源能力的对比；

第五是“胜”，即通过称量、对比后，可以预知胜负。孙子在此强调了可用于战争的粮草资源、人力资源数量上的对比。简而言之，土地的多少以及肥沃程度决定了粮食产量，粮食产量又决定了能够养育出多少作战士卒。把双方的军事实力做对比，就知道谁胜谁负了。那么，什么是胜兵呢？

孙子曰：**“故胜兵若以镒称铢，败兵若以铢称镒。”**“镒”和“铢”都是古代的重量单位，镒是铢的576倍。[㊀]“胜兵”以“镒”称“铢”，就是以绝对的竞争优势对抗绝对的竞争劣势。“败兵”以“铢”称“镒”，则是以绝对的竞争劣势对抗绝对的竞争优势。

那么，从商业竞争与发展视角，该怎么理解呢？

4.3.2 商解

简而言之，就是以绝对的竞争优势对抗绝对的竞争劣势，从而实现“不战而胜”。这对于实力非常强大的竞争者而言，这一点是不言而喻的。但是，整体实力较弱的一方在面对强大的对手时，该如何实现“以镒称铢”呢？一般说来，整体实力强大的企业未必在每个细分市场或业务领域都占据优势，一定会在某些更细分的市场或业务环节上存在着虚弱或没有涉足的缝隙市场。因此，整体竞争实力较弱的企业就可以集中资源能力，采取避实击虚的策略，针对强大竞争对手的

㊀ “镒”作为重量单位，有两种说法：《孙子算经》称24铢为1两；《十一家注孙子》中李筌、张预均谓古20两为1“镒”，而《赵注孙子十三篇》中24两为1“镒”。此言“以镒称铢”，喻其轻重悬殊。

虚弱或尚未涉足的细分市场进行积极开发，站稳脚跟，以图发展。

4.3.3　问对

陈德智问企业家：陈德智的解读，是否切合实际？您还有哪些纠正与补充？

贾少谦：德智教授的解读切合实际。要想在竞争环境下取胜，确实必须建立自己的优势地位，无论是整体优势还是细分领域的优势。海信从电子信息产业起家，历经了计划经济、市场经济、中国加入 WTO 等宏观环境的变化与时代变迁，但“技术立企”始终是海信的核心战略。我们专注于核心技术研发与创新，将核心技术作为在激烈竞争的家电行业中开拓蓝海的最锐利武器。比如中国最早的视频处理芯片、模组、激光电视、变频空调等。

陈德智：少谦董事长所描述的海信集团专注于核心技术研发与创新，开拓家电行业蓝海（避实击虚）的战略，是“以镒称铢”在企业战略运用中切实有效的案例。

张诚泉：我司在决策进入标签打印机市场前，对市场和技术门槛进行了深入的分析和评估。我们发现，面对主流市场上已经取得成功的竞争对手，公司作为新进入者在资源和技术能力方面毫无胜算。但同时，我们了解到长尾客户的市场由于比较琐碎，得不到竞争对手的重视，并且存在利润空间，技术门槛相对较低，能够给予公司研发试错的机会。因此，我司当时的决策是针对长尾客户的小型标签打印机进行研发。后期结果也验证了这一决策的正确性，从而树立了我司在标签打印机领域的创新业务。目前，公司在小型机市场和技术都趋于成熟的情况下，开始研发中型机，逐步向主流市场进发。

陈德智：诚泉董事长深谙兵法，此“避实击虚”之策真是切身实战之例，定能给广大读者以启迪！

李巍：陈德智老师的解读非常切合实际。尤其是提到：整体实力较弱的企业，仍然可以集中资源能力，采取避实击虚的策略，达到“以镒称铢”的效果。以唯品会为例，其整体实力远逊于阿里巴巴和京东，按常规的眼光来看，唯品会处于绝对的竞争劣势。但实际上，唯品会集中全部资源聚焦于“品牌特卖”这一细分领域，成功地打造了“一家专门做特卖的网站”的品牌形象，从而在这个垂直领域构建了较深的护城河，达到了“以镒称铢”的效果。由此可见，整体实力较弱的企业，通过合理的战略规划、集中优势资源，仍然可以在特定领域和场景中打造出自己的绝对竞争优势。

陈德智：李巍董事长所举的例子很好地解释了“整体实力较弱的企业，仍然可以集中资源能力，采取避实击虚的策略，达到‘以镒称铢’的效果。”这一观点。

4.4 决积水于千仞之谿者，形也：可灵活运用的竞争力量

孙子在“形篇”的最后提出了“形”的定义，孙子曰：**“胜者之战民也，若决积水于千仞之谿者，形也。”**

4.4.1　原解

在战前的对比分析中，军事实力处于绝对优势的**“胜”**者，其所拥有的军事实力就如同能够随时可以决开的、积存在千仞高山上的积水，这个积水一旦决开，就会瞬间倾泻直下，产生巨大的势能与动能，或统称为动力。这个可以决开并释放的“千仞之豁”就是“形”。孙子所说的“形”是可以运动的“水”，是可以产生动力的“水”。“形”是本篇的主题，但是，孙子讲到最后才给出“形”的定义。

总括全篇，都是在探讨“形”的概念。孙子首先提出“先为不可胜”，强调首先要积蓄自己的实力，不被敌人所战胜；继而提出“胜兵先胜”，意指在开战前就已具备了必胜的实力，这实力就是“形”。其次，孙子讲述了根据实力采取防守或进攻的战略，并论述了“隐形”，即要善于隐藏自己的实力。最后，他提出了以绝对优势之“形”对抗绝对劣势之“形”，即“以镒称铢”的战略战术。到篇尾，他形象地给出了“形”的定义。“形”是运动的水，一潭死水不是“形”。所以，陈炳富先生说：“‘形’是可以运动的物质。”㊀

那么，从商业竞争与发展视角，该怎么理解呢？

4.4.2　商解

在商业竞争中，“形”就是可以灵活运用的资源能力的总和，也

㊀ 陈炳富（1921—2010 年），生前为南开大学商学院教授、博士生导师；于 1996 年秋季学期给陈德智等 1996 级博士研究生讲授孙子兵法与战略管理时讲述。

即可以灵活运用的综合竞争力量。这个“形”与孙子所说的“算”相呼应，它决定了竞争的胜败，是公司凝聚力、总经理能力、市场营销能力、资源采购能力、组织管理能力、技术能力、员工素质、激励机制的能力水平和数量多少的总和。

这个“形”是可以灵活调动和运用的，不能灵活调动与运用的资源能力不属于孙子所说的“形”。因此，善于竞争的企业，其组织结构与组织制度等要非常灵活，人力资源与财务等资源也应能够灵活调整和运用。

4.4.3 问对

陈德智问企业家：陈德智的解读，是否切合实际？您还有哪些纠正与补充？

张诚泉：兵无常势，水无常形。在商业竞争的实际过程中，公司起初需要不断地积蓄资源和能力，建立起不败的基础。随后，公司需要根据市场的情况，具备将势能转化成动能的能力，时刻保持一种蓄势待发的状态。同时，要灵活地调配资源，调整竞争决策，以最高效的方式参与竞争。以我司股东德国菲尼克斯公司为例，该公司已有百年历史，通过长期的自动化设备投入，在德国总部已经实现了无人化的黑灯工厂。从生产成本的角度看，即使在人工成本高昂的欧洲，公司也能应对来自任何低人工成本国家的价格竞争，因此已经建立起了不败之势。当公司遇到价格竞争时，并不会一味地降价至最低，以图将竞争对手完全赶出市场。而是会根据价格和市场份额进行测算，灵活地调整价格策略，以使公司利润最大化。

陈德智：我非常认同诚泉董事长以实例补充的观点，即“当公司遇到价格竞争时，不要一味地降价至最低，以图将竞争对手完全赶出市场。而是要根据价格和市场份额进行测算，灵活地调整价格策略，以使公司利润最大化。”

李巍：陈德智老师的解读非常切合实际。面对瞬息万变的市场态势，企业的竞争策略往往是动态的，而动态的竞争策略背后是企业的动态调整能力，即“形”。因此，这个“形”必须是灵活的。陈德智老师将“形”定义为可灵活调动和运用的资源能力总和，这十分贴切。它涵盖了决定竞争胜败的八个关键战略要素。成功的企业一定善于灵活地调整运用这些战略要素，从而形成胜利之“形”。

陈德智：好！

褚轶群：我非常同意用动态来解释“形”的说法。从我个人理解来看，“形”是从积蓄的势能转化为动能的营运过程，是将可能性资源塌缩为确定性投入的决策过程。转化一旦开始，就像拳击从防御转为出拳一样，是以暂时打破自身的“不可胜”为代价，去捕捉“敌之可胜”的契机。企业要一鼓作气拿到预定的商业目标，否则反而会置身险地。这里就牵涉到《孙子兵法》“计篇”所述的“算”的概念，即对双方实力的精确计算。企业要判断自己的势能累积到什么程度，对比竞争对手才算是达到了“千仞之谿”的高度。

美团进军打车业务算是一个典型的失败案例。在尚未累积出自身“不可胜”的势能时，美团就借助主业的资本优势，发动了数次大规模的补贴战役来挑战滴滴，结果却是“出师未捷身先死”。

陈德智： 铁群总裁提出了一个在商业竞争实践中非常重要的问题，即“对双方实力的精确计算。企业要判断自己的势能累积到什么程度，对比竞争对手才算是达到了‘千仞之谿’的高度”，并以美团进军网约车失败为例来解释这一问题。希望广大读者根据自己的实践经验进行思考与研究。

学者与企业家问对

第5章
势篇

势篇主要论述四个方面：①指出“三军之众，可使必受敌而无败者”的关键在于奇正协同；②提出“以正合，以奇胜”的组合策略；③提出“势”的概念。孙子提出的“势”，是在充分运用客观条件的基础上，灵活运用奇正策略，避实击虚，造成对敌人具有巨大威慑力的、险峻的战略态势，这一过程为“造势”。在针对战略目标能够产生最大作用势力、产生最大势效应的时机时，迅速发起攻击，即“任势”。而任势之机，孙子称为“节”，“节”是任势而产生最大势效应的关键；④孙子认为，最优秀的将领在追求战争胜利时，应“求之于势，不责于人，故能择人而任势”。

孙子曰：凡治众如治寡，分数是也；斗众如斗寡，形名是也；三军之众，可使必受敌而无败者，奇正是也；兵之所加，如以碫投卵者，虚实是也。

凡战者，以正合，以奇胜。故善出奇者，无穷如天地，不竭如江河。终而复始，日月是也；死而复生，四时是也。声不过五，五声之变，不可胜听也。色不过五，五色之变，不可胜观也。味不过五，五味之变，不可胜尝也。战势不过奇正，奇正之变，不可胜穷也。奇正相生，如循环之无端，孰能穷之？

激水之疾，至于漂石者，势也；鸷鸟之疾，至于毁折者，节也。是故善战者，其势险，其节短。势如彍弩，节如发机。

纷纷纭纭，斗乱而不可乱也；浑浑沌沌，形圆而不可败也。

乱生于治，怯生于勇，弱生于强。治乱，数也；勇怯，势也；强弱，形也。

故善动敌者，形之，敌必从之；予之，敌必取之。以利动之，以卒待之。

故善战者，求之于势，不责于人，故能择人而任势。任势者，其战人也，如转木石；木石之性，安则静，危则动，方则止，圆则行。故善战人之势，如转圆石于千仞之山者，势也。

5.1　三军之众，可使必受敌而无败者，奇正是也：多维竞争，唯奇正不败

孙子曰：凡治众如治寡，分数是也；斗众如斗寡，形名是也；三军之众，可使必受敌而无败者，奇正是也；兵之所加，如以碫投卵者，虚实是也。

5.1.1　原解

（1）“凡治众如治寡，分数是也。”意思是说，管理很多士卒和管

理很少士卒是一样的，为什么呢？孙子解释道，分数是也。分是指分层与分类，数是指人数。也就是说，把众多士卒按类别划分为不同的层级建制，每一层级又设置合适数量的下一层级，如此类推。

（2）**“斗众如斗寡，形名是也。”**意思是说，指挥大部队与敌人作战和指挥小部队和敌人作战并无两样，为什么呢？孙子解释道，形名是也。曹操曰：旌旗曰形，金鼓曰名。旌旗是通过视觉信号传达命令，金鼓是通过听觉信号传达命令。也就是运用“号令”系统指挥军队进行高效有序的战斗。

（3）**“三军之众，可使必受敌而无败者，奇正是也。”**三军是上、中、下三军，意思是说，敌人无论从哪个方向进攻，我都能够运用“奇”与“正”的策略组合来应对，确保立于不败之地。这既关乎阵型及兵力部署，也关乎各部队之间的配合与策应。一个生动的例子就是，战神戚继光抗倭的“一头两翼一尾阵”策略，把部队分成 4 个营或 5 个营。正面迎敌的 1 个营为头，为正兵；两侧左右各 1 个营为两翼，为奇兵；最后 1 个营为尾，为策应兵。而孙子在九地讲到：**“故善用兵者，譬如率然。率然者，常山之蛇也，击其首则尾至，击其尾则首至，击其中则首尾俱至。敢问兵可使如率然乎？曰：可。”**也是上、中、下三军受敌，运用“奇正”组合、相互策应的策略立于不败之地。

（4）**“兵之所加，如以碫投卵者，虚实是也。”**意思是说，军队所出击的地方，就像以石击卵般容易，是因为做到了“以实击虚”。

那么，从商业竞争与发展视角，该怎么理解呢？

5.1.2　商解

（1）**“凡治众如治寡，分数是也。”** 管理员工人数众多的企业和管理人数少的企业，在本质上并无太大差别，为什么呢？关键在于把员工按照职能和工作量进行分类与分层。以小型制造业为例，按照职能可以划分为技术部、生产部、采购部、销售部、行政人事部、财务部等几个部门。如果管理跨度为 7~8 人的话，则公司应该分为多少个层级，要设置部门经理，部门经理下设班组长等，再根据目标与责任进行授权。如此一来，公司的目标与责任等就能够层层分解下去。

虽然按照孙子兵法的原意可以这样解读，但事实上，管理大企业与管理小企业还是存在很多和很大差异的。公司规模越大，越容易患上“大企业病”：企业内部层级过多，机构庞大臃肿，职责不清，决策过程复杂，行动迟疑，协调困难，信息沟通不畅；多头管理又管理过头，管理者思想僵化又独断专行，团队安于现状又墨守成规。㊀

（2）**“斗众如斗寡，形名是也。”** 指挥大企业竞争和指挥小企业竞争，在实质上并没有多少差别，都是运用听觉与视觉的“号令”系统进行指挥。

（3）**“三军之众，可使必受敌而无败者，奇正是也。”** 在商业竞争中，公司面对的竞争常常是全方位的，受到的攻击也是多方面的，且不确定性很大，要想在激烈的竞争中立于不败之地，必须做到资源能

㊀ 李光斗．大公司的大企业病，理财，2021 年第 10 期第 10-11 页。

力的灵活调配和相互协同配合，这就需要进行全方位的“奇正”竞争布局。

（4）**“兵之所加，如以碫投卵者，虚实是也。”**在超动态竞争过程中，要及时发现、捕捉竞争对手出现的虚弱之处，迅速出击，犹如“以石击卵”，从而取得完胜。

5.1.3 问对

陈德智问企业家：陈德智的解读，是否切合实际？您还有哪些纠正与补充？

贾少谦：德智教授的解读简洁清晰，切合实际。

张诚泉：陈教授的商解很清晰，也很切合实际。我认为在实际动态竞争的过程中，资源能力的灵活调配、相互协同配合的“奇正”布局是一种权变思想的体现。由于我司从事的材料业务都是定制化的，需要针对客户的需求灵活快速地给出产品方案，并保质保量地完成交付。当样品得到客户承认后，生意基本就成功了一半，只要价格不离谱，客户往往会将该物料的生意交给最快提供样品并得到承认的供应商。因为客户认为这些小产品的时间成本远大于材料成本，所以快速响应策略相较低价策略更能获得生意机会。为了应对这种快速拉动式的生产模式，我司将销售人员转变成面对每个客户的项目经理，主导每个定制料样品和产成品的项目进程，每种料都被当作一个小项目来对待。销售人员不仅需要跟客户进行沟通，还有权调配和驱动公司内部各职能人员的支持性工作，从而更有效地推进产品工程设计和生产的进程，形成一种矩阵式管理机制。这种方式便于销售人员根据客户的需求灵活地调整产品方案，快速应对各种过程中遇到的问题，在保证产品质量的前提下以最快速度完成交付。这种快速响应客户需求的组织机制，可以先于竞争对手将样品送到客户手中，从而赢得生意。

陈德智：认同诚泉董事长的观点："在实际动态竞争的过程中，资源能力的灵活调配、相互协同配合的'奇正'布局是一种权变思想的体现。"并以自己公司的实例诠释"**三军之众，可使必受敌而无败者，奇正是也；兵之所加，如以碫投卵者，虚实是也。**"这有助于读者理解与领悟。

李巍：陈德智老师的解读非常切合实际。通过陈德智老师对孙子兵法中"治众如治寡"思想的解读，我体会到无论企业的大小，想要立于不败之地，其核心要素是一致的：都需要清晰的组织框架、合理的分工体系、高效的管理体制、灵活的组织协调能力以及强大的执行力。而缺乏这些核心要素的企业，即使取得短暂的成功，也很难长久。雷士照明就是一个鲜活的例子。得益于中国照明行业的高速增长以及吴长江的个人能力，雷士照明一度是照明行业最具影响力的领军企业。但遗憾的是，从创业伊始到成为行业龙头，雷士照明始终没有建立起合理的组织框架和清晰透明的分工体系。吴长江式的霸气把雷士照明变成了"一言堂"，最终导致企业元气大伤，个人也身陷囹圄。

陈德智：认同李巍董事长的观点及所举案例。

褚轶群：陈教授关于治众和治寡的解读是很符合商业实际的，我同样认为斗众和斗寡存在差异。大小企业的管理和指挥差异非常大，虽然可以通过分层分级管理和信息系统等方式，来降低管理复杂性和信息传递的走样，但过程中仍必然会出现管理损耗和信息传递损耗。作为企业管理者需要清醒地认识到这一点，并且有针对性地在管理和指挥中将此作为常量考虑进去。不能认识到大企业和小企业在这方面的差异，就很容易出现纸上谈兵或者“上有政策下有对策”“令不出皇城”等常见问题。

一个很简单的例子就是，在创业型企业中，人治往往占据主导地位，也能够最好地激发团队的战斗力，过度强调流程机制通常会损害活力；而在大型企业中，通常都是以法治为主导，辅以富有组织温度的人治作为补充。

或许也可以换一些角度来看待孙子兵法中关于这一部分的解读，罗列如下供参考：

（1）一种解读是作为管理者，孙子兵法要求其必须非常重视组织层级的合理设置和指挥信息传递机制的建立，要让大企业的管理和指挥，尽可能做到贴近小企业的敏捷高效，并以此作为制胜之道。

（2）另一种解读是“众中立寡”，倡导通过“寡”的有机整合形成“众”。一个典型的例子就是阿米巴这一经营管理流派的思路，将企业组织划分为多个小型单元，强调管理层对目标的精准量化和充分授权，以此调动各层级、各单位的灵活性。每个阿米巴都有自己的领导核心，这些领导核心负责制定目标和计划，并依靠团队成员的智慧和努力来实现这些目标。

陈德智：轶群总裁补充的观点很好！

5.2　凡战者，以正合，以奇胜：凡竞争者，宜守正出奇

孙子曰：凡战者，以正合，以奇胜。故善出奇者，无穷如天地，不竭如江河。终而复始，日月是也；死而复生，四时是也。声不过五，五声之变，不可胜听也。色不过五，五色之变，不可胜观也。味不过五，五味之变，不可胜尝也。战势不过奇正，奇正之变，不可胜穷也。奇正相生，如循环之无端，孰能穷之？

5.2.1　原解

（1）“凡战者，以正合，以奇胜。”什么意思呢？按照曹操等人的注释：先出为“正”，后出为“奇”；以正面对敌交战的为“正兵”，而从侧翼进攻敌人的称为“奇兵”。而且，所进攻的侧翼，应是敌人空虚或防备薄弱之地。当正面部队牢牢地吸引敌人时，精锐部队从侧翼奇袭敌人。当敌人侧后遭到突然攻击时，他们将丧失战略平衡，其结果往往是敌人自动崩溃或轻易被击溃。

（2）“故善出奇者，无穷如天地，不竭如江河。终而复始，日月是也；死而复生，四时是也。声不过五，五声之变，不可胜听也。色不过五，五色之变，不可胜观也。味不过五，五味之变，不可胜尝也。”这段话的意思是，善于出奇制胜的将领，其战略战术的变化，犹如天地那样不可穷尽，江河那样不会枯竭。终而复始，如日月运行；来去往复，犹四季更迭。音阶不过五个，但五个音融合演奏的音乐却是赏

听不尽的；原色不过五种，但五种颜色调和绘成的画图之美是观赏不完的；原味不过五种，但五味调配出的滋味却是品尝不尽的。

（3）**“战势不过奇正，奇正之变，不可胜穷也。奇正相生，如循环之无端，孰能穷之？”**“战势不过奇正”，这个“战势”是什么意思呢？孙子在这里虽然提到了“势”，但并未详细定义。查阅《说文解字》得知，“势”，是大的权力；从力，力量的力；“战”，是战斗。如此看来，“战势”就是战力，即战斗的力量。战斗力量或兵力部署与行动策略，无非是“奇”与“正”，但奇与正需要根据敌人的变化或战争环境的变化而不断变化、无穷无尽。因此，孙子说，奇正之变，不可胜穷也。

那么，从商业竞争与发展视角，该怎么理解呢？

5.2.2 商解

（1）根据孙子兵法的原意和曹操等人的注释，结合商业竞争实践，我们可以将商业竞争中的“正”与“奇”理解为：

①在商业竞争中，“正”包括但不限于：先出现的、具备基本功能或采用基本方法的、正面的、常规的、传统的、显现的和表面的、静态的、和竞争对手相同的等因素。

②在商业竞争中，“奇”包括但不限于：后出现的、具备辅助功能、特殊的或新奇的、侧翼的、创新的（如新产品、新功能、新技术、新方法等）、非常规的、隐含的或隐蔽的、动态的、和竞争对手不同的等因素。

“奇”与“正”不是绝对的或固定的，而是可以相互转化的；“正”可以根据竞争对手的变化而转换为“奇”，“奇”也可以根据竞争对手的变化而转换为“正”。“正”中有“奇”，“奇”中有“正”。

以智能手机中的传音手机为例，在基本功能（正）上，相比大品牌手机而言，传音首先推出了“多卡多待”（正中有奇）、“超长待机”（正中有奇）以及“多语言输入”（正中有奇）和“防汗防滑”（正中有奇）等创新之处。同时，在辅助功能上，传音推出了“夜景”和“美黑”的拍照功能（奇），以及带有 4 个扬声器的大功率、大音量音乐手机（奇）和超强手电筒功能（奇）等多项辅助功能。

（2）“以正合，以奇胜。”在商业竞争中，“以正合，以奇胜”主要指以正面直接的竞争来抗衡竞争对手的攻击（如价格战等），同时以创新为主要策略出奇制胜。常见的情况也包括在基本质量功能不低于竞争对手的前提下，通过辅助功能取得胜利、夺取客户市场、取得竞争优势。

以智能手机行业为例，OPPO 手机的基本功能（正）可以满足客户需求，同时在拍照等辅助功能（奇）上领先市场，取得竞争优势。㊀

（3）“战势不过奇正，奇正之变，不可胜穷也。奇正相生，如循环之无端，孰能穷之？”在商业竞争中，“势”就是运用到竞争中的竞争力量（算）所发挥出来的竞争力。在竞争中发挥出来的竞争力无外乎“奇”与“正”，但“奇”与“正”的相互转换是无穷尽的。

㊀ 陈德智著．孙子兵法商业战略，北京：机械工业出版社，2021 年版。

5.2.3 问对

陈德智问企业家：陈德智的解读，是否切合实际？您还有哪些纠正与补充？

贾少谦：海信30多年的竞争与发展战略切实体现了孙子兵法的“奇正”战略思想。首先，海信以技术立企、稳健发展为战略核心，稳健体现在企业生存、产品质量、社会责任等基本面上一定要做好，此即为“正”；而依托研究开发核心技术、高端技术，开发高端产品赢得发展，是出“奇”制胜。在战略布局上，我们强调业务发展的技术、市场的相关多元化，这也是孙子兵法奇正战略思想的体现。所谓奇正，就是在竞争中的两个或多个方面的协同。在海信，我们起家的是黑家电（先出为“正”），而后又进入白家电（后出为“奇”）市场；无论是技术还是市场，都具有紧密相关性，黑家电和白家电可以相互支持。在做好To C家电产业的同时，海信开创了To B新兴产业，在智慧交通、城市云脑、集成电路、光通信、智慧医疗、汽车电子等领域开辟了新的增长赛道。

陈德智教授在和我交流时提到：“从我们国家的技术创新而言，改革开放后，我们是从引进技术开始、在引进技术基础上进行消化吸收和模仿创新。这些创新基本上都是以获得财务绩效为目标，在学术上被称为‘利用式或渐进式创新’，在创新活动上主要表现在技术改进、产品功能改善、利用新技术的新产品开发等。而进行核心技术、高端技术的研究开发则属于‘探索式或突破式创新’，这种创新更多涉及前沿基础研究开发，存在研发失败的风险，而且研发周期较长，但是，一旦成功将成为某一领域的领先者”。若按曹操注释（先出合战为正，后出为奇）来理解孙子兵法“奇正”战略思想的话，则以追求短期利益为主的利用式创新为“正”，而以追求长期发展绩效的探索式或突破式创新为“奇”。

海信在研发与创新上，集团公司层面承担五年以上长期项目（核心技术领域）研究（探索式创新，奇）；而各分公司、分支机构承担面向市场、以满足当期市场需要的产品为主的开发与创新（利用式创新，正）。

陈德智：少谦董事长以海信集团竞争与发展战略布局诠释孙子兵法奇正战略思想，非常契合，对企业家运用孙子兵法奇正战略进行战略布局与行动具有非常切实的借鉴价值!

张诚泉：基于我在制造业的经验，从配套供应链的角度来看待“奇”和“正”的话，我认为制造业中的“正”可以形容为 QCDS，即质量、成本、交期和服务，这是公司间正面实力的竞争。而“奇”可以形容为创新，包括营销方案创新、产品技术创新、管理效率创新等。通过不断地推陈出新，持续改进，创造出差异化的竞争力；或者也可以通过创新实现降本增效，巩固公司的基本竞争力。比如我司通过车间员工的集思广益，开发了一种新的、独特的模切工艺技术，生产效率大幅提高，并且成本降低了 30%。基于成本优势，我司通过有竞争力的价格带来了更多订单份额。工艺技术创新的这个“奇”，正是夯实了成本这个“正”的基本竞争力。所以我认为在实际经营过程中的“奇”和“正”常常相辅相成，“正”中含“奇”，“奇”后转“正”，可谓变化无穷。

陈德智：诚泉董事长用自己企业的实例对“正”与“奇”以及“奇”“正”战略转换、协同关系做出了精彩、扎实的诠释。

李巍：陈德智老师的解读非常切合实际。守正出奇的思想不仅是孙子兵法对战场智慧的高度概括，也对现代商业竞争策略具有深远的指导意义。除了陈德智老师列举的传音手机和OPPO手机，华为手机也是一个非常好的守正出奇案例。苹果手机通过软硬件一体化优势以及ios系统带来的流畅性，牢牢占据了大部分高端手机市场。在与苹果手机的正面较量过程中，华为通过麒麟芯片和鸿蒙系统来“以正合”，同样的软硬件一体化带来了不输苹果手机的流畅性。在此基础上，华为通过一系列“奇”招来出奇制胜，例如利用手机基带芯片的技术优势带来更好的手机信号，通过与徕卡的深度合作和强大的算法优化带来的领先的拍照效果，基于鸿蒙系统的多屏协同功能，全球首款北斗卫星通信功能，全球首款卫星通话功能等。通过持续的创新和“以正和，以奇胜”的竞争策略，华为手机在消费者心中成功地树立了不次于苹果的品牌形象，一度占据了国内高端手机市场的半壁江山。

陈德智：李巍董事长以华为手机守正出奇，赢得长期、持续竞争优势为例，生动诠释了孙子兵法的奇正战略。李巍董事长很谦虚，没有以自身的奇正战略实践诠释。我和李巍董事长多次交流孙子兵法战略思想理论，李巍董事长也是深谙孙子兵法战略思想的企业家，尤其是对避实击虚和奇正战略等战略行动策略具有很深的领悟与实战运用。

褚铁群：结合上下文章节的内容，如果把“正”看成是明面上累积胜势的行为，把“奇”看成是择机而动的行为，那么这里的奇正相生，我理解是相辅相成的一个战略整体。

引入人才，建设组织，筹集资金，打磨产品，提升效率，扎实服务客户等，这些是企业经营之本，让企业能够在正面战场上“列阵”合战，属于是“正”的范畴，同时也是“奇”存在的土壤。“奇”不可能是无根之萍，更不是简单的一个想法就能实施，必须基于企业在践行“正”的过程中建立起来的资源和积累，捕捉战场机会出击，正所谓守正出奇。

一个典型的例子，高德通过聚合模式，出奇兵杀入网约车市场，甩开 T3、曹操等打磨多年的行业玩家，快速成为滴滴最大的竞争对手，其过往在地图这一正面战场上的大量投入和积累功不可没。可以说没有地图业务的功底，这支奇兵别说成功，连筹建都很困难。

陈德智：轶群总裁对“正”与“奇”的诠释很好。

5.3 善战者，其势险，其节短：善于竞争者，把握时机、快速发力、赢得绩效

孙子曰：激水之疾，至于漂石者，势也；鸷鸟之疾，至于毁折者，节也。是故善战者，其势险，其节短。势如彍弩，节如发机。

纷纷纭纭，斗乱而不可乱也；浑浑沌沌，形圆而不可败也。

乱生于治，怯生于勇，弱生于强。治乱，数也；勇怯，势也；强弱，形也。故善动敌者，形之，敌必从之；予之，敌必取之。以利动之，以卒待之。

5.3.1 原解

孙子说：急速流动的水，能产生足以使大石头飘动起来的冲击力，这种能够把大石头冲击得飘动起来的“冲击力”就是“势”。换言之，急速流动的水所产生的这种冲击力，就是“势”。这是孙子首次对“势”进行解释。

接着，孙子在这段又提出了“节”的概念。他提到急速俯冲下来的大鸟，能够捕杀小动物，是因为它抓住了能够捕杀小动物的最佳时机。这个时机就是“节”。进一步地，孙子指出，善于打仗的将领所发动的攻击，其力量异常猛烈，时机短促，使敌人猝不及防。

孙子进一步解释说，“势”就像巨大的弓射出的、冲击力量巨大的箭矢，速度非常之快，瞬间即可击中目标。这一瞬间，就如同扣动弓弩的扳机。正因为彍弩发射出去的箭矢冲击力大、速度快，所以，发射者需要瞄准目标、抓住瞬间机会，及时扣动扳机，才能击中目标。

孙子曰：纷纷纭纭，斗乱而不可乱也；浑浑沌沌，形圆而不可败也。乱生于治，怯生于勇，弱生于强。治乱，数也；勇怯，势也；强弱，形也。故善动敌者，形之，敌必从之；予之，敌必取之。以利动

之，以卒待之。

纷纷纭纭，斗乱而不可乱也；浑浑沌沌，形圆而不可败也。是说，在混战的战场上，率军打仗的将领要指挥若定，使我方形阵不混乱；同时，要结为圆形战阵以立于不败之地。两军混战，乱的一方是由于对方治理有序；胆怯的一方是由于对方勇敢；柔弱的一方是由于对方强硬。**治乱，数也；**治或乱，取决于分数。就是说，混战中，敌我双方，谁是“治”，谁是“乱”，取决于各自的部队建制是否合理、管理制度是否完善。**勇怯，势也；**势是力。是说，勇与怯，取决于双方力量的对比。**强弱，形也。**形是可以运动的物质，士卒是可以运动的人，拿着武器向前冲击就产生冲击力，所以，强与弱，体现在双方战斗力的对比上，包括士卒数量和战车数量。

“故善动敌者，形之，敌必从之；予之，敌必取之。以利动之，以卒待之。”意思是说，善于调动敌人的将领，会以弱形诱敌，以利益为饵，诱惑敌人冒进或轻进，而我军以精锐士卒伏击、消灭敌人。

那么，从商业竞争与发展视角，该怎么理解呢？

5.3.2　商解

（1）**“激水之疾，至于漂石者，势也；鸷鸟之疾，至于毁折者，节也。是故善战者，其势险，其节短。势如彍弩，节如发机。”**在商业竞争中，这段话的理解与运用主要聚焦于以下三点：

①势是什么？在商业竞争中，“形”指的是可以灵活运用的资源能力的总和，即综合竞争力量，而“势”则是指将这些竞争力量

（算）运用到竞争中后所发挥出来的竞争力。

②节是什么？节是指运用到竞争中的竞争力量（“形”）作用到目标后产生最大绩效（势效应）的最佳时机。只有抓住这个最佳时机，才能使“形”快速运动所暴发的力作用到目标上，从而产生最大作用。

③形、势、节的关系。要预测目标出现的时间、地点（区位），并选择获取（实现）目标的最佳位置，然后，将足以获取目标而产生最大作用力、创造最大绩效的竞争力量投放到所选择的战略位置，瞄准目标、做好准备。确保当目标出现时，能够迅猛地爆发出竞争力，并能够控制战略资源能力精准使用、不偏离目标、足够迅速发挥作用，实现目标绩效。

（2）“纷纷纭纭，斗乱而不可乱也；浑浑沌沌，形圆而不可败也。乱生于治，怯生于勇，弱生于强。治乱，数也；勇怯，势也；强弱，形也。故善动敌者，形之，敌必从之；予之，敌必取之。以利动之，以卒待之。”

在复杂、混乱的竞争环境下，企业要做到组织严密、纪律严明，保持竞争布局与行动秩序的井然有序，确保在受到竞争冲击时不会陷入混乱。胆怯往往源于对手的勇猛，懦弱则源于对手的强悍。因此，企业要根据竞争战略来设计与调整组织结构，合理配置各级管理干部、完善各项规章制度，并实施奇正动态竞争战略布局，以实现合理分工与紧密协作。所以说，善于调动竞争对手的优秀企业家，以佯动或小利等诱惑竞争对手，使其为我所调动，从而赢得竞争。

5.3.3　问对

陈德智问企业家：陈德智的解读，是否切合实际？您还有哪些纠正与补充？

张诚泉：可以用我司一个失败的案例来解释“节”的重要性。我司的一款面向 C 端的标签打印机通过经销商在互联网上销售。当初，我司在产品性能和成本方面都是领先的，因为销量增长，我们误以为形势有利，变得麻痹大意，未能觉察到互联网营销迅猛发展的机会，也未能及时建立自己的互联网营销队伍。等醒悟过来为时已晚，市场迅猛增长的机会点已过，我们失去了抢占市场的最佳机会。而新进入者利用自有的互联网营销团队和低成本的机型，瞄准了市场发展的最佳时间点，推出极具价格竞争力的产品，迅速扩大并占领了市场。他们借助互联网的网络效应，瞬间在成本和规模上都形成了竞争壁垒。失去机会的我司只能放弃 C 端市场的竞争。当时，虽然我司的产品在机会和成本方面都形成了“势”，但未能抓住互联网市场变化快、时间窗口短的这个“节”，可见机会稍纵即逝。该案例成了我们沉痛的教训。

陈德智：谢谢诚泉董事长，非常坦诚地向读者介绍自己的教训。

李巍：陈德智老师的解读非常切合实际。微信支付的崛起案例生动地诠释了孙子兵法中所说的“善战者，其势险，其节短”。在微信支付之前，支付宝曾连续十年牢牢占据第三方支付市场八成的市场份额。2014 年，腾讯将红包功能整合到微信钱包中。2015 年春节，通过与央视春晚合作，微信红包一夜爆红，直接参与人数达到了800多万，而这个数据支付宝用了八年时间才达到，马云都惊呼被偷袭了“珍珠港”。经此一役，微信支付迅速崛起，打破了支付宝在第三方支付市场上的垄断。在这个案例中，腾讯把握住了春节的时机，选取了万众瞩目的春晚，快速射出了摇一摇红包这支“利箭”。通过微信红包的强社交属性引发的全民社交狂欢，腾讯快速赢得了大量的第三方支付市场份额。

陈德智：李巍董事长以这个实例诠释孙子兵法中的“善战者，其势险，其节短”非常贴切。读者们对于这个实例都非常熟悉，也会通过李巍董事长举的这个广为人知的实例，深刻领悟“善战者，其势险，其节短”的战略思想，并能够在实践中加以运用。

5.4 故善战者，求之于势，不责于人，故能择人而任势：善于竞争者，求势、造势、任势而非责人

孙子曰：故善战者，求之于势，不责于人，故能择人而任势。任势者，其战人也，如转木石；木石之性，安则静，危则动，方则止，圆则行。故善战人之势，如转圆石于千仞之山者，势也。

5.4.1 原解

善战者，求之于势，不责于人，故能择人而任势。善于打仗的将

领，最为主要的是根据战争或战场环境与敌人态势而积极造势，并充分运用战势。所谓战势，孙子曰：**“战势不过奇正，奇正之变，不可胜穷也。”**战斗力量或兵力部署与行动策略，无非是奇与正，但奇与正需根据敌人的变化或战争环境的变化而不断调整自己的战略行动。因此，不责于人。责的意思是，责成、要求。从兵力部署上说，就是不固定地责成或不规定哪一部分、哪一方位为正，哪一方位为奇，必须根据敌人的变化和环境的变化进行奇正转换。如果能够在战前把部队训练出灵活机动的作战能力，并做好战略部署，根据敌人或环境的变化，及时演变出有利的势，自然不完全依赖士卒拼死苦战。不必苛求士卒，最为主要的是寻求造势的最佳时机，即能够造势、任势与抓住时机。

任势者，其战人也，如转木石；木石之性，安则静，危则动，方则止，圆则行。这句话是说，善于驾驭势态的将领，指挥军队作战，犹如转动木石。根据需要，随时能够让滚木雷石静止或滚动。

故善战人之势，如转圆石于千仞之山者，势也。孙子说，善于指挥军队作战的将领所造的势（势态），就像把位于千仞高山顶上的圆滚的石头滚动下来、砸到（作用到）物体上所产生的巨大作用力，这就是“势”。

那么，从商业竞争与发展视角，该怎么理解呢？

5.4.2　商解

（1）**“故善战者，求之于势，不责于人，故能择人而任势。”**善于竞争的企业家，最为核心的能力是通过准确分析、研判行业发展趋势，捕捉发展机会，积极主动地利用行业发展趋势，分析判断最有利于实现目标绩效的方向并构造竞争态势（造势态）。当实现目标的最佳时机出现后，立即迅猛并精准发力（势），获得最大势效应。在过程中还需要任势（控制“势”不偏离目标），即依靠借势/顺势、造势、任势取得竞争优势。不必苛求员工，最为主要的是造势、任势与抓住时机。[㊀] 孙子说的这句话对于商业竞争非常重要，具有非常高的价值。

（2）**“任势者，其战人也，如转木石；木石之性，安则静，危则动，方则止，圆则行。”**善于竞争的企业家，不仅善于造势、借势，也必须善于任势。那么，什么是任势呢？孙子说：任势者，在指挥员工实施战略行动时，犹如转木、石。意思是，根据战略态势的发展，需要心平气和地工作时，要营造安稳的工作情境，使员工安静工作；如果竞争环境跌宕起伏，我们的战略态势也需要随时做出动态调整时，则要营造紧张危机感，使员工能够紧张有序工作，在有序、随机应变的同时，不偏离战略目标，积极行动；如果竞争环境复杂、竞争对手的竞争行动不清楚，需要暂时停止战略行动时，则要组织严密、情报保密，相关业务与职能工作稳妥停止；如果竞争环境有利于我们快速行动，则要做好奇正战略组合的圆形战略布局，快速行动，实现

㊀ “故能择人而任势”有两种解释：①“择”读“释”，是放弃的意思。即不依靠人，而主要是要造势与任势。②择，选择，任用。即选择能够驾驭势的人才，充分利用形势。

战略目标。

（3）“故善战人之势，如转圆石于千仞之山者，势也。”是说，善于竞争的企业家所造的势，就像在非常高的山顶上转动圆石，使圆石在急速降落中产生巨大的势能，并转化为实现战略目标的竞争力。这依然是对“势”定义的进一步说明。

5.4.3　问对

陈德智问企业家：陈德智的解读，是否切合实际？您还有哪些纠正与补充？

张诚泉：我非常认同陈教授的解读。我认为“取势”是公司高层战略管理的重点。马云认为他的成功是顺势而为，雷军也谈及过“风口上的猪”。经营者往往需要依据行业特性，寻找行业的机会点，等待行业的关键发展期，从而迅速发展起来。

我对“不责于人”的理解是经营者需要抓住造势、借势和任势的竞争要点，随机应变。忽略战略要点而过度在战术层面无谓地消耗公司资源，是低效率的管理工作。实际上，每个行业都有发展机遇期，例如某个重大技术突破或者需求基础形成，市场发生突变而产生新的机会。大部分小公司在市场能力弱小的情况下，前期依托大公司教育市场，将资源集中在技术的积累、产品的开发上。当市场时机成熟，形成爆发性增长时，则将资源迅速切换至市场的开拓，从而迅速夺取市场份额。

陈德智：诚泉以切身战略实践体会诠释“不责于人”，非常精彩，也非常具有实践价值。

李巍：陈德智老师的解读非常切合实际。孙子兵法中提到的"故善战者，求之于势，不责于人，故能择人而任势"是对企业家责任的明确指引。企业家是企业的第一责任人，责人不如责己。通过陈德智老师的解读，我理解到作为第一责任人，企业家的主要任务是：第一，准确把握行业趋势，并制定清晰的战略目标；第二，合理地调配各种竞争资源，通过资源配置构建最大的竞争势能；第三，合理选择时机，保证战略目标最强有力的执行。

陈德智：是的！TCL创始人李东生先生是令我敬仰的企业家。李东生董事长在回顾TCL并购汤姆逊公司时曾说："我们并购的时候，有一样东西没看准，那就是未来电视会往哪个方向走。当时，更多人看好PDP（等离子显示），我们认为汤姆逊的DLP（微显背投）更胜一筹，然后一脑门子扎了进去。"由于在行业技术发展方向的预测与选择失误，导致TCL"在技术分岔口走错路的代价"非常沉重。

李东生认为："面板是长周期行业，战略管理非常重要。一条生产线，从最初规划到投产产生效益，大概需要3年。其中项目筹备至少要6个月，建厂、投产、量产需要12个月，量产到产生收益要6个月，加上其他各种不确定性，在规划一个项目之初，就必须预判36个月之后的行业状况、市场情况，并由此确定项目怎么建、建多大规模、生产什么样的产品。而在3年建设投产周期外，还必须叠加考虑液晶产业周期的影响。这个产业三到四年会经历一个完整的上行下行周期，能否将生产线的量产周期与液晶产业的上行周期高度契合，直接决定了上马这条生产线是赚钱还是亏钱、企业能不能持续经营下去。”[1]

褚轶群：陈教授解释得很详细、很切合实际。

---

[1] 秦朔，戚德志著．万物生生：TCL 敢为 40 年　1981—2021，北京：中信出版集团，2021 年版第 54-56，113 页。

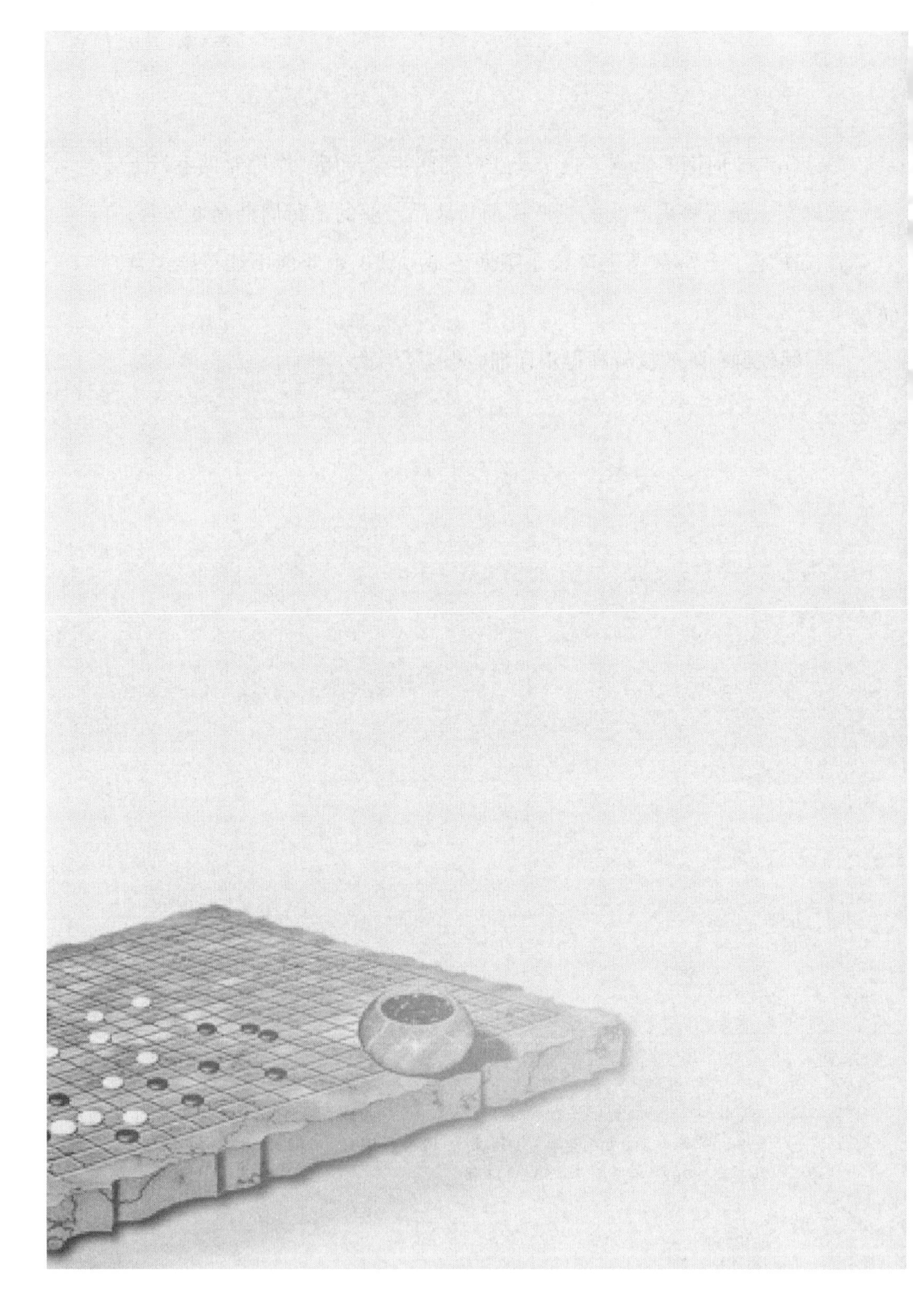

学者与企业家问对

第6章

虚实篇

孙子在“势篇”提出：“兵之所加，如以碫投卵者，虚实是也。”“虚实”（避实击虚）是孙子兵法的核心战略思想，故孙子以独立的一篇详细论述：①要时刻掌握战略战术的主动权，即“致人而不致于人”；能够做到“致人而不致于人”，便能够“避实击虚”。②必须做到全面、及时地掌握敌我双方变化的战况，探明虚实，“因敌变化”。③要根据切实对比的战斗力量，采取应对策略，等等。“虚实篇”非常重要，唐太宗李世民说：“朕观诸兵书，无出孙武；孙武十三篇，无出虚实。”

孙子曰：凡先处战地而待敌者佚，后处战地而趋战者劳。故善战者，致人而不致于人。

能使敌人自至者，利之也；能使敌人不得至者，害之也。故敌佚能劳之，饱能饑之，安能动之。出其所不趋，趋其所不意。行千里而不劳者，行于无人之地也。攻而必取者，攻其所不守也；守而必固者，守其所不攻也。故善攻者，敌不知其所守；善守者，敌不知其所攻。微乎微乎，至于无形；神乎神乎，至于无声，故能为敌之司命。

进而不可御者，冲其虚也；退而不可追者，速而不可及也。故我欲战，敌虽高垒深沟，不得不与我战者，攻其所必救也；我不欲战，画地而守之，敌不得与我战者，乖其所之也。

故形人而我无形，则我专而敌分。我专为一，敌分为十，是以十攻其一也，则我众而敌寡；能以众击寡者，则吾之所与战者，约矣。吾所与战之地不可知，不可知，则敌所备者多；敌所备者多，则吾所与战者，寡矣。故备前则后寡，备后则前寡；备左则右寡，备右则左寡。无所不备，则无所不寡。寡者，备人者也；众者，使人备己者也。

故知战之地，知战之日，则可千里而会战。不知战地，不知战日，则左不能救右，右不能救左，前不能救后，后不能救前，而况远者数十里、近者数里乎？以吾度之，越人之兵虽多，亦奚益于胜败哉？故曰：胜可为也，敌虽众，可使无斗。

故策之而知得失之计，作之而知动静之理，形之而知死生之地，角之而知有馀不足之处。

故形兵之极，至于无形；无形，则深间不能窥，智者不能谋。因形而错胜于众，众不能知。人皆知我所以胜之形，而莫知吾所以制胜之形。故其战胜不复，而应形于无穷。

夫兵形象水，水之形，避高而趋下，兵之形，避实而击虚。水因地而制流，兵因敌而制胜。故兵无常势，水无常形，能因敌变化而取胜者，谓之神。故五行无常胜，四时无常位，日有短长，月有死生。

6.1 善战者，致人而不致于人：善于竞争者，能时刻把握战略主动权

孙子曰：**凡先处战地而待敌者佚，后处战地而趋战者劳。故善战者，致人而不致于人。能使敌人自至者，利之也；能使敌人不得至者，害之也。故敌佚能劳之，饱能饑之，安能动之。**

6.1.1 原解

对于交战双方，凡是先到达战场的一方，就能够选择有利地形，做好战前准备，以逸待劳；凡是后到达战场、匆忙应战的一方就会紧张、焦虑与劳累。所以，善于打仗的将领，在任何时候都要做到调动敌人而不为敌人所调动，即“**致人而不致于人**”，也就是要“**时刻把握战略战术的主动权**”。能够使敌人主动上钩，是以利益引诱敌人；能够使敌人不敢前来，是以害处威慑敌人不敢来。因此，要做到——敌人若安逸，则要调动敌人使其劳累不堪；敌人若粮草充足，则要想方设法断其粮草，使其饥饿；敌人若安稳，就采取各种办法扰乱敌人，使敌人不得安宁。

这段话的核心是“**致人而不致于人**”，即要时刻把握战略战术的主动权。

那么，从商业竞争与发展视角，该怎么理解呢？

6.1.2　商解

“凡先处战地而待敌者佚，后处战地而趋战者劳，故善战者，致人而不致于人。”在商业竞争中，特别是在同质化产品市场中，抢先进入市场的企业相较于后进入者，往往拥有一定程度的领先优势和竞争主动权。产品同质化的后进入市场（同一市场）者，在竞争中可能处于相对被动的地位。无论是战争还是商业竞争，争夺的核心都是主动权。谁在竞争中掌握了主动权，谁就更有可能赢得竞争。因此，善于竞争的企业家，要时刻做到**“致人而不致于人”**，即时刻把握竞争战略与战术的主动权。

6.1.3　问对

陈德智问企业家：陈德智的解读，是否切合实际？您还有哪些纠正与补充？

贾少谦：陈教授的注解非常切合实际。企业只有掌握竞争主动权，才能在竞争中取胜。但掌控主动权需要长期的积累，尤其在创新方面要不断投入和突破，绝非朝夕之功。抢占市场竞争制高点使海信在家电市场始终处于主动地位。在平板电视时代，新品的推出速度成为竞争成败的关键。海信准确预测了平板电视的技术趋势，运用“快半拍”法则加快了新品研发、上市的速度，领先同行 3 个月到半年的时间推出新产品，引领了市场潮流，取得了市场领跑者的地位。

通过技术创新与产业拓展，海信产品不断向高端转型，产业链向高科技延伸，产业架构也向高科技转移，已经覆盖了大众所熟知的黑电、白电和厨电产业，并在激光显示技术、芯片技术、冰箱真空保鲜技术、空调新风技术、Mini LED 和 Micro LED 显示技术等领域不断取得突破，引领行业发展。50余年来，不管环境和竞争的挑战多么纷繁复杂，追求技术领先一直是海信超越行业技术迭代挑战、实现规模增长的核心秘诀之一。

陈德智：谢谢少谦董事长！少谦董事长以海信运用“快半拍”法则加快新产品研发、上市速度，领先同行业3个月到半年推出新产品，取得市场领跑地位为例，生动诠释了孙子兵法“凡先处战地而待敌者佚，后处战地而趋战者劳，故善战者，致人而不致于人”的战略原则。

张诚泉：我司在标识材料业务还在稳步发展的时期，就将获取的利润投入标签打印机的开发中。其战略意图是将材料、硬件及软件集成一个新的解决方案，从而获取未来竞争的主动权。由于材料业务的同质化，价格竞争日渐激烈，所以我们将材料业务的商业模式转换成打印系统业务带动材料业务的商业模式。从后期的竞争结果看，这一转变取得了具大成绩。打印系统业务奠定了早期的客户基础后，为后期的材料业务带来了滚雪球般的稳定增长，从而使我们不惧未来竞争对手的跟进。

陈德智：诚泉董事长的这个实例非常好。标签印制业务是诚泉董事长创立威侃公司后首先开展的业务。在标签印制业务还处于稳定发展阶段时，威侃公司就开始向标签打印机研发制造发展，并且使标签印制业务与标签打印机业务通过标识材料构成紧密相关。从孙子兵法上看，标签印制业务为先（先出为“正”），标签打印机为后（后出为“奇”），形成了“正”与“奇”协同的战略布局，实现了协同发展。

李巍：陈德智老师的解读非常切合实际。孙子兵法中的“致人而不致于人”强调了掌握战略主动权的重要性及意义。很多时候，企业的焦虑与迷茫只是表象，其根本原因就在于缺乏前瞻性的布局、丧失了战略战术的主动权。一些企业从产品设计到市场营销，完全复制行业领先者，表面上看似乎是节省了研发和试错成本，但跟风式的策略无疑也抛弃了战略主动权。这不但让行业越来越内卷，企业自身也很难有大的发展。最终成功的，一定是能够洞悉行业趋势、提前布局、时刻把握战略主动权的企业。

陈德智：李巍董事长补充的观点很好。“表面上看似乎是节省了研发和试错成本，但跟风式的策略无疑也抛弃了战略主动权。最终成功的，一定是能够洞悉行业趋势、提前布局、时刻把握战略战术主动权的企业。”确实如此。

褚轶群：我非常同意陈教授提到的争夺竞争主动权。这里我想补充一点个人理解：不同行业的不同阶段，先发和后发都可能有各自的优势。例如，在重资产行业，当碰到设备或者固有资产技术迭代时，后发者反而会因为轻资产包袱具备一定的优势。这里的“先”和“后”，我觉得理解成战略部署上思考与布局的前瞻性，可能更具有普适性。所谓“人无远虑，必有近忧”，在企业战略中往往强调“看三年，做一年”，就是在说为谋求竞争主动权而进行的抢先布局。

陈德智：铁群补充的观点很好！

6.2 出其所不趋，趋其所不意：善于实施变幻莫测的虚实战略战术

孙子曰：出其所不趋，趋其所不意。行千里而不劳者，行于无人之地也。攻而必取者，攻其所不守也；守而必固者，守其所不攻也。故善攻者，敌不知其所守；善守者，敌不知其所攻。微乎微乎，至于无形；神乎神乎，至于无声，故能为敌之司命。进而不可御者，冲其虚也；退而不可追者，速而不可及也。故我欲战，敌虽高垒深沟，不得不与我战者，攻其所必救也；我不欲战，画地而守之，敌不得与我战者，乖其所之也。

6.2.1 原解

孙子说，要攻击敌人无法紧急救援之处，要在敌人意想不到的条件下发动攻击。行军千里而不劳累，是因为在敌人没有设防或防守空虚的地方行进。进攻之所以必胜，是因为所进攻的地方，是敌人没有防守或防守空虚的地方；防守之所以牢固，是因为在敌人不进攻的地方我们也严防死守，更何况在敌人进攻的地方，我们防守得更加严密、更加牢固。杜牧说：“不攻尚守，何况其所攻乎！”善于进攻者，

一定会进攻敌人防备最空虚之处，如梅尧臣所言:“言攻其南，实攻其北。”杜牧亦云:“警其东，击其西，诱其前，袭其后。”[1] 善于防守者，使敌人不知该从何进攻。**“微乎微乎，至于无形；神乎神乎，至于无声”**，孙子在此论述虚实之法至于神微——我之实，使敌人视之为虚；我之虚，使敌人视之为实；我能使敌实变虚，知敌虚非实，即让敌人无法洞察我们的虚实，而我不仅洞察敌人的虚实，还能够调动、转换敌人的虚实。因此，我们能够避实击虚，即“避其坚，而攻其脆（脆弱的脆），捣其虚。”若能够做到这一点，就能够主宰敌人的命运。进攻时敌人无法抵御，是因为我们攻击的是其防备空虚之处。撤退时，敌人无法追击，是因为我们攻击敌人之虚，使其大败而无法迅速整军追击。同时，兵贵神速，趁敌人空虚迅速出击，速战速决后迅速撤退，使敌人追赶不及。若想与敌人交战，即使敌人高筑防御工事，也不得不出来与我交战，因为我们攻击的是其必须要救援之处，比如，敌人储备粮草的地方，或敌国君主等政要。若不想与敌人交战，只要在地上画个界限，敌人就无法与我交锋，因为我可以想方设法调动敌人，改变其进攻方向。

这里，孙子详细地论述了变幻莫测的虚实之法，若能够时刻把握主动权，运用虚实达到神出鬼没、出神入化之境地，即可使自己立于不败之地，成为敌人命运的主宰。

---

[1] ［春秋］孙武撰，［三国］曹操等注，杨丙安校理．十一家注孙子，北京：中华书局，2012 年版第 101–102 页。

那么，从商业竞争与发展视角，该怎么理解呢？

6.2.2 商解

（1）**“出其所不趋，趋其所不意。”**要发起对竞争对手的攻击，最好是选择攻击那些相对虚弱、孤立无援或缺少资本支持的竞争对手（例如，竞争对手中的某一家比较虚弱、缺少资本支持的企业，或者是某个比较虚弱、缺少资本支持的业务团队）。并且，要在竞争对手意想不到的条件下发起攻击，这样，攻击行动将更为顺利，也更易赢得竞争。

（2）**“行千里而不劳者，行于无人之地也。”**战略行动之所以很顺利，是因为行动路径没有受到政策、政治、经济、金融、技术、文化以及供应链等资源能力的阻碍，以及竞争对手的阻拦（阻击）。

哈啰单车从二线城市（摩拜和ofo等共享单车没有进入的城市）进入市场，采取农村包围城市的发展路径，从二线城市扩展到三、四、五线城镇（没有共享单车进入或共享单车竞争不激烈的区域），最后在许多品牌的共享单车在一线城市陷入激烈的价格战、摩拜与ofo两败俱伤、市场竞争呈现虚弱状态之时才进入一线城市。[㊀]

华为的发展也被称为走了农村包围城市的战略路径。

（3）**“攻而必取者，攻其所不守也；守而必固者，守其所不攻**

㊀ 蔡力．共享单车企业竞争战略探究——以哈罗单车为例，科技创业，2021年第6期第80–82页。（2022年，品牌升级为“哈啰”——作者注）

也。”在商业竞争中可以这样理解：我们攻击竞争对手的某一项业务或某项业务在某一区域市场，之所以顺利取得成功，是因为竞争对手在这项业务上存在比较明显的、关键性的不足，导致客户不满意，或者虽然产品质量、功能很好，但在产品价格与交期等方面存在问题。而我们之所以能够稳固发展自己的业务，是因为我们非常认真、全面地从产品质量、服务、性价比等方面全方位做好产品，满足客户需要，尽全力保证产品与服务零缺陷、无瑕疵，不给竞争对手任何攻击之处，因此，竞争对手不会攻击我们。

（4）**“故善攻者，敌不知其所守；善守者，敌不知其所攻。”**所以说，善于竞争性攻击的企业家总能发现或捕捉到竞争对手的虚弱之处并进行针对性攻击，使竞争对手不知道该如何防守、防守哪里。而善于守护自己业务的企业家则勤勤恳恳、兢兢业业，努力做到产品与服务“零缺陷”，令竞争对手无懈可击。

（5）**“微乎微乎，至于无形；神乎神乎，至于无声，故能为敌之司命。”**孙子在此论述虚实之法的高妙：让竞争对手不知道我们的虚实；而我们不仅知道竞争对手的虚实，还能够调动、转变竞争对手的虚实。因此，我们能够避实击虚，即**“避其坚，而攻其脆**（脆弱的脆），**捣其虚。”**若能够做到这一点，我们就能够主宰自己发展的命运。[㊀]

（6）**“进而不可御者，冲其虚也；退而不可追者，速而不可及也。”**这句依然是讲避实击虚的策略，即我们应进攻竞争对手的虚弱

㊀ 商业竞争毕竟不是战争。

之处，并且要快速取得成功。

（7）**“故我欲战，敌虽高垒深沟，不得不与我战者，攻其所必救也；我不欲战，画地而守之，敌不得与我战者，乖其所之也。”**如果我们想挑起与竞争对手的价格战或其他方式的商战，以达到争夺市场份额的目的，我们应选择攻击竞争对手重要的或核心业务市场——这是他们不能丢弃的市场，那么竞争对手就一定会接受我们的挑战。

特斯拉电动汽车在中国市场三番五次地挑起价格战，直逼低价位新能源汽车，导致中国电动汽车行业中的多家企业不得不参与价格战，遭受重大损失甚至倒闭。

当某一区域市场的在位企业受到来自竞争对手的低价格攻击时，如果它不想与竞争对手打价格战，但仍要固守住自己已占据的市场，可以通过其他各种非价格战策略来阻止竞争对手或引导竞争对手改变战略行动方向。

2002年，思科发现华为在美国设立公司，并开始以低价策略对思科占70%份额的美国市场发起竞争性攻击时，思科采取了知识产权诉讼以及舆论等多种策略来阻击华为。受到思科的威胁，希望息事宁人的华为最初撤回了被疑似侵权的产品在美国市场的销售。虽然最终华为与思科和解，但华为也只能采取与3COM公司合资成立华为-3COM公司，并以3COM公司品牌在美国市场销售的方式来应对。㊀

㊀ 郭海峰．华为VS思科　全景回放，中国企业家，2004年第10期第60-67页。

6.2.3 问对

陈德智问企业家：陈德智的解读，是否切合实际？您还有哪些纠正与补充？

贾少谦：德智教授的解读非常翔实、切合实际。

张诚泉：陈教授解读得很详细、切合实际。企业在竞争与发展中，要尽量避免完全同质化的价格战；要时刻关注市场发展趋势与客户需求的满足情况，依据市场发展趋势和客户需求的调查分析，谋求企业发展新的机会点。

陈德智：好！

李巍：陈德智老师的解读非常切合实际。“致人而不致于人”强调了战略主动权，“出其所不趋，趋其所不意”则突出了战术灵活性。企业在经营过程中，应该根据市场实际情况，灵活地运用不同的经营策略。例如当年的小米手机，在没有品牌积累和线下实体渠道的情况下，另辟蹊径，通过聚焦互联网渠道实现突破。小米主打低价高配牌，利用极致性价比和互联网社区营销，迅速吸引了大批“米粉”，首发 30 万台手机大获成功，更是一度成为互联网手机的代名词。小米避开传统品牌占据绝对优势的线下渠道，聚焦于当时还未受到充分重视的互联网渠道，正是孙子兵法中“攻而必取者，攻其所不守也”的生动写照。

陈德智：雷军是读过兵法的企业家。[㊀] 他在创业时将研发与

㊀ 雷军．成功创业必须顺势而为，人力资源，2010 年第 9 期第 20–21 页。

营销等资源投放在潜在客户群体中造势，即在距离目标客户最近的、最便于占领消费者心智的位置（客户参与）配置主攻力量。小米借势与顺势移动互联网、智能手机风口，通过发烧友进行口碑传播形成粉丝效应，在风口上飞了起来！所谓“专注、极致、口碑、快”，体现的正是孙子兵法的造势与借势、避实（避线下竞争激烈之实）击虚（击互联网思维、线上研发和营销之虚），也可谓出奇制胜！

6.3 我专为一，敌分为十，是以十攻其一也：专注于细分市场、取得竞争优势

孙子曰：故形人而我无形，则我专而敌分。我专为一，敌分为十，是以十攻其一也，则我众而敌寡；能以众击寡者，则吾之所与战者，约矣。吾所与战之地不可知，不可知，则敌所备者多；敌所备者多，则吾所与战者，寡矣。故备前则后寡，备后则前寡；备左则右寡，备右则左寡。无所不备，则无所不寡。寡者，备人者也；众者，使人备己者也。

6.3.1 原解

“故形人而我无形”中的“形人”有两种解释：其一，“形人”就是设法把敌人的内部情况表现于外形上来，也就是利用各种侦察手

段查明敌情。[一] 其二，“形人”是示人以形，兵行诡道，所示之形为伪形。[二]

“故形人而我无形，则我专而敌分。” 这句话是说，把我们的军事力量的部署让敌人知道，无论是散布出去还是通过间谍传递给敌人。当然，散布给敌人的情报是虚假情报，即我们伪装或告诉敌人，我们将从四面八方向敌人进攻。目的是让敌人在四面八方都设防，敌人的兵力就分散到四面八方。而我们真实的军事力量却集中在一个攻击点上（当然，这绝对不能让敌人知道），这样就达到敌分为十，我专为一，则我将以十攻其一，是 **“以众击寡”**，**“以碫击卵”**。**“则吾之所与战者，约矣。”** 约，是受到约束、束缚。即与我们作战的敌人就会陷入困境。

如果敌人不知道我进攻的地点，敌人设防的地方就多，兵力就会分散，那么，在我们进攻的地点，敌人防备的兵力就少。所以，在前面设防的兵力多，则在后面的兵力就少；在后面设防的兵力多，则在前面的兵力就少；在左面设防的兵力多，则在右面的兵力就少；在右面设防的兵力多，则在左面的兵力就少；若各个地方都要部署兵力设防的话，则每个地方的兵力都少、都显得薄弱。兵力少或虚弱，是因为防备敌人从各个地方进攻；兵力多或雄厚，是让敌人在四面八方防

[一] ［春秋］孙武撰，［三国］曹操注，郭化若今译．孙子兵法，上海：上海古籍出版社，2006 年版第 62 页。

[二] ［春秋］孙武原著，周亨祥译注．孙子全译，贵阳：贵州人民出版社，1994 年版第 47 页。

备自己。

那么，从商业竞争与发展视角，该怎么理解呢？

6.3.2 商解

在商业竞争中，当整体的资源能力与竞争对手相比比较弱小时，如何在强者如林的竞争市场中谋求生存发展的空间呢？

“故形人而我无形，则我专而敌分。我专为一，敌分为十，是以十攻其一也，则我众而敌寡；能以众击寡者，则吾之所与战者，约矣。”这句话中的“形人”更适于郭化若先生的注释，即“形人”就是运用各种渠道，详细了解竞争对手的各种情报，而且还要充分了解外部政治、经济、社会与金融环境，行业发展现状与趋势，等等。

（1）扫描式地分析欲进入市场的业务需求与发展趋势，以及客户需求满足的状况，是否存在客户需求尚未满足、而强大的竞争对手没有开发的缝隙市场。如果存在这样的缝隙市场，则认真分析自己是否有能力开发这个缝隙市场。如果有能力开发，则集中资源能力，开发进入这个缝隙市场，取得生存空间。待站稳脚跟后，再积极拓展业务范围，寻求进一步发展。

（2）针对强大的竞争对手所做的全部业务进行扫描式分析，详细分析各项业务在满足客户需求上存在的问题以及在竞争实力上的强弱。如果发现强大的竞争对手针对客户需求存在痛点问题，没有足够的能力解决客户痛点，或者没有认真对待而不积极解决客户需求痛点问题时，再分析自己是否有能力、有意愿解决客户需求痛点。如果有能力也有意愿，则可以根据客户需求痛点，针对性开发业务，开拓生存与发展空间。

（3）针对各地区或各国市场进行扫描式分析，强大的竞争对手的业务都进入了哪些区域？在哪些区域竞争力强？哪些区域竞争力弱？还有哪些区域没有进入？可以选择强大的竞争对手尚未进入的区域市场或竞争力弱的区域市场，集中资源能力进入，开拓生存与发展空间。

（4）“吾所与战之地不可知，不可知，则敌所备者多；敌所备者多，则吾所与战者，寡矣。故备前则后寡，备后则前寡；备左则右寡，备右则左寡。无所不备，则无所不寡。寡者，备人者也；众者，使人备己者也。”

在商业竞争与发展中，多元化经营的企业，其在不同行业或不同细分行业的业务，都将面临专一化或专业化经营的竞争对手的竞争性攻击，也就必须在多领域进行防守和稳固自己的市场。由于任何公司的资源能力都是有限的，所以，在多元化竞争中，有可能会出现某些业务处于竞争劣势的虚弱状态，极易因专一化公司的竞争性攻击而丢失市场。在竞争中求发展的企业，感知资源能力相对不足的多元化经营企业，是由于更多的方面需要防备其他竞争者的攻击；感知资源能力相对充足的专一化经营企业，是由于令其他企业防备自己攻击的缘故。

所以，在公司发展战略上，是走多元化发展还是专一化发展道路，是企业家应该认真思考的战略性问题。

宋志平先生曾说过，过去几十年我一直在管理工厂和产业集团，我的身上有专业化基因，“工欲善其事，必先利其器”，我认为做企业首先要有专业化能力，这是企业安身立命的根本。企业的资源和能力是有限的，对大多数企业而言，还是要走专业化道路，抵挡住非专业化机遇的诱惑。㊀

我主张专业化，但是企业在某个行业碰到天花板了，怎么办？可以做相关多元。什么叫相关多元？就是在技术上、产业链上、市场上有相关性。像中国建材、国药集团其实都是相关多元的企业。能不能做多元化？能，往往是指大的投资集团，像华润这样的企业。我认为做企业要聚焦，横向来讲业务一般不超过三个，纵向来讲在产业链上也不超过三个。我不大赞成全产业链做企业，做企业还是要符合专业化分工，这也是一个基本逻辑。如今，我们进入一个高质量发展的时代，这个时候得好好研究，企业要不要转型，要不要转行。对绝大多数企业来讲，转型并不意味着要转行。我们现在遇到的问题实际上是产品过剩，不少行业面对过剩的问题，但只要这个行业不是彻底萎缩，像过去的胶卷、CRT 等行业，其实绝大多数企业更应该考虑的是如何在行业里获得新生和发展。没有落后的行业，只有落后的技术和落后的企业。企业推动高端化、智能化、绿色化转型，做细分领域的头部企业，从而获得成功，这也是专业主义的表现方式。㊁

㊀ 宋志平.“隐形冠军”背后的秘密：“小而美”的生存优势，中国商人，2022 年第 6 期第 18–21 页。

㊁ 梁宵.宋志平：四大主义——做企业的底层逻辑，中国企业家，2023 年第 10 期第 32 页。

6.3.3　问对

陈德智问企业家：陈德智的解读，是否切合实际？您还有哪些纠正与补充？

贾少谦：德智教授的解读十分翔实，切合实际。我完全认同宋志平会长的观点。

张诚泉：我司的 XT 标识打印机型在研发设计阶段，主要目标客户在工业市场。这款打印机凭借便捷、省时、省力、体积小、具有移动性等特性，有望替代市场上粗笨的台式打印机。但在前期的市场导入阶段，我们却选择从医疗市场切入。原因是前期的广告已让竞争对手获知我们的新机型即将面世，他们准备通过价格战来阻击我们。同时，新机型在质量稳定性方面还需进一步验证和提升，须预先由部分目标客户进行试用，并通过积极的服务来弥补早期品质的薄弱点。虽然医疗市场规模较小，但竞争对手相对较少且实力较弱，而我司在该市场却拥有实力强大的经销合作伙伴。该案例的市场策略是在工业市场先行广告宣传，而实际首先切入的市场却是医疗市场。通过医疗市场验证品质稳定后，恰逢竞争对手进入松懈期，我们再度择机攻入工业市场。

陈德智：诚泉所举的实例非常好！

李巍：陈德智老师的解读非常切合实际。专一化无疑是资源匮乏、实力相对弱小的企业破局的一把利刃。其道理在孙子兵法中也说得非常透彻："我专为一，敌分为十，是以十攻其一也。"通过专注于细分领域，针对对手的薄弱点，即使在总体资源匮乏的情况下，企业仍然可以获取局部资源的相对优势，从而形成突破。妙可蓝多就是一个通过聚焦细分领域，取得成功突破的很好商业案例。妙可蓝多通过对乳制品市场的深入分析，敏锐地发现奶酪的市场空间巨大，是一个潜在的蓝海市场。通过聚焦于奶酪这个细分赛道，妙可蓝多相继推出了“儿童奶酪棒”和“马苏里拉”奶酪等爆品，并伴随着“奶酪就选妙可蓝多”的广告语，迅速占领了消费者心智，从而在这个细分赛道顺利地打败了蒙牛、光明等行业巨头，成为奶酪市场的第一品牌。

陈德智：李巍董事长举的例子很好！秦朔和戚德志在《万物生生：TCL 敢为 40 年　1981—2021》一书中提到：“日本企业通过产业化实践，将 TFT-LCD（薄膜晶体管显示器）做成了可以推向市场的产品，从最初的计算器、手表等边缘端应用入手，最终杀入电视机等大尺寸液晶显示器。”书中还说：“没有对技术的市场需求，企业就无法持续推进技术研发。哪怕这个市场再小，只要有效切入了，就有机会从小到大。”

褚轶群：多元化还是专业化的战略选择，确实是企业需要慎重思考的问题。

陈德智：好！

6.4　知战之地，知战之日，则可千里而会战：时刻掌握竞争情报，才能赢得竞争

孙子曰：故知战之地，知战之日，则可千里而会战。不知战地，不知战日，则左不能救右，右不能救左，前不能救后，后不能救前，而况远者数十里、近者数里乎？以吾度之，越人之兵虽多，亦奚益于胜败哉？故曰：胜可为也，敌虽众，可使无斗。

6.4.1　原解

这一小段话的意思是说，如果对战争及敌人的情报了若指掌，我们就能把握战争，否则，就会陷入困境。因此，我们要做到"知彼知己、知天知地"。同时让敌人对我们的真实情况以及"天"与"地"的状况一无所知。

越国兵力虽然多，但未必就一定胜利。因为，即便敌人人数众多，我们也可以通过策略使其无法有效参战。如何才能让敌人无法战斗呢？就是通过伪装、佯攻及散布虚假情报，使众多的敌人分散，而我们则集中兵力，从而实现**"敌分为十，我专为一，我以十攻其一也"**的战术目标。

那么，从商业竞争与发展视角，该怎么理解呢？

6.4.2 商解

在商业竞争中，若要以避实击虚战略战术赢得竞争，其首要前提是做到“知彼知己，知天知地”，这意味着，构建一个先知与全知的情报网是赢得竞争的全过程基础保障。因此，我们要注重情报网的建设，同时，还要重视情报人才的培养，特别是情报分析能力。只有时时掌握竞争对手的行动状态、了解竞争环境的动态变化，我们才能够赢得胜利，即“胜可为”。

6.4.3 问对

陈德智问企业家：陈德智的解读，是否切合实际？您还有哪些纠正与补充？

张诚泉：只有做到“知彼知己，知天知地”，才能做出正确选择。

陈德智：对的！

李巍：陈德智老师的解读非常切合实际。商业竞争不是闭门造车，必须知彼知己，在全面充分地了解客户需求、行业态势以及主要竞争对手的战略动态等信息后，才能制定合适的竞争策略。这也是很多技术型创业者创业失败的原因，他们往往过于关注技术本身，而忽略了全面的信息调研，既不了解竞争对手的状况，也不清楚技术瓶颈是否真的是行业的痛点，自然很难获得竞争优势。

陈德智：“知彼知己，胜乃不殆；知天知地，胜乃可全。”只有做到“知彼知己、知天知地”，才能取得全胜！所以，“知彼知己，知天知地”的先知与全知的情报是战略的重要保障。

6.5　策之、作之、形之、角之：时刻了解竞争对手的战略行动之方法

孙子曰：故策之而知得失之计，作之而知动静之理，形之而知死生之地，角之而知有馀不足之处。故形兵之极，至于无形；无形，则深间不能窥，智者不能谋。因形而错胜于众，众不能知。人皆知我所以胜之形，而莫知吾所以制胜之形。故其战胜不复，而应形于无穷。

6.5.1　原解

（1）**“故策之而知得失之计”**是说，通过对敌我双方进行校之以计分析，可以明确双方的优劣势，即哪些战略要素优势多，哪些战略要素劣势多。

（2）**“作之而知动静之理”**是说，运用有意图的军事行动，或攻、或退，来刺激敌人，诱使其行动，以观察并分析敌人的行动规律、兵力部署与战略企图。

（3）**“形之而知死生之地”**是说，通过诱敌行动观察敌人的兵力部署，并进一步通过向敌人展示我方经过伪装的军事实力或试探性攻击，以探明敌人的虚实。

（4）“**角之而知有馀不足之处**”是说，通过试探性攻击，探明敌人在各处兵力部署的虚实或强弱。

（5）“**故形兵之极，至于无形；无形，则深间不能窥，智者不能谋。因形而错胜于众，众不能知。人皆知我所以胜之形，而莫知吾所以制胜之形。故其战胜不复，而应形于无穷。**”意指若我们的兵力部署或调整能达到灵活机动的程度，使敌人无法判断我们的真实部署与变化，这便是“无形”。也就是说，我们的兵力部署以及变动的高妙程度，要确实达到：隐藏在我军内部的敌人间谍也不能窥视到，敌军再高明的将领也无法谋划应对之策。这才算是真正做到了对敌人的“无形”。根据敌人的虚实状况，我军采取灵活机动的战略战术而取得胜利，即使把胜利摆在众人面前，众人依然不知道我们胜利的奥妙之处。人们只是知道我们战胜敌人的实力，但不知道取胜的战略战术。所以，每次战胜敌人的战略战术都不一样，而是根据敌人的兵力部署及战场环境的变化而变化无穷。

那么，从商业竞争与发展视角，该怎么理解呢？

6.5.2 商解

（1）“**策之而知得失之计**”。针对我们和竞争对手各自的八个战略要素进行加权评估，通过比较加权得分的高低，来评估在常态竞争下我们获得与失去的胜算有多少，以及我们与竞争对手竞争是否具有胜算。

（2）“**作之而知动静之理**”。我们通过广告、发布会、有关论坛报告等各种方式，使用能刺激竞争对手的语句或词汇，来观察竞争对手的反应。

2002年6月，华为在北美的子公司在美国亚特兰大Supercomm 2002商展会上登台，第一次在美国本土全面展示华为全系列的数据通信产品。华为打出广告："它们唯一的不同就是价格"。有两位陌生人造访华为展台，向工作人员详细询问华为高中低端全系列路由器。十多分钟后，两人匆匆离开。一位华为主管认出其中一位客人就是思科CEO钱伯斯（John Chambers）。咨询公司Frost & Sullivan透露，钱伯斯表示："在今后几年里，思科将只有一个竞争对手，就是华为！"2002年12月中旬，思科全球副总裁来到华为，正式向华为提出知识产权的问题，要求华为承认侵权，并且要求进行赔偿、停止销售等行为。2003年1月，思科向位于美国德州东部的马歇尔镇联邦法院起诉华为侵犯其知识产权。㊀

再如，在2013年6月召开的比亚迪股东大会上，王传福直言："如果家庭消费一旦启动，比亚迪分分钟就可以造出特斯拉。"2013年8月，特斯拉CEO埃隆·马斯克在接受中国媒体采访时说："他说他分分钟可以造出特斯拉？好吧，我不认为比亚迪是我们的竞争对手。"㊁

（3）"形之而知死生之地"是说，对竞争对手的产品或服务的市

㊀ 郭海峰. 华为VS思科　全景回放，中国企业家，2004年第10期第60-67页。

㊁ 钱飞鸣，张炜明. 比亚迪VS特斯拉：形象秀？深圳商报，2013年10月11日。

场营销状况、客户满意度、客户诉求等进行深入细致的调查分析，以了解竞争对手的产品或服务存在哪些问题，在哪些方面或具体细节上比我们强、具有相对优势，以及哪些方面或具体细节上比我们弱、具有相对劣势等。

（4）**“角之而知有馀不足之处”**是说，可以发起小规模、试探性的攻击性竞争行动，以试探竞争对手及客户等的反应。比如，做一次降价促销活动或增加服务性活动等，观察竞争对手是否跟进、客户的反应以及社会有关方面的反应。当然，可以连续做两三次这样的活动，以观察并分析竞争对手的反应，以及自己在与竞争对手竞争中的优势和劣势。

（5）**“故形兵之极，至于无形；无形，则深间不能窥，智者不能谋。因形而错胜于众，众不能知。人皆知我所以胜之形，而莫知吾所以制胜之形。故其战胜不复，而应形于无穷。”**

在商业竞争特别是关键技术竞争、关键市场竞争等关键性、长期性竞争的资源能力的部署与调整上，要注重保密工作，让竞争对手无法判断出真实的部署与调整变化等。保密程度要达到即使是隐藏在公司内部的商业间谍也无法窥视和窃听到，竞争对手中的高级竞争情报专家也无法获取、收集到我们的关键情报，非常睿智的竞争对手也难以谋划对我们的攻击或遏制。达到这种程度，才可以称为**“深间不能窥，智者不能谋”**的**“形兵之极，至于无形”**。

根据竞争市场中的虚实状况，我们采取灵活机动的战略战术赢得竞争与发展。即使把赢得竞争的战略绩效摆在众人面前，众人依然不知道我们成功的奥妙之处。人们只是知道我们赢得竞争的实力，但不知道取胜的战略战术。所以，每次赢得竞争、取得竞争优势的战略战术都不一样，而是根据竞争对手的资源能力部署和竞争环境的变化而不断变化。

6.5.3　问对

陈德智问企业家：陈德智的解读，是否切合实际？您还有哪些纠正与补充？

张诚泉：在我司材料类业务领域，为了防止竞争对手复制我们的产品，我们在前期研发导入阶段就将供应商的原材料名称全部替代成我司品牌的材料名称，并按照我司企标重新测试材料并绘制成报告。这样可以防止竞争对手轻易识别原材料的出处，或者防止客户让其他供应商轻易比价。在生产过程中，我司同样将客户的名称和材料的名称在各个文档中用代号隐去，以防止各个环节的信息泄露。此外，通过 ERP 和 MEMS 等信息系统对各个岗位的权限管控也极为重要，相关人员只能接触有限的信息。凡此种种，都是我们防止竞争对手轻易获取商业信息的手段。

陈德智：诚泉董事长以自己企业的实例诠释了“无形，则深间不能窥，智者不能谋。”这对广大读者一定具有切实的参考、借鉴价值。

李巍：陈德智老师的解读非常切合实际。在瞬息万变的市场情况下，如何了解竞争对手的战略行动无疑是个现实的难题。陈德智老师通过对孙子兵法中的“策之、作之、形之、角之”的详细商业注解，提出了很多了解竞争对手动态的具体方法，这些方法具有实战价值。由此可见，孙子兵法不仅是传统战略家的思想精华浓缩，也是具体战略实现的方法论巨著。孙子兵法的商解对今天的企业家具有深刻的启发性和指导作用。

陈德智：好！

褚轶群：陈教授的解读非常翔实且具有实战价值。

6.6 兵无常势，水无常形，能因敌变化而取胜者，谓之神：能因竞争对手与环境变化而取胜的企业家是经营之神

孙子曰：**夫兵形象水，水之形，避高而趋下，兵之形，避实而击虚。水因地而制流，兵因敌而制胜。故兵无常势，水无常形，能因敌变化而取胜者，谓之神。故五行无常胜，四时无常位，日有短长，月有死生。**

6.6.1 原解

作战的军事力量（兵力）的机动与调整要像水一样。水的流动是避高而趋下，兵力的部署与调整则要避实击虚。水会根据地形而流动，兵力则要根据敌人的状态而进行部署与调整，以此取胜。所以，兵力的部署没有固定不变的态势，水也没有固定不变的流向。能够根

据敌人的变化，及时调整兵力部署而取胜的将领，就是“战神”或“用兵如神”。

“故五行无常胜，四时无常位，日有短长，月有死生。”五行即金、木、水、火、土，五行相生相克，春夏秋冬四季变换无休无止，白天随季节变化有短有长，月亮也有圆缺之变。孙子以此比喻，打仗的策略要随敌人和环境的变化而灵活变化。

那么，从商业竞争与发展视角，该怎么理解呢？

6.6.2　商解

在复杂多变的商业竞争环境下，企业既要保持战略定力，即坚守发展方向和战略原则，同时也要保持灵活善变的战略柔性和战略韧性。企业的竞争力量源自其拥有的资源能力，企业的资源能力的调配运用应当如同水的流动一般，能够根据竞争对手及竞争环境的变化而随时调整。要抓住竞争对手出现的任何纰漏、虚弱的空隙，及时采取避实击虚的行动策略来赢得竞争。同时，要将环境变化所产生的机会或危机，视为竞争与发展的机会，进行有效利用并防范风险。在赢得一个又一个短暂竞争优势的基础上，实现持续竞争优势和持续发展。因此，在复杂多变的超动态竞争环境下，没有永恒不变的战略行动态势，就像流动的水一样没有固定的态势，可以极为温和，也可似惊涛骇浪、势不可挡。能够根据竞争对手以及竞争环境的变化而赢得持续竞争优势的企业家，才可谓是竞争之神！

6.6.3 问对

陈德智问企业家：陈德智的解读，是否切合实际？您还有哪些纠正与补充？

张诚泉：陈教授的解读非常详细、切合商业实际。

李巍：陈德智老师的解读非常切合实际。“兵无常势，水无常形”强调了战略的柔性和韧性，意味着我们需要根据市场格局的变化和竞争对手的动态，灵活地调整和应对，即我们常说的动态竞争战略。华为就是一个很好的案例，虽然规模巨大，但战略定力很强。华为很少给人僵化的印象，究其原因就在于其战略柔性非常好。以手机业务为例，当面对小米为代表的互联网手机的巨大挑战时，华为并没有故步自封。华为一方面坚持发挥自身在技术积累、供应链管理和线下渠道的优势，另一方面积极拥抱渠道变革，成立荣耀子品牌，主要针对互联网年轻群体，直面小米的竞争。通过积极地调整，华为实现了线上线下并行的发展策略，很长时间内都保持着国内外非常成功的手机生产商之一的地位。

陈德智：李巍董事长以华为的战略柔性清晰地诠释了“兵无常势，水无常形”。

学者与企业家问对

第7章

军 争 篇

孙子在“虚实篇”中说：“凡先处战地而待敌者佚，后处战地而趋战者劳，故善战者，致人而不致于人。”孙子主张，在战略战术上，要时刻把握主动权。军争，即争夺取胜的有利态势与战机，以掌握战争、战场的主动权，从而获取胜利。“军争篇”主要论述了军争的基本原则与方法：①指出打仗最难的是军争，之所以难，是因为要通过“以迂为直，以患为利”的策略去争夺先机，其关键在于速度，因此，“军争为利，军争为危”；②指出“举军而争利则不及，委军而争利则辎重捐”，“是故军无辎重则亡，无粮食则亡，无委积则亡”的军争风险；③提出外交、行军、获取地利，分合，风、林、火、山、阴、雷震，悬权而动等“先知迂直之计者胜”的军争方法；④提出运用清晰、顺畅的指挥系统，达到“勇者不得独进，怯者不得独退”的步调一致、协同配合的战略行动效果；⑤提出“治气、治心、治力、治变”的军争方法。最后，孙子还提出了“高陵勿向，背丘勿逆，佯北勿从，锐卒勿攻，饵兵勿食，归师勿遏，围师必阙，穷寇勿迫”八项军争原则。

孙子曰：凡用兵之法：将受命于君，合军聚众，交和而舍，莫难于军争。军争之难者，以迂为直，以患为利。故迂其途，而诱之以利，后人发，先人至，此知迂直之计者也。

故军争为利，军争为危。举军而争利，则不及；委军而争利，则辎重捐。是故卷甲而趋，日夜不处，倍道兼行，百里而争利，则擒三将军，劲者先，疲者后，其法十一而至。五十里而争利，则蹶上将军，其法半至。三十里而争利，则三分之二至。是故军无辎重则亡，无粮食则亡，无委积则亡。

故不知诸侯之谋者，不能豫交；不知山林、险阻、沮泽之形者，不能行军；不用乡导者，不能得地利。

故兵以诈立，以利动，以分合为变者也。故其疾如风，其徐如林，侵掠如火，不动如山，难知如阴，动如雷震，掠乡分众，廓地分利，悬权而动。先知迂直之计者胜，此军争之法也。

《军政》曰："言不相闻，故为金鼓；视不相见，故为旌旗。"夫金鼓旌旗者，所以一人之耳目也；人既专一，则勇者不得独进，怯者不得独退，此用众之法也。故夜战多火鼓，昼战多旌旗，所以变人之耳目也。

故三军可夺气，将军可夺心。是故朝气锐，昼气惰，暮气归。故善用兵者，避其锐气，击其惰归，此治气者也。以治待乱，以静待哗，此治心者也。以近待远，以佚待劳，以饱待饥，此治力者也。无邀正正之旗，勿击堂堂之阵，此治变者也。

故用兵之法：高陵勿向，背丘勿逆，佯北勿从，锐卒勿攻，饵兵勿食，归师勿遏，围师必阙，穷寇勿迫。此用兵之法也。

7.1 后人发，先人至，此知迂直之计者也：若要后人发而先人至，必知迂直之计

孙子曰：凡用兵之法：将受命于君，合军聚众，交和而舍，莫难于军争。军争之难者，以迂为直，以患为利。故迂其途，而诱之以利，后人发，先人至，此知迂直之计者也。

7.1.1 原解

孙子曰：**“凡用兵之法：将受命于君，合军聚众，交和而舍，莫难于军争。”**孙子说，打仗的基本方法是，将领接受君王的命令，集结军队，或聚集民众，组编军队，开赴战场，与敌军对垒。其中最难的也是最重要的就是“军争”，即敌我双方争夺谁最先到达战场，以夺取战场上的主动权。

孙子曰：**“军争之难者，以迂为直，以患为利。”**孙子说，打仗最难的就是“争夺主动权”，而“争夺主动权”中最困难的部分在于把迂回弯曲的道路走出直接路径的速度、把祸患和不利的因素变成有利的因素，从而抢先到达战场、占据有利位置，夺得战略战术上的主动权，赢得胜利。

孙子说的这个最难的问题，是因为在没有战争主动权或者是在丧失战争主动权的情况下，即夺取战场主动权的最便捷、最直接的路径已经为敌人所控制，我们已经无法通过最直接、最便捷的路径来获得战场上的主动权。此时，我们已处于被动地位，面临着危机和危险。在这样的背景下，我们要想争夺战争、战场上的主动权，就只能通过迂回的路径来实现。

但是，“以迂为直”是非常困难的，走迂回弯曲的路径，又想先到达战场，存在两个最基本的挑战：第一，要想走得快，就得轻装前进，粮草与辎重就得丢弃，没有了粮草与辎重，即便先到达战场，也只能面临失败的命运；第二，如果走得太快，会导致大量士卒掉队，只有少量士卒先到达战场，结果也只能是失败。那么，怎么才能做到“以迂为直”呢？

孙子曰：**“故迂其途，而诱之以利，后人发，先人至，此知迂直之计者也。”**孙子说，我们要想方设法以利益引诱、牵制敌人，拖延、延缓敌人的行动，这样，我们就可以比敌人先到达战场，夺取战争与战场上的主动权。即**“先处战地而待敌者佚”**，从而实现**“致人而不致于人”**，把握战略战术主动权！

那么，从商业竞争与发展视角，该怎么理解呢？

7.1.2　商解

（1）“凡用兵之法：将受命于君，合军聚众，交和而舍，莫难于

军争。”在商业竞争中，要想赢得竞争或在竞争中立于不败之地，最重要且最难的是争夺竞争中的主动权。这包括多方面的竞争，如研发与技术创新竞争、市场竞争、人才竞争等。谁把握住了竞争主动权，谁就能够在竞争中做到进退自如、立于不败之地；反之，则会处处被动，受制于人！

中国企业在芯片等科技领域一直被美西方国家卡脖子。中国企业如何在基础研究、核心技术研发与创新方面取得领先地位，掌握科技发展的主动权，是中国企业竞争与发展的最重要也是最难的关卡。如不能突破这道关卡，则会处处被动、一直受制于人。

（2）**“军争之难者，以迂为直，以患为利。”**在商业竞争中，企业在研发与技术创新、国际化经营等若干竞争与发展中，会遇到走直接的路径困难太大甚至走不通的情况。这些困难有的来自竞争对手的限制性阻击，有的来自自身资源能力的匮乏。那么，能否通过合作创新，比如与高校院所合作开展基础研究、人才培养等，解决研发与人才问题的困局？或者通过OEM/ODM逐步实现自主品牌经营，进入国际市场等迂回或间接路径，实现战略目标或赢得竞争与发展中的主动权？走迂回或间接路径的企业很多，但确实有一些多年代工的企业并没有实现在产业上的升级，也就没有实现自主品牌经营；同样，和高校院所合作的企业很多，但也存在没有提升自身研发能力的企业。改革开放以来，通过引进技术实现自主创新的企业并不多。正如孙子所说，在竞争中，最难的是通过间接路径实现比“走直接路径”还快的速度，实现对“走直接路径”企业的赶超。关于这个问题，曾有过杨小凯与林毅夫的“后发劣势”与“后发优势”的辩论。[一] 有许多学者研究并发表论文、论著讨论技术跨越、技术赶超的文章。[二] 事实表明，期望通过引进技术实现自主创新，更容易形成企业的依赖性而难以培育自主创新能力；依赖代工方式进入国际市场同样会使企业产生依赖性，而难以在国际上创造自主品牌。

所以，在商业竞争与发展中，把迂回弯曲的道路走出直接路径的速度，把祸患、不利的因素变成有利的因素，这都是最困难的，即“军争之难者，以迂为直，以患为利。”

企业在竞争与发展中，采取“以迂为直”策略固然很难，但是，在直接路径难以走通时，企业还是应该选择走迂回路径实现战略目标。

雷军说：做互联网的人都知道，我们前面有三座大山——BAT［百度（Baidu）、阿里巴巴（Alibaba）、腾讯（Tencent）］，不想被它们挡得无路可走的唯一方法就是绕行，去开辟一个新的战场。所以，在我们布局 IoT 的同时，也是为绕开 BAT 这三座大山。[三]

（3）“故迂其途，而诱之以利，后人发，先人至，此知迂直之计者也。”

[一] 杨小凯 . 后发劣势，新财经，2004 年第 8 期。
林毅夫 . 后发优势与后发劣势：与杨小凯教授商榷，经济学（季刊），2003 年第 4 期。

[二] 陈德智著 . 技术跨越，上海：上海交通大学出版社，2006 年版。

[三] 小米生态链谷仓学院著 . 小米生态链战地笔记，北京：中信出版集团，2017 年版第Ⅶ页。

在商业竞争中，后发企业若想实施“以迂为直”战略，要在认真调查分析后，做出迂回路径的选择，尽可能地避开先发企业占领的市场，走避实击虚即先发企业未占领的市场路径，避免受到先发企业的严重阻击，逐步发展壮大自己。当实力与时机成熟后，再进入先发企业占领的市场，实现“以迂为直”的战略目标。

人们熟知华为的发展是走“以农村包围城市”的战略路径。

哈啰单车走的也是“避实击虚”的“以迂为直”发展路径。2016年，哈啰首先进入先发企业摩拜和ofo尚未进入的二线城市苏州和宁波，随后陆续进入其他二线、三线、四线等城市，直到2018年才进入一线城市。

通过“以迂为直”的战略路径实现战略目标，对于企业的竞争与发展具有较为普遍的实践价值。当直接路径难以实现时，换个思路寻找其他途径，或许就能够走得通，从而实现战略目标。

携程面对去哪儿的猛烈攻击时，想通过收购去哪儿的策略结束价格战，但几次邀请都遭到去哪儿的严词拒绝。携程在直接收购受阻后，采取了“以迂为直”策略，通过与去哪儿的最大股东百度交换股票的方式，实现了对去哪儿的收购。

在商业竞争与发展过程中，当直接路径困难很大或行不通时，不妨换换思路，看看有没有其他方式方法，即通过间接路径解决问题。

7.1.3 问对

陈德智问企业家：陈德智的解读，是否切合实际？您还有哪些纠

正与补充？

张诚泉：陈教授解释得很详细，也非常切合实际。我司的标签打印机产品前期在进入国际市场时遇到了很大的困难，原因是公司的新品牌在渠道建立、营销实力等方面与竞争对手相比有很大差距。虽然产品成本上有一定优势，但前期市场推广需要投入很高的费用，一般的经销商无力承担这样的营销费用，因此它们宁愿销售品牌已成熟的竞品。在直接途径难以走通的情况下，公司采取了以迂为直的策略，与某跨国公司合资，合作开发产品，通过跨国公司成熟的销售渠道迅速打入国际市场，最终取得了成功。

陈德智：好！

李巍：陈德智老师的解读非常切合实际。我们身处一个高度成熟的商业化社会中，企业间的竞争无处不在。对于后发企业来说，如何获取竞争主动权无疑是一个关乎企业生死的重大课题。当我们仔细审视一些成功的案例时，就能深刻体会到陈德智老师在商解中指出的“以迂为直，以患为利”思想的普遍实践价值。例如，拼多多以三四线城市作为电商发展基础，绕开了京东和天猫最为强势的一二线城市，避免了在初期与电商巨头的直接“兵刃相见”，这就是“以迂为直”思想的成功实例。又如当年的海尔，由于冰箱质量问题被投诉，张瑞敏亲自带领工人砸掉 76 台问题冰箱，这一举动在消费者心里树立了海尔讲诚信、重品质的品牌形象，成为“以患为利”的典型代表。

陈德智：好！

7.2 无辎重则亡，无粮食则亡，无委积则亡："以迂为直"的困难与风险

孙子曰：故军争为利，军争为危。举军而争利，则不及；委军而争利，则辎重捐。是故卷甲而趋，日夜不处，倍道兼行，百里而争利，则擒三将军，劲者先，疲者后，其法十一而至。五十里而争利，则蹷上将军，其法半至。三十里而争利，则三分之二至。是故军无辎重则亡，无粮食则亡，无委积则亡。

7.2.1 原解

（1）**"军争为利，军争为危。"**争夺战场上的主动权，既有利也有危险。**举军而争利，则不及，**如果全军携带全部辎重，奔袭战场去争夺先到战场的主动权，则全军行动迟缓而难以抢先到达。**委军而争利，则辎重捐。**委，是丢弃。如果舍弃辎重而轻装奔袭，又会面临因辎重损失而带来的风险。

（2）**"是故卷甲而趋，日夜不处，倍道兼行，百里而争利，则擒三将军，劲者先，疲者后，其法十一而至。"**如果轻装上阵、日夜奔袭百里去争夺先到战场之利的话，那么，上、中、下三军将领有可能为敌人所擒。因为精壮的士卒会跑到前边，瘦弱的士卒会落在后边，结果也只有 1/10 的人能先到达。这么少的士卒即使是先到达了战场，也发挥不了作用，无法夺得战场主动权。

（3）**“五十里而争利，则蹶上将军，其法半至。”**如果放弃辎重，轻装奔袭五十里去争夺战场主动权的话，则前军的将领可能受到挫败，结果只有一半人员可能抢先到达战场。

（4）**“三十里而争利，则三分之二至。”**如果放弃辎重，奔袭三十里去争夺战场主动权的话，则大概 2/3 的人员可以按时到达。

（5）**“军无辎重则亡，无粮食则亡，无委积则亡。”**孙子强调，没有辎重、财物和粮草，则军队就必然会灭亡。曹操曰：无此三者，亡之道也。[㊀]

那么，从商业竞争与发展视角，该怎么理解呢？

7.2.2 商解

（1）**“军争为利，军争为危。”**在商业竞争中，企业为了获得竞争优势以期快速发展，争夺市场竞争主动权，这既有益处也存在风险。

（2）**“举军而争利，则不及；委军而争利，则辎重捐。”**如果企业全面展开争夺领先地位的行动，则有可能因为资源能力需求大而进展缓慢，难以实现多方面的领先地位目标；而如果为了速度，放弃人力资源与金融资源开发，以及工程、加工、供应链等资源能力的协同发展，仅仅专注于研发或市场宣传等单一方面，那么即使研发领先了，也会因为其他资源的落后而难以实现产业化。

㊀ ［春秋］孙武撰，［三国］曹操等注，杨丙安校理．十一家注孙子，北京：中华书局，2012 年版第 126 页。

（3）在商业竞争与发展中，如果企业为了抢占领先的机会而快速发展，则容易导致资金、人力资源（特别是人才资源）和物资等资源短缺或跟不上发展需要。常规状态下，当一个企业的新产品开发速度很快时，就必须使原材料，特别是新产品所需要的零部件等供应能够跟上发展需要。因此，在新产品开发过程中，从一开始就要考虑新产品所需要的零部件等原材料的供给问题，同时，合格的人力资源，特别是各类人才资源，也需要提前进行培养或培训。如果资金、人力资源以及原材料等供应无法满足发展的需要，将会导致公司发展受阻甚至破产倒闭！

1988年秋，从部队退役的王遂舟接受了投资人晋野的邀请，共同创办商场。1989年5月6日，郑州亚细亚商场正式开业。得益于创新的商业文化和特色的经营，商场发展迅速，社会影响极佳。1989—1992年的快速成功，使得王遂舟决定以更快的速度发展，实现全国连锁经营。1993年，在王遂舟的主持下，制定了1994—2000年发展规划，具体目标为：店堂总数中，营业面积20000平方米以上的大型商场超过25家；5000平方米以上的中型商场超过100家；2000~5000平方米的商场超过500家。计划在每个省会城市开设10家店，基本上形成一个庞大的商业网络，在全国星罗棋布、遍地开花。然而，如此快速的推进，导致资金与人力资源跟不上发展的步伐，特别是中基层管理人员短缺，大量的银行贷款无法偿还，大量拖欠供应商货款和员工工资，预期的经营业绩难以达到。最终，激情燃尽，“野太阳”消失。

7.2.3 问对

陈德智问企业家：陈德智的解读，是否切合实际？您还有哪些纠正与补充？

贾少谦：1996 年后，海信的增长率很高。1998 年，海信将收入增长率确定为 100%。然而，1997 年爆发的东南亚金融危机严重冲击了整个东南亚，市场环境变得非常严峻。海信深感自己的发展计划预期太高，于是，将增长计划下调为 50%。海信很清楚，如果企业在 2—3 年内实现翻番式增长之后，再人为地调整下来几乎是不可能的。因为此时的机构、人力资源、资金流、产能和物流、上下游价值链都是为翻番式增长而设置的。如果环境突变，市场不稳，即使企业主动下调增长计划，也必然对整个运作设置造成伤筋动骨式的打击，伤及企业元气，造成生存危机。一旦市场饱和，种种资源条件的设置就会造成严重过剩，企业也必然会下滑并形成危机。与其这样，不如根本就不要让企业发展得太快。1999 年，海信将增长速度降到了 30% 以内。海信提出了稳健经营的核心思想：利润比规模重要，安全比利润重要。

在海信内部，有一个自创的词汇即“还贷后现金资产”。这是我们周厚健董事长在位时创的词，意思是做了一个极端的假设：假设海信和银行及供应商之间把所有的往来账目全部清掉，一把截止，我们手里还剩下多少现金资产？也就是说，银行的钱全还了，供应商的款全付了，海信手里还有多少现金资产？在海信的整个发展过程当中，特别是这几年以来，资金安全特别重要、特别关键。过去海信历史上就讲稳健经营，对今后的海信来讲，资金安全更是重中之重。海信必须保持良好的现金流。海信到去年（2022 年）底，“还贷后现金资产”大约 100 亿元。这样的好处就在于，真正有了需要的时候，真正有了并购的机会，这个时候不用求助任何人，拿出自己的钱就可以把企业并购过来了。

陈德智：少谦董事长以海信“利润比规模重要，安全比利润重要”“还贷后现金资产”的稳健经营原则，诠释了孙子兵法中的“无辎重则亡，无粮食则亡，无委积则亡”，非常深刻！

张诚泉：无论是通过新产品还是新技术去争夺市场领先，都要求研发与创新速度超过竞争对手。这不仅仅是技术开发资源的持续投入与新产品研发效率的问题，还涉及新产品开发所需的原材料等资源的开发速度、生产质量与效率以及市场开发等多方面的协同竞争。因此，要系统研究决策与管理，不可盲目追求速度而忽视各环节的质量与资源协同。

陈德智：非常认同诚泉董事长的观点：“要系统研究决策与管理，不可盲目追求速度而忽视各环节的质量与资源协同。”

李巍：陈德智老师的解读非常切合实际。企业家在做战略路径选择的时候，要有风险意识，不能只考虑前景而不思考风险。在战略路径的实现过程中，则需要提前储备和平衡各类资源，不可急躁冒进。1994 年，意气风发的史玉柱携在保健品行业挣得的数亿身家，杀入了房地产市场，决意在珠海兴建巨人大厦，剑指当时的中国第一高楼。然而，短短 3 年后的结局却是巨人大厦烂尾，集团破产。纵观这段历史，巨人集团既存在战略决策时的风控意识不足，又存在执行过程中的冒进，无视宏观政策变化和自身资源储备情况，多次追加投资预算，最终导致资金链断裂。

陈德智：例子举得很好！

褚铁群：同意陈教授关于竞争主动权争夺风险与机遇并存的论述。这里比较重要的一点是正确地识别当前阶段竞争主动权的核心落点。洞察竞争主动权的关键节点是资源投入的前提，资源充足的企业容错度高，可以在更多的竞争节点布局；资源不足的企业容错度低，需要非常精准地将资源集中投入到关键点，并且根据进度及时调整投入方向与节奏。

陈德智：铁群的补充观点非常好！

7.3　先知迂直之计者胜，此军争之法也：争夺战略主动权的方法

孙子曰：故不知诸侯之谋者，不能豫交；不知山林、险阻、沮泽之形者，不能行军；不用乡导者，不能得地利。故兵以诈立，以利动，以分合为变者也。故其疾如风，其徐如林，侵掠如火，不动如山，难知如阴，动如雷震，掠乡分众，廓地分利，悬权而动。先知迂直之计者胜，此军争之法也。

7.3.1 原解

（1）**“故不知诸侯之谋者，不能豫交。”**这是因为，以迂为直，有可能需要向其他诸侯国借道而行，或需要其他诸侯国的援助，所以，如果不了解其他诸侯的战略企图或动机，就无法与之建立有效的结盟关系。**“不知山林、险阻、沮泽之形者，不能行军”**。若不熟悉也不擅长在山林、险阻、沼泽等复杂地形中行进，就不能选择那种行军路线。**“不用乡导者，不能得地利。”**是指必须依赖向导，才能充分利用地形优势。

（2）**“故兵以诈立，以利动，以分合为变者也。”**什么是“兵以诈立”呢？按照郭化若的注释，“诈”字是指“陷阱奇伏”，是“多变用奇”的策略，与道义上的欺骗、欺诈截然不同。[㊀]“兵以诈立”，强调的是，打仗要善于使用“奇异多变”的策略而取得胜利。以利益诱惑敌人，误导其行动，使其不能攻击我们。是采取分散行动还是集中行动，要根据天气、地理、敌人的状况以及沿途经过的诸侯国的状况而灵活变化。

（3）**“故其疾如风，其徐如林，侵掠如火，不动如山，难知如阴，动如雷震。”**即根据情境，该快则快，该慢则慢，打击敌人，要像烈火一样猛烈；该沉稳则沉稳，稳如泰山，任凭敌人千般辱骂、万般诱惑，我自岿然不动；隐藏起来要十分隐蔽，鬼神不知；而一旦发起攻

㊀ [春秋] 孙武撰，[三国] 曹操注，郭化若今译．孙子兵法，上海：上海古籍出版社，2006 年版第 76 页。

击，则要如同雷震一般迅猛。

（4）**“掠乡分众，廓地分利，悬权而动。先知迂直之计者胜，此军争之法也。”**意思是说，要分兵数路，掳掠敌国乡邑；开拓的疆土要分兵占领，扼守住有利地形。具体怎么操作，要根据敌人和战场的状况灵活处置，**“悬权而动”**。先熟知、掌握**“以迂为直”**的风险与困境，做到能够及时防范，灵活机动，变不利为有利，从而夺取战争主动权，获得胜利。

那么，从商业竞争与发展视角，该怎么理解呢？

7.3.2　商解

（1）**“故不知诸侯之谋者，不能豫交。”**在商业竞争与发展中，如果需要与其他企业合作，则必须先洞悉合作企业的战略意图或者战略需求，才能够制定出针对性强且有效的决策，从而达到我们合作的目的。

比如，华为在与思科的竞争过程中，为了冲破思科对华为国际化的阻击，华为寻求与思科在美国的主要竞争对手 3COM 公司合作。华为了解到，已呈颓势的 3COM 公司所面临的最大问题是缺乏一个完整的产品线，而华为恰恰拥有具备性价比优势的系列产品，能够满足 3COM 公司的战略需要；同时，3COM 公司也了解到华为公司的战略企图，即产品进入美国市场，并期望 3COM 能在法庭上为华为作证，解除思科对华为的知识产权侵权诉讼。双方坦诚相待，各取所需，迅速做出合资决策，成立华为 –3COM 公司。华为系列产品以 ODM 经营方式贴 3COM 品牌在美国销售，而 3COM 公司则出庭为华为作证，证明华为并未侵犯思科的知识产权。通过与3COM公司合作，华为不仅与思科达成了和解，还以迂回的策略成功地将产品推入了美国市场。

企业之间在战略层面（关乎生存、竞争与发展等长远性和全局性的事宜）的合作，需要切实了解合作对象的合作动机与目的。

（2）**“不知山林、险阻、沮泽之形者，不能行军。”**这篇讲军争，孙子指出，军争中最艰难的是“以迂为直，以患为利”。实施以迂为直的战略行动，将面临诸多预想不到的困难与风险。因此在制定战略时，要认真调查分析与预测评估；在战略实施过程中，也要时刻关注环境变化和趋势，及时做好准备或调整战略行动，以规避风险，抓住机会。要做到在战略实施过程中规避各种风险、抓住有利时机、实现预期目标，最重要的前提是要始终做到“知彼知己，知天知地”，而且还要“先知”和“全知”。

（3）**“不用乡导者，不能得地利。”**要达到“先知”和“全知”，需要“乡导”（向导）提供有效信息。在商业竞争中，向导通常是指对实施“以迂为直”战略行动的每个环节都非常了解的人，以及能够提出解决方案的专业人才，包括竞争对手的内部人员、公司内部的专业人才，以及公司外部的咨询机构、高校和科研院所的专家。

（4）**“故兵以诈立，以利动，以分合为变者也。”**据郭化若注释，“兵以诈立”即“多变用奇”。在商业竞争中，为争取竞争主动权而实施以迂为直的战略行动时，应在守法经营、遵守商业伦理的前提下，根据竞争环境的变化灵活机变，有取舍地放弃一些短期利益的产品市场，追求更具战略高度的产品市场，这样更有可能实现竞争发展的战略主动权。

（5）**“故其疾如风，其徐如林，侵掠如火，不动如山，难知如阴，动如雷震。”**在商业竞争中，争夺战略主动权，最为重要的是质量、成本与效率。在战略关键问题上，比如关键技术，应在保证质量的前提下，效率为先，成本次之。因此，对于控制战略进展的关键事项或业务，必须行动迅速，所谓“其疾如风”。但是，并非所有的事项都需要快速行动，有关竞争与发展的基础性工作，诸如企业文化建设、人才资源开发、技术质量、基础研发、品牌创建等，要扎扎实实地做好、做踏实，所谓“其徐如林”。在争夺战略主动权的市场进攻时，要如迅猛的熊熊烈火，例如特斯拉在中国上海建立超级工厂，其建设速度与生产规模以及价格战攻击，酷似“侵略如火”。尽管孙子兵法非常强调“灵活机变”，但在战略行动上，要注重战略原则与方向、目的与目标，是在符合战略原则基础上的灵活机变，战略原则是不可随意改变的。同时，战略行动一定要做好充分准备，例如华为公司在芯片自主研发上，不受外界影响，稳如泰山地进行自主研发。在几年的时间里，为了争取竞争战略上的主动权，对外保持隐秘、毫无声息，开发成功后直接推向市场，引发雷震效果，恰似**“不动如山，难知如阴，动如雷震”**。

（6）**“掠乡分众，廓地分利，悬权而动。”**在争夺了竞争主动权、赢得了竞争、取得了市场绩效并扩大了市场份额之后，是否需要在扩展的区域设置分公司，是否应根据员工在竞争中的贡献和能力进行职位晋升、股权分配以及工资奖金的分配等，这些都应根据实际情况来切实处置，即“悬权而动”。

（7）**“先知迂直之计者胜，此军争之法也。”**无论是公司层面竞争“战略主动权”还是某项业务竞争“战略主动权”，在分析制定竞争战略时，都应认真调查分析，切实分析直接路径与各种间接路径的困难与风险，做出最优战略选择，并制定出各种风险的防范措施以及竞争目标与员工激励措施等，即“先知迂直之计者胜”，这是争夺战略主动权的方法。具体步骤包括：①战略行动路径分析；②战略行动路径选择；③风险与困难防范策略；④激励方案与实施细则。

7.3.3 问对

陈德智问企业家：陈德智的解读，是否切合实际？您还有哪些纠正与补充？

张诚泉：陈教授的商解非常详细，陈教授不仅详细地阐释了“先知迂直之计者胜，此军争之法也”，还提出了可实际操作的具体步骤。

陈德智：具体步骤还需要企业家根据所处行业和自身实际情况来设计。

李巍：陈德智老师的解读非常切合实际。陈德智老师通过对孙子兵法的解读，明确地提出了争取竞争主动权的具体方法，具有很强的实践指导性。商业竞争和行军打仗类似，都是系统工程。在战略路径分析时，需要全面调研行业及对手，充分权衡利弊；在战略路径选择时，要以迂为直，灵活而坚定；在战略路径执行时，需要做好风控，提前防范困难与风险，并制定好具体的实施细则和人员激励方案。

陈德智：李巍补充的观点很好，更具体！

褚铁群：在争夺地利上，有一种比较常见的经营模式设计——直营和渠道模式。消费品行业一直有“渠道为王”的说法，一线城市争夺现代渠道，即大卖场 /KA 渠道，下沉城市争夺传统分销渠道，即经销和代理渠道。这其实就是在一个个的细分区域市场中，利用熟悉该区域的“向导”来帮助自身取得竞争优势，而代价就是一定的利润分成。即使是在电商大行其道的今天，下沉城市的品牌竞争仍旧在很大程度上取决于分销体系的建立。即使是直接连接消费者的互联网企业，很多时候也要依赖于渠道来取得区域的“地利”，比如外卖行业中的美团和饿了么遍布全国的代理商体系。除了地利，还有“人和”也可以通过这种模式来竞争，典型的例如 B2B2C 类型的平台企业，就是将一个个的小企业或小微企业串联起来，借助小微企业对于各自客群的熟悉和理解，来取得针对特定客群的竞争优势。

陈德智：铁群总裁以直营和渠道模式进一步切实地诠释了“不用乡导者，不能得地利”的道理。

7.4 勇者不得独进，怯者不得独退：步调一致、协同配合

《军政》曰：“言不相闻，故为金鼓；视不相见，故为旌旗。”夫金鼓旌旗者，所以一人之耳目也；人既专一，则勇者不得独进，怯者

不得独退，此用众之法也。故夜战多火鼓，昼战多旌旗，所以变人之耳目也。

7.4.1 原解

《军政》是在孙子兵法之前的古兵书，现已失传！在《军政》这本书中说道：在战场上，即使大声喊叫，战士们也可能听不到或听不清楚，所以，要使用金和鼓来传达命令。击鼓则进，鸣金收兵！同样，在战场上，使用手示指挥，战士们可能看不清楚，所以，要使用旌旗来作为视觉信号。意思是说，战场上，一定要使用方便战士们听得见和看得清的指挥信号来发出命令。有了明确统一的指挥信号，战士们就能够统一行动，勇敢的士卒不能擅自行动、独自冲锋，胆怯的士卒也不能逃跑。这样，将士们才能团结一心、协同作战，听从命令、服从指挥。这是打仗的基本方法。所以，晚上打仗时，要多安排金鼓（也有版本说是“火”鼓，即火把和金鼓）作为听觉信号，白天则多使用旌旗作为视觉信号，方便将士们听得着、看得见，从而方便指挥。

那么，从商业竞争与发展视角，该怎么理解呢？

7.4.2 商解

在商业竞争中，要争夺战略主动权，企业也必须做到高效率，各部门之间密切协同配合。因此，企业必须有清晰明确的系统管理制度，并确保由上至下、由左至右、由前至后的所有指令都简洁清晰、及时准确地被接收者接收与执行。

在快速竞争发展的行业中，谷歌、英特尔等许多公司都在推行 OKR 目标管理法。

7.4.3　问对

陈德智问企业家：陈德智的解读，是否切合实际？您还有哪些纠正与补充？

张诚泉：陈教授解读得非常翔实，也很切合实际。

陈德智：好！

李巍：陈德智老师的解读非常切合实际。企业的经营不是单打独斗，如何让管理制度更加清晰明确，如何确保企业上下目标一致、步调协同，这既是企业家的重大责任，也是企业取得竞争主动权的必要先决条件。

陈德智：好！

7.5　治气、治心、治力、治变：心理行为的竞争策略

孙子曰：**故三军可夺气，将军可夺心。是故朝气锐，昼气惰，暮气归。故善用兵者，避其锐气，击其惰归，此治气者也。以治待乱，以静待哗，此治心者也。以近待远，以佚待劳，以饱待饥，此治力者也。无邀正正之旗，无击堂堂之阵，此治变者也。**

7.5.1 原解

“气”，指的是士气；“夺气”，就是把敌人旺盛的士气打压下去，转而提振我方将士的士气，使我方士气高昂，敌人士气低落。“夺心”，就是动摇敌方将领的作战决心。“朝、昼、暮”在这里分别指：开战之初、再次开战、三次开战，正如《曹刿论战》中所言：**“夫战，勇气也。一鼓作气，再而衰，三而竭。”**因此，孙子说，善于指挥作战的将领需要做到以下四点：

一是“治气”。即要“避其锐气，击其惰归”。意思是在敌人士气高昂的时候，避免与其正面交锋，待其士气衰竭后，再发起攻击。

二是“治心”。即要“以治待乱，以静待哗”。以自己的严整有序来应对敌人的混乱，以自己的冷静镇定来应对敌人的焦虑浮躁。

三是“治力”。要抢先到达战场，占据有利位置，以逸待劳，以饱待饥。这里的“力”指的是战斗力，“治力”就是要把握并提升自己的战斗力。

四是“治变”。若敌人军旗整齐、阵容整齐、士气旺盛、实力强大，则不宜轻易出击。作战需随敌人的变化而变化，所谓“强而避之”。

那么，从商业竞争与发展视角，该怎么理解呢？

7.5.2 商解

“三军可夺气，将军可夺心。”在商业竞争中，我们要极力提升自己企业员工的竞争士气，同时，运用有效的方法把竞争对手的员工士气打压下去，降低其竞争力！**“是故朝气锐，昼气惰，暮气归。”**一般来说，员工的竞争士气的变化规律是：刚开始竞争时，士气最高；再次竞争时，士气会明显降低；第三次竞争时，士气则会大幅衰落。

善于竞争与发展的企业家，要能够做到以下四点：

（1）**“治气”**。在竞争对手发起价格战的初期、进攻士气高昂的时候，不要立即以更猛烈的价格战反攻竞争对手，而是积极做好防守。常规策略包括提高产品质量、提升服务水平并适当让利客户。让利幅度要远小于竞争对手的降价幅度，使竞争对手付出更多的代价以获取微小的市场份额。当进攻者面临艰难、损失增大而夺取的市场份额却很小时，其士气将逐渐衰竭。此时，我们再通过提高服务质量和适度让利补贴客户，迫使攻击者停止价格战。

张预注曰：“气者，战之所恃也。故敌人新来而气锐，则且以不战挫之，伺其衰倦而后击，故彼之锐气可以夺也。”㊀

（2）**“治心”**。上下同欲者胜！要保持公司全员或业务团队在思想与行动上的高度一致，需加强文化与制度建设。当个人目标与组织目标统一后，个人就有动力，公司就有活力。目标统一、纪律严明、沉稳冷静、踏实高效地开展业务，将使进攻者陷入急躁混乱之中。

（3）**“治力”**。在竞争与发展中，要时刻把握主动权。“军争篇”

㊀ [春秋] 孙武撰，[三国] 曹操等注，杨丙安校理．十一家注孙子，北京：中华书局，2012 年版第 133 页。

的核心主题就是争夺主动权。因此，我们要在技术、产品、市场等方面在行业或细分市场中处于领先地位，不仅效率要高，而且也要有资源能力作为保障。同时，企业还需要拥有比竞争对手更为强大的客户竞争力，即“多算”。

（4）“治变”。根据竞争对手与竞争环境的变化，随时进行“校之以计、索其情”的竞争力量分析。遵循“多算胜，少算不胜，而况于无算乎”的胜负法则，动态调整、灵活善变。

7.5.3 问对

陈德智问企业家：陈德智的解读，是否切合实际？您还有哪些纠正与补充？

张诚泉：我司在产品开发方面积累了大量的经验和教训。很多失败的项目，主因皆是项目前期对技术的预研和准备不够充分。如果产品开发和技术开发同时进行，一旦遇到技术难题，往往会造成项目的拖延，最终耽误了市场机会而失败，同时也打击了研发团队的士气。目前，公司已改用集成产品开发的思路，将技术预研和产品开发分开进行。我们将开发完成的技术放入“货架”，有需要的产品项目可以直接从“货架”获取已开发成熟的技术。由此，产品项目时间得到了保证，并且已成熟开发的技术也保证了产品质量。对于已完成的成功项目，研发部门也会将其中的某些技术提炼出新的模块，放入技术“货架”，供以后的新项目直接采用，从而使技术成果得到复用，不但节省了成本，也增强了产品的可靠性。

陈德智：诚泉董事长以自己公司研发项目失败而影响研发团队士气的经历来诠释孙子兵法中的“治气、治心”，并比较详细地介绍了改进策略，相信对各位读者具有切实的启发与借鉴作用。谢谢诚泉董事长！

李巍：陈德智老师的解读非常切合实际。企业员工的士气是企业软实力的一部分，优秀的企业家善于激发员工士气，营造良好的企业氛围，从而增强企业的竞争力，这正是孙子兵法中所说的“治气、治心、治力、治变”。要做到这些，除了依赖显性的企业管理制度，还必须重视隐性的企业文化构建，增强员工的集体归属感、责任感和荣誉感。

陈德智：我赞同李巍董事长对孙子兵法“治气、治心、治力、治变”在企业运用中的思想观点！

7.6　高陵勿向，背丘勿逆……此用兵之法也：竞争资源能力运用的八项原则

孙子曰：**故用兵之法：高陵勿向，背丘勿逆，佯北勿从，锐卒勿攻，饵兵勿食，归师勿遏，围师必阙，穷寇勿迫。此用兵之法也。**

7.6.1　原解

孙子说的这句话，其实就是八项原则或八项注意：

第一，高陵勿向。不要仰攻占据高山顶上的敌人，而应设法将敌人引下山来，再进行攻击。

第二，背丘勿逆。不要直接攻击背靠山丘的敌人，若敌人从高处袭来，不可迎头逆击，而应设法将敌人引至平地，再行攻击。

第三，佯北勿从。不要追击假装失败的敌人。

第四，锐卒勿攻。不要擅自攻击敌人的精锐部队，也不要攻击士气旺盛、锋芒正锐的敌人。应待其锐气衰弱后，再行攻击。如齐鲁长勺之战，齐人一鼓作气时，鲁公欲战，曹刿曰：未可。齐人三鼓，曹刿曰：可矣。正所谓“避其精锐之气，击其懈惰衰竭之时”。

第五，饵兵勿食。不要追击、歼灭充当诱饵的小股敌人，以免遭遇埋伏。

第六，归师勿遏。不要阻拦退回本国的敌人。

第七，围师必阙。要给被我们包围的敌人留出一个逃跑的缺口。

第八，穷寇勿迫。不要追击已经陷入绝境的敌人，以免“困兽犹斗”，造成更大伤亡。

那么，从商业竞争与发展视角，该怎么理解呢？

7.6.2 商解

孙子兵法提出的这八项原则，在商业竞争中同样具有启示作用。

（1）高陵勿向。一般来说，如果我们的资源能力不够雄厚，应避免在产品开发与销售上与行业高端企业或依托高端市场控制者势力的企业展开完全同质化竞争。最佳选择是寻找与高端市场控制者差异化的细分市场进入与发展。换言之，尽可能不要逆袭，以避免因资源能力不足而损失惨重。如果选择逆袭，则要深入分析高端控制者或依托其势力的企业，探寻其在产品和所控制的市场存在哪些虚弱之处，遵循兵法思想，避实击虚、出奇制胜。

（2）**背丘勿逆**。与（1）相似，如果我们的资源能力有限，不应与依托高端市场控制者势力的企业在产品开发与销售上展开完全同质化竞争。明智之举是选择与其差异化的细分市场进行拓展。同样，尽可能不要逆袭，以避免因资源能力不足而损失惨重。如果决定逆袭，则要仔细分析依托高端控制者势力的企业，在产品和所控制的市场上存在哪些虚弱之处，并遵循兵法思想，避实击虚、出奇制胜。

（3）**佯北勿从**。在众多行业中，市场领先者会主动对其经营的产品市场对外宣称自己由于某些冠冕堂皇的原因而逐渐退出市场（不再生产经营），并以优惠价格出让技术设备。这些退出市场的产品仍具有市场需求，甚至市场需求旺盛。面对这样的情景，我们要慎重对待，认真进行调查分析，判断该产品市场是否已进入产品成熟期的后期，即将进入衰退期，以及退出者是否在回收技术设备的残余价值。以避免购置即将被淘汰的技术设备及产品。我们国家在 20 世纪 70 年代和改革开放初期，由于资金困难，又急于通过引进技术设备促进经济发展，曾引进了许多发达国家淘汰或濒临淘汰的技术设备，陷入了“引进 – 落后 – 再引进 – 再落后”的技术追赶陷阱。

（4）**锐卒勿攻**。对于同层面的技术或销售等领域的精锐新势力企业，我们也不应与它们进行完全同质化的直接竞争，而应采取差异化的策略，出奇制胜。

（5）**饵兵勿食**。这与孙子在第一篇中提出的诡道中的“利而诱之”策略具有相同作用。在商业竞争中，也常常出现企业以利益为诱饵吸引商业投资或加盟等行为。一些采取投资加盟模式的商业平台，会给予初始加盟者具有吸引力的加盟条件，以吸引投资者或创业者投资加盟，使他们成为平台治理者生态链中的低端劳工。

（6）**归师勿遏**。不应阻止在同质化市场竞争中退出竞争的企业开辟新的区域市场或细分市场。

（7）**围师必阙**。如果要围攻竞争对手，则应为其体面、安全地退出竞争提供一些方便或适当的帮助。

（8）**穷寇勿迫**。对于在竞争或发展中失败，遭受严重损失而清算、变卖财产的企业，如果我们对其出卖的财产有需求，可以购买使用，但不应恶意压低价格，即不要落井下石。

7.6.3 问对

陈德智问企业家：陈德智的解读，是否切合实际？您还有哪些纠正与补充？

张诚泉：陈教授的商解非常翔实，特别是关于竞争资源能力运用的八项原则，对商业竞争与发展具有切实的参考价值。

陈德智：好！

李巍：陈德智老师的解读非常切合实际。孙子兵法用短短 32 个字总结了用兵过程中的八项基本原则，而陈德智老师的商解，则巧妙地将浓缩的古人智慧的精华与现代企业经营实践紧密地联系了起来。对于创业企业而言，尤其要牢记“高陵勿向，背丘勿逆”的策略，针对先发企业的薄弱之处，通过模式创新或技术创新打开突破口，避实击虚，才能出奇制胜。

陈德智：我认同李巍董事长的观点。

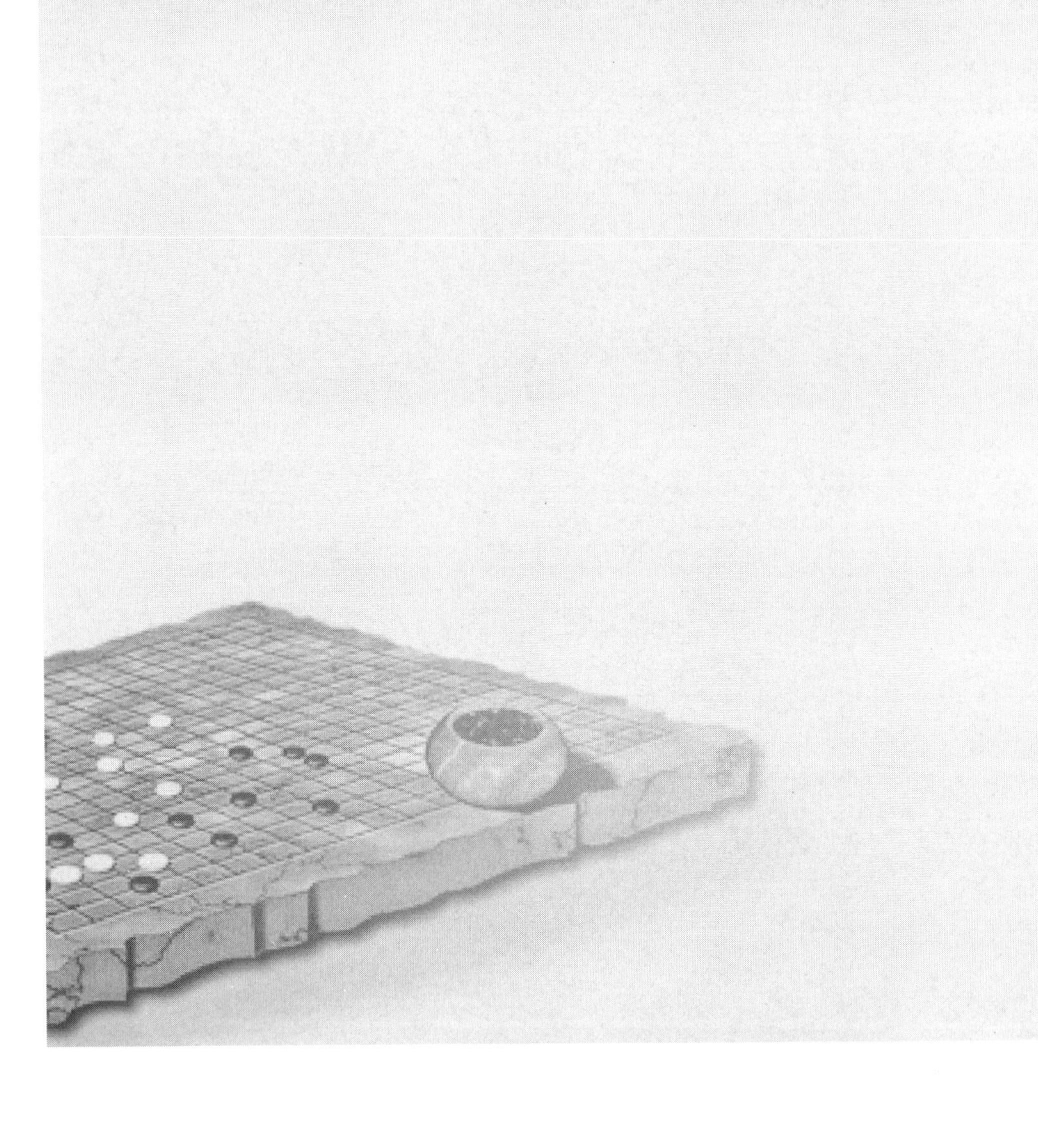

学者与企业家问对

第8章

九变篇

灵活与善于权变，是贯穿《孙子兵法》十三篇的基本思想。尽管《孙子兵法》在多处论述或体现了权变的战略思想，但孙子依然专门用一篇来探讨“变”，谓之“九变”，言无穷之机变。九乃数之极，王皙曰：“皙谓：九者数之极；用兵之法，当极其变耳。”精于权变是用兵之法中的核心法则，“九变篇”主要论述了精于权变的原则：①提出“五利”，即五种地理环境下的战略战术指导思想。②提出五种根据实际情况，灵活善变的权变思想，并指出，将领若精通于九变之利，可谓懂得用兵打仗；否则，即使了解地形，也无法获得地利。率领军队打仗，若不精通灵活机变的战略战术，即使了解五利，也无法充分发挥人的作用。③指出高明的将领在战略决策与行动时必须兼顾利与害两个方面。④指出将领若在人格特质上存在五个严重缺陷，必将导致全军覆没，因此，任用将领必须认真对待。

精于权变的战略战术是领兵作战的核心法则。

孙子曰：**凡用兵之法，将受命于君，合军聚众，圮地无舍，衢地**

交合，绝地无留，围地则谋，死地则战。

涂有所不由，军有所不击，城有所不攻，地有所不争，君命有所不受。故将通于九变之利者，知用兵矣；将不通于九变之利者，虽知地形，不能得地之利矣。治兵不知九变之术，虽知五利，不能得人之用矣。是故智者之虑，必杂于利害。杂于利，而务可信也；杂于害，而患可解也。

是故屈诸侯者以害，役诸侯者以业，趋诸侯者以利。

故用兵之法：无恃其不来，恃吾有以待也；无恃其不攻，恃吾有所不可攻也。

故将有五危：必死，可杀也；必生，可虏也；忿速，可侮也；廉洁，可辱也；爱民，可烦也。凡此五者，将之过也，用兵之灾也。覆军杀将，必以五危，不可不察也。

8.1　圮地无舍，衢地交合，绝地无留，围地则谋，死地则战：五种竞争环境对策

孙子曰：凡用兵之法，将受命于君，合军聚众，圮地无舍，衢地交合，绝地无留，围地则谋，死地则战。

8.1.1　原解

孙子说，打仗的基本方法是，将领接受君王的命令，集结军队，

或聚集民众组编军队，开赴战场。沼泽之地不要驻扎；多国交界之地要结交诸侯；道路不通、无路可走、又无粮草的绝境之地不要停留；四面险阻围困之地，要想方设法尽快脱离；前不能进、后不能退，如果不拼死一战、冒险求胜则难以生存的死地，就要坚决战斗！

那么，从商业竞争与发展视角，该怎么理解呢？

8.1.2 商解

（1）**“圮地无舍”**。战争中的圮地，类似于商业中产品生命周期的成熟阶段。[㊀] “圮地无舍”在商业上可以这样理解：当产品进入成熟期后，停留时间不要太长，应积极开发新产品，以避免陷入衰退期（如图 8-1 所示）。

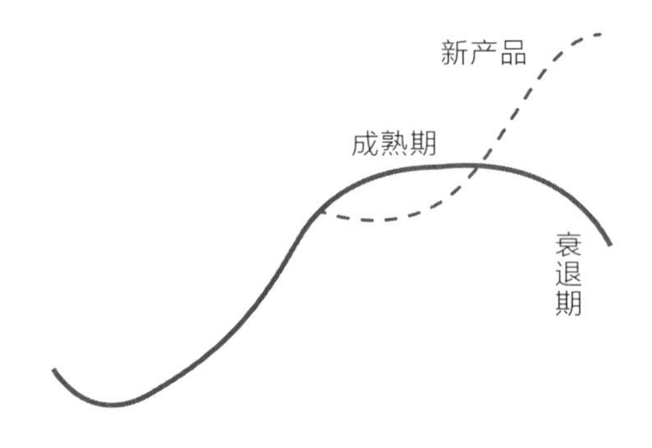

图 8-1 产品生命周期图示

（2）**“衢地交合”**。在一个多方制衡的区域，与多方保持友好关

㊀ 黄昭虎等．孙子兵法：商场上的应用，新加坡：艾迪生维斯理出版有限公司，1997 年华文版第 81 页。

系，特别是与大竞争者交好（或者制服最大的竞争者），是一个很重要的事情。孙子在“九地篇”再次强调，“衢地则合交（与其他诸侯国结交）”“衢地，吾将固其结（巩固与诸侯国的结盟）”。

（3）**“绝地无留”**。在企业竞争与发展中，可能遇到以下几种情况：

①当企业的主营业务在某一区域市场处于生存危机时，无论这种危机来自于区域市场的激烈竞争，还是由其他因素所致，如果企业无法解决危机，而还想继续经营以往的业务，则应该将业务迁移至有生存空间的区域市场。

②当企业主营产品已陷入淘汰期，或细分行业进入夕阳产业时，则应该向其他朝阳产业转产。

③当企业的经营方式严重影响企业生存时，企业应该向有利于生存的经营方式转型。

④当企业所需要的各种关键资源的获取，在所在区域受到严重制约，从而严重影响企业生存时，应该向能够获取资源的区域转移。如此等等。

（4）**“围地则谋”**。竞争优势十分狭窄的商业环境类似于“围地”，比如制药行业。制药行业具有很大的局限性，必须持续、大量地进行研发投资，否则很难有大的作为，退出也十分困难。一旦有疗效更好的新药出现，以前的药品就会被挤出市场。主要依靠功能而取得市场优势的行业，更依赖于“专利战略”。

（5）**“死地则战”**。在商业上，面对“死地”的事例也有很多。

在竞争中失利、经营陷入困境、濒临倒闭的公司，在尚有一线生机时，公司全体要团结一心、拼命努力，以求起死回生！孙子曰：**故兵之情：围则御，不得已则斗，过则从**。意思就是说，士卒的心理状态是：被包围就会抵御，迫不得已就会战斗，深陷危机就会听从指挥。

祝梅，出生在浙江山区，家境贫寒。初中毕业后，她立志改变命运，外出学手艺，后来学做生意。历经艰苦奋斗、损失与失败，她坚定不移、坚持努力。2000 年时，她丈夫经营的保温杯胆厂产品卖不出去，大量积压，欠债 70 多万元。债主逼债，因实在无力还债，丈夫焦虑成疾，卧病在床，企业和家庭陷入严重困境。面对这种情况，祝梅经过一周的深思熟虑，决定奋力拼搏，转产求生！于是，她向每位债主恳请延缓债款，同时，再向亲朋好友借款，开启向当时在中国市场刚刚兴起的儿童滑板代工制造的转产之路。她和弟弟以及工厂的得力员工勤奋学习，很快就开发制造出合格的产品。半年后，开始承接代工业务，一年后已正常经营，并获得了当地县镇政府和银行的支持，成功走出困境！

祝梅说她读过《孙子兵法》，虽然读不太懂，但她知道《孙子兵法》的“死地则战”。

8.1.3 问对

陈德智问企业家：陈德智的解读，是否切合实际？您还有哪些纠正与补充？

贾少谦：对于立志做世界一流企业和一流品牌的海信来说，必须跳出低价低水平竞争的泥淖（类似“圮地”），坚持做产业高端和高端产业。海信认为：没有品牌的国际化，就没有海信的国际化。在 2006 年海信就早早从“借船出海”的 OEM 业务，转向最难的“造船出海”，开始做自主品牌。为了做自主品牌，海信仅在体育营销这条路上就已坚持了 15 年。15 年的坚持，让海信走出了一条通过体育营销撬动知名度、建设自主品牌的道路，成为中国企业体育营销的头号玩家。海信海外销售的自主品牌占比已经从 2006 年的不足 10% 上升到 2022 年的 83.6%。据益普索调查数据显示，海信作为大家电品牌在全球的知名度，已经从 2016 年的 37% 上升到 2022 年底的 59%。

陈德智：少谦董事长讲述了海信如何跳出家电行业低价竞争的泥淖，通过做产业高端取得成就，很好地诠释了孙子兵法中的“圮地无舍”在商业竞争与发展中的运用。

张诚泉：“圮地无舍”从商业的角度可以理解为，产品进入成熟期后，为防止陷入价格战的泥沼，需要对产品进行更新换代。我认为这个解释是非常贴切的。由此，企业需要预先做好相关的技术储备。技术预研和产品开发可以并行，产品项目的立项可以依据市场的竞争态势灵活做出决策，而技术预研则可以按照长期的产品规划进行储备。

陈德智：诚泉董事长是商场老将又深谙兵法，他认为“圮地无舍”的商解非常贴切，并进一步补充了实际操作策略，相信对读者联系实际阅读理解及实际运用具有很高的参考价值。

李巍：陈德智老师的商解非常清晰详细，切合实际，对实践具有切实的参考价值。尤其是陈德智老师详细列举了“绝地无留”的几种场景，很容易让我们与实际的商业案例关联起来。例如，在方便面领域，康师傅在台湾地区的竞争中大幅落后于统一集团。在这种情况下，康师傅果断押宝更为广阔的大陆市场，将方便面业务的重心转移至大陆市场，结果凭借大陆市场弯道超车，一举成为中国方便面领域的龙头企业。康师傅的崛起就是在“绝地无留”的情况下，将企业迁移至有更大生存空间的市场的成功典范。

陈德智：“绝地无留”的商解不仅对几种类似“绝地”的情境进行了分析，还给出了应对策略。李巍董事长认为“‘绝地无留’的几种场景，很容易让我们与实际的商业案例关联起来”，我想，李董事长有如此感受，读者也很容易联系实际阅读理解；而李巍董事长进一步以康师傅从台湾地区转向大陆开辟市场来诠释“绝地无留”，更加让读者能够联系实际案例理解“绝地无留”。谢谢！

褚轶群：陈教授从原义向商解的引申非常值得思考，实质上是对企业管理者提出，要拔高视野、放眼长远、保持危机意识，来思考企业的发展空间。

战略需要纵深，有纵深，才有腾挪空间，对企业来说更是如此。发展才是硬道理。陈教授的几段解读都点出了这个主题，即企业不能自我设限，战略不能局限于现有的领域，必须跳出去，在更大的维度空间上审视与布局，这个维度包括但不限于产品、区域、细分行业、竞争格局等。

进入成熟阶段的企业，特别是已经处于细分领域龙头位置的企业，在制定年度战略的时候，不能仅仅围绕现有业务价值链去降本增效，或者围绕现有产品竞争格局去谋划布局，要时刻保持危机意识，从发展空间的局限性角度来审视企业，给增长和防御预留足够的战略纵深。有时候置之死地未必不是浴火重生的机会，可怕的是置身死地而不自知，曾经的行业霸主柯达、诺基亚都是很好的例子。

陈德智：铁群总裁的理解与补充非常好，相信对读者理解这一节孙子兵法的战略思想具有切实的启发。谢谢铁群！

8.2　涂有所不由，军有所不击，城有所不攻，地有所不争，君命有所不受：权变策略

孙子曰：**涂有所不由，军有所不击，城有所不攻，地有所不争，君命有所不受。故将通于九变之利者，知用兵矣；将不通于九变之利者，虽知地形，不能得地之利矣。治兵不知九变之术，虽知五利，不能得人之用矣。**

8.2.1　原解

“涂”，同“途”意为道路；“由”，意为经由。意思是说：有的道路可以不走；有的敌人可以不打击；有的城邑可以不攻占；有的地盘可以不争夺；甚至，君王下达的命令，有的也可以不听从。

将领如果善于灵活应变，就称得上懂得打仗；将领如果不善于灵活应变，即使知道地理、地形，也不能充分利用地利。指挥军队而不善于灵活应变，即使知道“五利”（涂有所不由，军有所不击，城有所不攻，地有所不争，君命有所不受），也不能充分发挥军队的战斗力。

那么，从商业竞争与发展视角，该怎么理解呢？

8.2.2 商解

（1）“涂有所不由”。实现战略目标的途径有多种选择，如果直接路径遇到的阻碍太大，则可以选择迂回路径。路径的选择应在实现目标的前提下，同时考虑效率、成本与效益。迂回路径也存在多种选择，当根据竞争的实际情况而选择。有时也可能从一条路径实施到一定程度后，又改选了另外一条路径，目的就是要争取战略主动权，提高效率，赢得更大、更持续的竞争优势。

携程实施收购去哪儿公司策略，直接给去哪儿公司发出收购的信函，遭到去哪儿公司的明确拒绝。在直接路径走不通的情况下，携程选择间接路径，通过与去哪儿公司的大股东百度交换股份，成为去哪儿公司的最大股东。

（2）“军有所不击”。在商业活动中，竞争对手之间具有共生的关系。保持适当的竞争，有利于促进各自的技术与管理能力和水平的提升，促进行业健康发展。同时，也存在许多同行企业之间的合作，实现双赢。同行企业之间应尽可能保持竞合关系，共同发展。

（3）**“城有所不攻”**。从竞争成本与目标实现的角度看，攻城是成本最高、目标实现最难的竞争策略，因此是下等且迫不得已的策略。在商业竞争中，“攻城”类似于新进入者对市场在位者或领先者的市场地位的争夺。一般说来，市场先进入者通常具有一定程度的先发优势，而这个区域市场的领导者可能建立更大的竞争优势，类似于建起城墙来维护自己占据的市场。那么，想进入这个区域市场并争夺市场地位的企业，就类似于攻城。“城有所不攻”就是说，拟攻城的企业要对拟攻的区域市场（类似具有城墙和护城河的城）进行认真的调查分析。城墙又高又厚、非常坚固，又有护城河，且占据该区域市场（城）的企业守护自己的领地意志非常坚定，这样易守难攻的区域市场，不要攻击！否则，可能久攻不下，损失惨重。

携程是互联网旅游的先行者也是领先者，是一家提供一站式全面服务的旅游企业。艺龙则是后来者，艺龙选择携程所占据的酒店预订服务细分市场发起猛烈的攻击性价格战，意图争夺行业第一的市场地位，这一行为酷似“攻城”，最终失败被携程收购。

（4）**“地有所不争”**。在商业竞争中，凡是不符合我们公司发展战略的业务，即使赚钱甚至赚钱较快，我们也不要去做。不要分散资源能力，浪费资源和时间。要走专业化发展道路，集中资源能力去做我们要做的事业！

中国上市公司协会会长宋志平表示：关于企业是应选择专业化还是多元化的问题，这些年来一直存在争论。因为无论是专业化还是多元化，都有做得好的公司。在工业化早期，企业其实都是专业化的。然而，随着经济的发展、机会的增多，很多企业选择走向多元化。但随着竞争的加剧，不少企业又选择退回来，重新专注于专业化。这么多年来，我们看到专业化的成功案例比较多，而多元化的成功案例比较少。我个人主张专业化，但是如果企业在某个行业碰到天花板了，怎么办？这时可以考虑进行相关多元化。什么叫相关多元化？就是在技术、产业链或市场上存在相关性。近年来，我们注意到，出问题的上市公司中，除了违法乱纪的情况外，绝大部分是因为偏离了主业，盲目进行扩张。我认为，做企业要聚焦，横向来看，业务一般不超过三个，纵向来看，在产业链上也不超过三个环节。我不大赞成全产业链的企业经营模式，做企业还是要符合专业化分工的原则，这也是一个基本的商业逻辑。㊀

（5）“君命有所不受”。在一家公司中，公司董事长类似于君主。“君命有所不受”意味着，董事长的某些指示或命令也可以不服从。《孙子兵法》第三篇中提到，国君对军队指挥、干预有三个极为重大的危害：瞎指挥，瞎干预，瞎兼职。同理，这三种做法将直接造成企业在战略实施过程中的管理混乱，竞争力降低，竞争失败等。为了避免失败，孙子在这里提出**“君命有所不受”**。那么，什么样的君命可以不接受呢？就是对于董事长的不切实际情况的指令可以不接受，而应该根据实际情况进行决策与行动。诚如任正非所说：“让听到炮声的人来决策。”有两点需要说明：一是董事长要把握原则性问题，不

㊀ 宋志平：四大主义——做企业的底层逻辑，中国企业家，2023-12-15，https://baijiahao.baidu.com/s？ id=1785313305867690295&wfr=spider&for=pc.

要事无巨细地干预，更不要随意兼职、瞎指挥和瞎干预等；二是要对称职、有能力的战略执行经理给予与目标、责任匹配的授权。当然，“君命有所不受”这句话不能成为战略执行经理不严格贯彻执行公司董事长战略决策的借口。对于战略原则问题，要严格贯彻董事长的指示。

（6）**“故将通于九变之利者，知用兵矣；将不通于九变之利者，虽知地形，不能得地之利矣。治兵不知九变之术，虽知五利，不能得人之用矣。”**在商业竞争中，总经理及实施战略的部门经理等，在坚持公司战略原则下，若能够做到善于灵活应变，就称得上是懂得竞争的经理；如果不善于灵活应变，即使学习掌握了竞争战略等战略管理知识，也不能有效地利用竞争环境所带来的优势，也不能抓住实现战略目标或有利于实现战略目标的机会。领导公司员工而不善于灵活应变，即使知道“五利”（涂有所不由，军有所不击，城有所不攻，地有所不争，君命有所不受），也不能充分发挥公司的竞争力量。

8.2.3　问对

陈德智问企业家：陈德智的解读，是否切合实际？您还有哪些纠正与补充？

张诚泉：我个人非常认同“涂有所不由，军有所不击，城有所不攻，地有所不争，君命有所不受”的观点。这实际上是真正地做减法，是战略聚焦的体现，可以避免无谓的战略资源消耗。董事长授权有能力的经理基于一线竞争态势灵活调整战术，让听到炮声的人指挥战斗，这也符合“少即是多”的个人能力聚焦策略。

陈德智：我完全认同诚泉董事长补充的观点！

李巍：我非常认同陈德智老师对“五利”的商业注解。企业经营者和管理者必须根据市场的实际情况，有所为有所不为，做到灵活应变。“地有所不争”是很多企业没有认识到的一点。草率地进入自己不熟悉的领域，盲目地追求多元化，其结果往往是灾难性的。电视剧《鸡毛飞上天》的原型人物周晓光，她从义乌摆摊起家，用了30年时间使新光集团成为全球最大的人造珠宝饰品商。然而，当她通过高杠杆杀入自己不熟悉的房地产和投资领域后，短短几年时间新光集团就走向了破产。因此，我十分赞同宋志平会长提出的走专业化、相关多元化的发展战略，因为卓越往往源于专注。

陈德智：李巍董事长举的例子非常恰当地诠释了“地有所不争”的道理。

8.3 智者之虑，必杂于利害：利害兼顾、趋利避害

孙子曰：是故智者之虑，必杂于利害。杂于利，而务可信也；杂于害，而患可解也。是故屈诸侯者以害，役诸侯者以业，趋诸侯者以利。故用兵之法：无恃其不来，恃吾有以待也；无恃其不攻，恃吾有所不可攻也。

8.3.1 原解

“是故智者之虑，必杂于利害。杂于利，而务可信也；杂于害，而患可解也。”“信”，意为伸行、伸展、发展。考虑有利的一面，事情、事业才能得到发展。同时，考虑有害的一面，就能防患于未然或转危为安。凡事都有利有弊。曹操注释说：在利思害，在害思利。聪明睿智的将领在考虑问题时，总是兼顾“利”和“害”两个方面。在有利的情况下考虑到不利的方面，事情就可以顺利进行；在不利的情况下考虑到有利的方面，祸患就可以避免。

“是故屈诸侯者以害，役诸侯者以业，趋诸侯者以利。”孙子在这里说的“诸侯”，是指与我为敌的诸侯国。**“屈诸侯者以害”**，这里的“屈”是弯曲、卷曲的意思，即让敌人的战斗力量卷曲、萎缩起来，无法伸展。能够使敌人的战斗力量卷曲、无法伸展的原因是，我们采取了敌人不得不卷曲的战略行动，敌人如果不卷曲的话，就会给敌人造成最大的害处。**“役诸侯者以业”**，“役”是使唤，驱使的意思。要想让敌人听从我们的驱使，我们就需要给敌人制造不得不去做的麻烦事，也就是说，我们不断地给敌人制造麻烦，使敌人不断地去解决这些此消彼长的麻烦事，从而使敌人劳民伤财、消耗国力。**“趋诸侯者以利”**，“趋”是奔走的意思。是说我们以利益诱惑敌人，使其按照我们的驱使，疲于奔命地到处乱窜。

“故用兵之法：无恃其不来，恃吾有以待也；无恃其不攻，恃吾有所不可攻也。”打仗的原则是，不要寄希望于敌人不采取某种或某些战略行动，而要靠我们自己严阵以待，做好应对敌人各种战略行动的准备；不要寄希望于敌人不来进攻我们，而是要靠我们自己做好充分的准备，构筑坚不可摧的堡垒、固若金汤的防线。

那么，从商业竞争与发展视角，该怎么理解呢？

8.3.2 商解

（1）**智者之虑，必杂于利害。杂于利，而务可信也；杂于害，而患可解也。**凡事都有利有弊。曹操注释说：在利思害，在害思利。聪明睿智的企业家在考虑战略问题时，要兼顾“利”和“害”两个方面。若能在有利的情况下预见到潜在的风险，则事情更有可能顺利进行；反之，在不利的情况下若能洞察到潜在的机遇，则危机或风险或许可以避免。

（2）**屈诸侯者以害，役诸侯者以业，趋诸侯者以利。**在商业竞争中，有三个策略可用于驱使和控制竞争对手：一是我们采取战略行动，迫使竞争对手不得不卷曲、萎缩起来，如果竞争对手不配合，我们就给予它们以沉重的打击，此即“**屈诸侯者以害**”；二是我们不断地给竞争对手制造麻烦，使竞争对手不得不去解决这些此消彼长的麻烦事情，从而消耗它们的资源能力，此即“**役诸侯者以业**”；三是我们以利益诱惑竞争对手，使其按照我们的意愿行动，疲于奔命地追逐眼前小利，从而减缓竞争对手的战略行动，并降低其战略效率，此即“**趋诸侯者以利**”。

（3）**故用兵之法，无恃其不来，恃吾有以待也；无恃其不攻，恃**

吾有所不可攻也。竞争的原则是，不要寄希望于竞争对手不采取某种或某些竞争行动，而要依靠我们自己做好防备，做好应对竞争对手采取各种竞争战略行动的准备；不要寄希望于竞争对手不来进攻我们，而是要依靠我们自己做好充分的准备，构筑坚不可摧的堡垒、坚固的城墙和护城河，以及固若金汤的防线。

8.3.3 问对

陈德智问企业家：陈德智的解读，是否切合实际？您还有哪些纠正与补充？

张诚泉：我非常认同"竞争的原则是，不要寄希望于竞争对手不来进攻，不挑起价格战，而是做好充分准备，不断构建自身的竞争壁垒，即护城河"。使竞争对手的进攻变成徒劳，或者不得不付出极大代价，从而获得竞争的胜利。我司开发的集软件、硬件和材料为一体的标识解决方案，在技术方案方面增加了复杂性，使竞争对手难以模仿；在商业模式方面延长了价值链，增强了客户的黏性，并提升了客户切换供应商的成本。这种差异化的创新产品策略，巩固了公司在优质客户中的市场份额。

陈德智：诚泉董事长以自己公司的实例进行了进一步的诠释，相信读者会更容易阅读和理解。谢谢诚泉！

李巍：我非常认同陈德智老师在商解中提到的观点："企业家在考虑战略问题时，要兼顾'利'和'害'两个方面。"一方面，现实中我们可以看到很多只顾"利"而不顾"害"的例子。例如，有些企业只看到多元化可以突破业务瓶颈，却忽视了进入不熟悉领域可能带来的“冒进”风险。或者，有些企业只看到高杠杆带来的企业规模快速扩张，却忽视了潜在的财务风险。这类企业缺乏危机意识，即使一时成功，也很难持续。另一方面，有的企业家一味求稳，遇到机会时，只关注可能的“害”，却忽视了其中隐藏的“利”，因此往往容易错失良机，企业也很难有大的发展。

8.4 将有五危：企业中高层管理者的人格缺陷与危害

孙子曰：**故将有五危：必死，可杀也；必生，可虏也；忿速，可侮也；廉洁，可辱也；爱民，可烦也。凡此五者，将之过也，用兵之灾也。覆军杀将，必以五危，不可不察也。**

8.4.1 原解

孙子说，一般的将领往往存在五种致命弱点，由此招致全军覆灭、将领被杀。

第一，“必死，可杀也”。就是有勇无谋，只知死拼，容易中敌人计谋而被杀害。

第二，“必生，可虏也”。就是临阵畏怯，贪生怕死，就可能被敌俘虏。

第三，“忿速，可侮也”。就是急躁易怒，一触即跳，容易中敌人的激将法而轻率出战，为敌人所害甚至全军覆灭。

第四，“廉洁，可辱也”。就是廉洁而爱好名声，过于自尊，就可能被敌侮辱而失去理智，落入敌人的圈套。

第五，“爱民，可烦也”。就是溺爱民众，过于看重眼前利益，为民众所拖累，就可能被敌烦扰而陷于被动。

将领的这五项致命弱点是率军打仗的灾难，也是导致军队覆灭、将领被杀的主要原因。因此，任命将领需要慎重研究、认真对待。若两军对垒，应认真研究敌军将领的这五项弱点，对症下药，以战胜敌军。而作为将领，也需要深刻地认识到自己的致命缺点，并坚决改正。

那么，从商业竞争与发展视角，该怎么理解呢？

8.4.2　商解

从商业竞争与发展的视角来看，企业经理若存在五种性格缺陷，则会导致在竞争中失败或陷入不利的境地。

（1）“必死，可杀也”。有勇无谋，既缺乏足够的基础知识和专业知识，也缺乏竞争智慧的经理，容易中竞争对手的计谋，导致竞争失败。

（2）“必生，可虏也”。胆小怕事，前怕狼后怕虎，在面对竞争时，缩手缩脚，不敢或不能及时做出应对决策，导致丧失业务机会。

（3）“忿速，可侮也”。情绪智力低，面对竞争，容易情绪化，难以控制自己情绪，常常做出非理智性的决策和行为，导致竞争失败或丧失业务机会。

（4）“廉洁，可辱也”。沽名钓誉，过分爱护自己的名声，不善于在各种商业场景中进行角色转换，高度自尊与自恋。当听到竞争对手侮辱性语言或受到行为攻击时，极易做出非理智性的决策行为，从而导致竞争失败。

（5）“爱民，可烦也”。缺乏战略性决策能力和行动勇气，过分注重员工的短期利益和客户的利益与关系的维护。在战略性竞争中，缺乏放弃短期利益和暂时丢弃或得罪客户的勇气，表现出“放不下，也拿不起”的心理行为，导致在竞争中被动而失去业务发展机会或竞争失败。

企业中高层经理的这五项致命弱点是率领公司或业务团队竞争的灾难，也是导致公司或业务竞争失败、公司倒闭的主要原因。因此，选拔经理需要慎重研究、认真对待。同时，在与竞争对手竞争时，应认真研究竞争对手公司中高层管理者在这五项性格方面的特征，对症下药，以战胜竞争对手并赢得竞争。而作为公司中高层经理，也需要深刻地认识到自己的致命缺点并坚决改正。

8.4.3 问对

陈德智问企业家：陈德智的解读，是否切合实际？您还有哪些纠正与补充？

张诚泉：陈教授的商解非常切合实际，内容也非常翔实。在中高层管理者的选拔与培养过程中，我们确实要注重对情绪智力的考量。

陈德智：赞同！

李巍：陈德智老师对“将有五危”的解读非常精彩，总结了管理者常见的几种人格缺陷及其对团队的危害性，这对我们制定管理者选拔的评估标准和培养目标具有非常好的参考价值。确实，情绪智力与领导力效能之间存在直接的正相关关系，因此，在中高层管理者的选拔与培养过程中，我们必须注重情绪智力的评估与培养。

陈德智：非常赞同！

学者与企业家问对

第9章

行 军 篇

行军，是指在执行战斗任务时，如何处置、使用军队的策略，当然包括行走、行进，但在这里“行”读作“hang”，意为“行阵”；而“军”则指“驻扎”，比如：“沛公军霸上”即指，沛公的军队驻扎在霸上。行军篇主要论述了三个问题：①“处军”，即军队的行进与驻扎、行军布阵、迎敌策略；②“相敌”，即观察、侦察敌情；③“附众”，即凝聚士卒。

孙子曰：凡处军、相敌，绝山依谷，视生处高，战隆无登，此处山之军也。绝水必远水；客绝水而来，勿迎之于水内，令半济而击之，利；欲战者，无附于水而迎客；视生处高，无迎水流，此处水上之军也。绝斥泽，惟亟去无留；若交军于斥泽之中，必依水草而背众树，此处斥泽之军也。平陆处易，而右背高，前死后生，此处平陆之军也。凡此四军之利，黄帝之所以胜四帝也。

凡军好高而恶下，贵阳而贱阴，养生而处实，军无百疾，是谓必胜。丘陵堤防，必处其阳，而右背之。此兵之利、地之助也。

上雨，水沫至，欲涉者，待其定也。

凡地有绝涧、天井、天牢、天罗、天陷、天隙，必亟去之，勿近也。吾远之，敌近之；吾迎之，敌背之。

军行有险阻、潢（hang）井、葭苇（jia wei）、山林、蘙荟（yi hui）者，必谨覆索之，此伏奸之所处也。

敌近而静者，恃其险也；远而挑战者，欲人之进也。其所居易者，利也。

众树动者，来也；众草多障者，疑也。鸟起者，伏也；兽骇者，覆也。尘高而锐者，车来也；卑而广者，徒来也；散而条达者，樵采也；少而往来者，营军也。

辞卑而益备者，进也；辞强而进驱者，退也。轻车先出，居其侧者，陈也。无约而请和者，谋也。奔走而陈兵者，期也；半进半退者，诱也。

杖而立者，饥也；汲而先饮者，渴也；见利而不进者，劳也。鸟集者，虚也；夜呼者，恐也。

军扰者，将不重也；旌旗动者，乱也；吏怒者，倦也。粟马肉食，军无悬缻，不返其舍者，穷寇也。谆谆翕翕，徐与人言者，失众也。数赏者，窘也；数罚者，困也；先暴而后畏其众者，不精之至也；来委谢者，欲休息也。兵怒而相迎，久而不合，又不相去，必谨察之。

兵非益多也，惟无武进，足以并力、料敌、取人而已。夫惟无虑而易敌者，必擒于人。

卒未亲附而罚之，则不服；不服，则难用也；卒已亲附而罚不行，则不可用也。故令之以文，齐之以武，是谓必取。令素行以教其民，则民服；令不素行以教其民，则民不服。令素行者，与众相得也。

9.1 山、水、斥泽、平陆之处军：四种竞争环境的竞争策略

孙子曰：凡处军、相敌，绝山依谷，视生处高，战隆无登，此处山之军也。绝水必远水；客绝水而来，勿迎之于水内，令半济而击之，利；欲战者，无附于水而迎客；视生处高，无迎水流，此处水上之军也。绝斥泽，惟亟去无留；若交军于斥泽之中，必依水草而背众树，此处斥泽之军也。平陆处易，而右背高，前死后生，此处平陆之军也。凡此四军之利，黄帝之所以胜四帝也。

9.1.1 原解

孙子在行军篇中，首先阐述了在四种不同的地理环境下的“处军”原则：

第一，山地行军作战的处置原则。

孙子曰：“绝山依谷，视生处高，战隆无登，此处山之军也。”“绝”是“经过”“跨过”的意思，“绝山”就是经过山谷、跨过高山的意思。“视生”是指朝阳，面向阳光；“处高”是指身居高处。

“战隆无登”，“战”是指作战、战斗；“隆”是指高山；“战隆无登”意思是，如果敌人占据高山，则不要仰攻。

孙子说的这句话的意思是：通过山地时，要靠近有水草的谷地行进，要选择朝阳的高地安营扎寨。如果敌人占据高地，则不要仰攻。这是在山地行军作战的处置原则。

第二，江河地带行军作战的处置原则。

孙子曰：**“绝水必远水；客绝水而来，勿迎之于水内，令半济而击之，利；欲战者，无附于水而迎客；视生处高，无迎水流，此处水上之军也。”**意思是说，横渡江河时，要在离江河稍远的地方安营扎寨。如果敌军渡河前来进攻，不要在河中迎击，而要趁敌人渡过一半时进行攻击，或者说，敌人渡河到河中间还没有上岸时，对敌人发起攻击，即“半济而击”，这样比较有利。如果要与敌军交战，不要后背靠近江河迎击敌人，即不要背水而战。在江河地带驻扎时，也要选择居高向阳的地方安营扎寨，切勿在敌军下游低凹地驻扎或布阵。这是在江河地带行军作战的处置原则。

第三，盐碱沼泽地带行军作战的处置原则。

孙子曰：**“绝斥泽，惟亟去无留；若交军于斥泽之中，必依水草而背众树，此处斥泽之军也。”**意思是说，通过盐碱沼泽地带时，要迅速通过、离开，不宜停留。如在盐碱沼泽地带与敌军遭遇，那就要占领有水草且背靠树林的地方。这是在盐碱沼泽地带行军作战的处置原则。

第四，平原地带行军作战的处置原则。

孙子曰：**“平陆处易，而右背高，前死后生，此处平陆之军也。”**

意思是说，在平原地带驻军时，要选择地势平坦的地方，最好背靠高处，前低后高。这是在平原地带行军作战的处置原则。

孙子曰：**“凡此四军之利，黄帝之所以胜四帝也。”**掌握运用以上四种地理环境的“**处军**”策略，是黄帝能够战胜其他“**四帝**”的重要原因。

接下来，孙子对所提出的处军原则进行了简单总结。

孙子曰：**“凡军好高而恶下，贵阳而贱阴，养生而处实，军无百疾，是谓必胜。丘陵堤防，必处其阳，而右背之。此兵之利、地之助也。上雨，水沫至，欲涉者，待其定也。凡地有绝涧、天井、天牢、天罗、天陷、天隙，必亟去之，勿近也。吾远之，敌近之；吾迎之，敌背之。军行有险阻、潢（hang）井、葭苇（jia wei）、山林、翳荟（yi hui）者，必谨覆索之，此伏奸之所处也。”**

“凡军好高而恶下，贵阳而贱阴，养生而处实，军无百疾，是谓必胜。”这句话的意思是说，军队安营扎寨时，最好选择高处、向阳的地方驻扎，而不要选择低洼、背阴的地方驻扎。因为驻扎在高处、朝阳的地方，士卒易于生存，身体健康、不生病，这样就能够保证军队的作战力量，是取得胜利的重要条件。

“丘陵堤防，必处其阳，而右背之。此兵之利、地之助也。”这句话的意思是说，在丘陵堤防之处驻扎军队时，一定要选择朝阳的方向驻扎，并且要后背依托丘陵堤坝，这样有利于作战，能借助地理的优势。

“上雨，水沫至，欲涉者，待其定也。”这句话的意思是说，如果河流的上游下暴雨，河流中必有水沫漂来，水流湍急，这时不可渡河，一定要等到水流平稳以后再渡河。

“凡地有绝涧、天井、天牢、天罗、天陷、天隙，必亟去之，勿近也。吾远之，敌近之；吾迎之，敌背之。”这句话的意思是说，凡是遇到“绝涧”“天井”“天牢”“天罗”“天陷”“天隙”等地形时，必须迅速避开、远离，不要靠近。我军要远离它，让敌军去接近它；我军要面向它，让敌军背靠它。

“军行有险阻、潢（hang）井、葭苇（jia wei）、山林、翳荟（yi hui）者，必谨覆索之，此伏奸之所处也。”这句话的意思是说，军队行进在山川险阻、芦苇丛生的低洼地，或在杂草丛生、树木繁茂的山林地区行动时，一定要仔细反复地搜索，因为这些都是容易隐藏伏兵和奸细的地方。

那么，从商业竞争与发展视角，该怎么理解呢？

9.1.2 商解

孙子所提出的四种处军原则在商业竞争与发展中，可理解为四种竞争环境下的竞争战略布局与行动策略。

（1）**“绝山依谷，视生处高，战隆无登，此处山之军也。”**这里所说的“山”类似技术在行业中的发展处于高低显著不均衡的状态。在这种竞争环境下，要想赢得竞争，必须做到：既要占据技术高度，又要注重眼前利益，就是要同时做两类研发创新——探索式创新和利用式创新。探索式创新旨在争取技术高度、掌握先进的核心技术；利用式创新主要是对已有新技术的开发利用、提高生产效率、提高经营绩效。另外，与占据、掌控高端技术市场的企业竞争时，要十分慎重。

（2）“绝水必远水；客绝水而来，勿迎之于水内，令半济而击之，利；欲战者，无附于水而迎客；视生处高，无迎水流，此处水上之军也。”

“绝水必远水”是指避开江河所带来的风险。在跨国或跨区域商业竞争与发展中（如跨国投资、国际贸易、产品国际化经营等），存在诸如制度与文化、资源等竞争障碍或困难。如何跨越这些障碍或克服困难，是跨国或跨区域竞争与发展时要认真研究的问题。另外，跨行业与跨渠道竞争与发展也会遇到行业或渠道政策与规则（包括潜规则等）的限制。除了国家或区域的政策与文化等造成的障碍外，企业也常常充分运用政策构建各种防御外来进攻者的壁垒或称“护城河”。因此，在与竞争对手竞争的过程中，如果竞争对手具有难以渡过的“护城河”，则要尽量避开这样的竞争途径。

“客绝水而来，勿迎之于水内，令半济而击之，利。”如果竞争对手选择横渡“护城河”的竞争路径来与防御者竞争，防御者宜在岸边布防。当竞争对手陷入“护城河”、被其束缚竞争力时，防御者再对其发起攻击，此即“令半济而击之，利”。

随着DVD技术日渐成熟，中国各VCD企业纷纷转移生产线，开始推出自己的DVD产品。由于成本优势，中国国产DVD产品以比国际同类产品更低的价格，畅销欧盟和美国市场。这引起了掌握DVD核心技术的跨国公司6C（日立、松下、东芝、JVC、三菱电机和时代华纳，2002 年 IBM 加入成为第 7 位成员）、3C（飞利浦、索尼、先锋）和 1C（汤姆逊）的联合封锁。它们试图以专利构筑的“护城河”把中国 DVD 产品挤出全球市场。㊀

2002 年春节刚过，中国机电产品进出口商会视听产品分会向国内 DVD 厂家及经销商发出紧急通知：我国出口到欧盟国家的 DVD 产品被当地海关扣押，原因是这些企业没有获得知识产权认证。商会提醒各 DVD 出口企业对此事要高度重视。据中国机电产品进出口商会视听产品分会陈祥秘书长介绍，1 月 9 日深圳普迪实业发展有限公司运往英国 Felixtowe 港口的 3864 台 DVD 被飞利浦通过当地海关扣押。此时，该公司有 10626 台 DVD 已运往欧洲，16668 台 DVD 已发往码头，还有 14000 台 DVD 将会于近期完成并出货。紧接着，惠州德赛视听科技有限公司于 2002 年 1 月 18 日及 22 日出口到德国的 5850 台 DVD 播放机，也在 2 月 21 日被当地海关扣留了 3900 台，另外的 1950 台可能尚未报关。此次扣关也是飞利浦幕后策划，它代表 3C 公司联合欧盟国家海关，对所有未经 3C 公司授权认证的中国大陆 DVD 制造商出口到欧盟国家的 DVD 进行扣关。而此时，荷兰皇家飞利浦公司对此事也做出了自己的解释：依据欧洲议会第 241/1999 号法案（修订后为第 3295/94 号），飞利浦公司向欧盟的数个国家海关请求对未经授权的 DVD 播放机、DVD 光碟机及 DVD 光碟片进行边境扣货

㊀ 蒋和葆. 中国 DVD 为何欧洲遭闷棍，中国消费者报，2002 年 3 月 14 日第 B01 版。

程序。飞利浦声称，凡是将DVD播放机、DVD光碟机及DVD光碟片进口到欧盟国家的公司，应于下订单之前，先行确认这些DVD产品是否由合法授权的制造商所生产，以免遭到当地海关扣押。㊀

面对国外DVD专利企业联盟咄咄逼人的进攻，以及中国加入WTO的大背景，中国DVD企业别无选择，只能出巨资购买专利使用权。他们不仅要对出口的DVD产品支付专利使用费，内销的产品同样也要缴纳专利使用费。对于出口产品，6C集团提出每台征收专利费4美元，3C集团提出每台征收3.5美元，1C及其他专利企业则提出每台征收4.5美元，合计12美元。据统计，如果所有专利费用全部到位，各类费用将达到21.3美元，折合人民币将近200元。这迫使许多中国DVD企业转产，还有许多企业不得不放弃自主品牌而转向贴牌加工。㊁

"欲战者，无附于水而迎客"意指我们不要背水而战，因为一旦受挫，便容易陷入困境而导致惨败。因此，当决定与竞争对手展开竞争时，我们必须预留安全退路，以确保自己在竞争中的安全，即使竞争失败，也能保障自己企业的生存。

"视生处高，无迎水流，此处水上之军也。"这句话告诫我们，在选择竞争策略时，应位居技术高端，并大力推进利用式创新。在能够获取利益的市场中，进行探索式创新，即实施高端技术创新与利用式

㊀ 胡春民．中国DVD遭封内幕，中国电子报，2002年3月7日第001版。

㊁ 任征．部分中国DVD企业被迫转型，中国贸易报，2006年5月11日第009版。

创新的奇正组合布局，切勿在比竞争对手更低端的产业环节布局。

这是在具有竞争障碍的竞争环境下的战略布局原则。

（3）**“绝斥泽，惟亟去无留；若交军于斥泽之中，必依水草而背众树，此处斥泽之军也。”**在商业竞争与发展中，当产品处于生命周期的成熟后期时，就如同陷入了沼泽地带。因此，企业不应使产品在成熟后期停留过久。应该在产品进入成熟期时，就将下一代新产品投放市场，以确保当前一代产品刚刚走向成熟后期时，新产品已经迭代成功，并进入成长期。按此规律，企业应不断推动产品的及时迭代与创新发展。这是在产品生命周期的成熟后期时的竞争或转型发展的原则。

（4）**“平陆处易，而右背高，前死后生，此处平陆之军也。”**在商业竞争中，平原类似于同一竞争区域市场，其中竞争企业的竞争实力基本相当。在这样的竞争环境下，若要赢得竞争，最好是先提高自己的技术或品牌高度，或依托具有技术高度的企业或高端品牌，与处于技术、品牌都很低端的企业竞争，从而具有竞争优势并容易赢得竞争胜利。这是在竞争平原地带的竞争原则。

作为总结，**“凡军好高而恶下，贵阳而贱阴，养生而处实，军无百疾，是谓必胜”**。在竞争战略布局上，最好是选择战略制高点（如高端核心技术与产品、高端品牌）和能够尽快盈利这两个维度进行竞争资源能力与业务布局。因为，控制战略制高点能够把握竞争主动权和保持竞争优势，实现长期发展；而同时，必须保障企业能够获得丰厚的收入，确保企业的现金流及员工的工资福利，以保障企业安全高效地运营，并确保员工积极工作、降低员工的流失率，从而使企业的竞争力量不断提升而非衰退。

此外，孙子还强调，在布局竞争战略时，应注重运用各种有利条件，并防范各种风险。

9.1.3 问对

陈德智问企业家：陈德智的解读，是否切合实际？您还有哪些纠正与补充？

贾少谦：德智教授的商解很切合实际！

张诚泉：我比较认同“探索式创新和利用式创新”在企业中并行发展的观点。探索式创新通常体现在产品技术研发的过程中，对新技术的开发和导入；而利用式创新则存在于企业日常的运营过程中，例如生产线工艺技术的改进可以提高生产效率，节省成本。在企业经营层面，我也认同战略布局应选择战略制高点（如核心技术、高端品牌）和企业尽快盈利作为两个维度，进行竞争资源的布局。在确保企业当前健康运营的前提下，积极抢占下一个竞争制高点，以推动企业在长期竞争中胜出。

陈德智：好！

李巍：陈德智老师将孙子兵法中不同地理环境下的处军原则，与不同商业竞争环境下的战略布局关联起来，讲解非常形象生动。我尤其认同“既要占据技术高端，又要注重眼前利益”的观点。对于企业而言，注重当前利益才能保证生存，并支撑对高端技术的研发投入。

但又不能仅关注当前利益，只有占据高端技术研发或高端品牌地位，才能取得长期健康发展。也就是要同时把握眼前利益和长远利益。

这里有一个问题想请教陈老师：**现实中，有时候企业眼前利益和长期利益会有冲突。例如，增加现有产线的扩张和投入有助于眼前利益，但又可能导致现金流紧张，影响研发投入。遇到这类情况，应该如何思考和应对？孙子兵法中是否有应对类似场景的策略？**

陈德智：李巍董事长提的这个问题非常好！如果我们把眼前利益的战略行为视为“正”，长期利益的战略行为视为“奇”的话，那么可以按照孙子兵法的“以正合、以奇胜”的战略原则来解决您提出的短期利益投资与长期利益投资的矛盾问题。短期利益是保证公司生存的基础，所以，在不影响生存的前提下，应该优先投资长期研发。或者说，在不影响公司正常运转、能够维持公司生存的前提下，要满足取得长期利益的研发与技术创新的投入；即使短期利益略有亏损，只要不影响公司生存，就应该满足能够取得长期利益的研发投资。举两个战争例子：

一是韩信策划并亲自指挥的井陉之战：公元前 205 年 10 月，韩信统率汉军，向东挺进，对赵国发起攻击。赵王歇、赵军主帅陈余闻讯后集结大军于井陉口防守。井陉口是太行山有名的八大隘口之一，在它以西，有一条长约几十公里的狭窄驿道，易守难攻，不利于大部队的行动。韩信挑选两千精锐携带汉军旗帜，趁夜色奔袭至赵军营寨后侧潜伏；同时，韩信率一万多汉军主力趁夜色渡过绵蔓水后背水列阵。第二天天亮后，韩信亲率大军发起进攻，吸引赵军倾巢出动。汉军佯败，丢弃武器装备，赵军果然倾巢而出进行追击。败至绵蔓水边的汉军主力后无退路，只能奋力与赵军拼杀。此时，两千汉军精锐趁赵营空虚之机，迅速袭击并攻占赵营大寨，将汉军旗帜遍插在赵军营寨，并从背后攻击与韩信背水布阵的汉军主力厮杀的赵军。赵军见主营遍插汉军旌旗，惊慌失措，溃败！主帅陈余被杀，赵王歇和谋士李左车束手就擒。井陉之战中，韩信率主力背水布阵攻击赵军大寨、吸引赵军出寨，此为“以正合”。当赵军被吸引倾巢出寨后，韩信军佯败、丢盔卸甲、丢弃财物等（短期利益受损），败至绵蔓水边的汉军后无退路，只能奋力与赵军拼杀。就在这危机关头，两千汉军精锐攻占了赵军大寨，并从背后攻击与汉军厮杀的赵军，赵军溃败，此为“以奇胜”。

二是坎尼会战。公元前216年8月2日，迦太基（地中海地区古城，位于非洲北海岸，今突尼斯，与罗马隔海相望）名将汉尼拔以诱敌深入（背奥费达斯河布阵吸引罗马军前来厮杀，“以正合”）、迂回包抄（从两翼派出精锐骑兵，“以奇胜”）的战术模式，歼灭罗马军队。

商业例子也很多，为了掌握核心技术，赢得长期发展，有些企业宁肯亏损数年，也坚持研发投入强度不减。比如任正非先生率领的华为！

褚轶群：在行军篇中，针对不同竞争环境的布阵应对思路，我们能看到一个共同之处，就是每到一处区域，都要保持危机意识，假设敌人来犯，做好应对准备。战争并不总是会发生在预先设想的战场，即使在行军途中，也应时刻规划，应对来自敌方的威胁。商场如战场，不管是现有业务的开疆拓土，还是新业务领域的探索，都是在“行军途中”。除了打磨自身产品和服务用户外，从应对竞争的角度思考哪里是值得占据的制高点，如何拥有地利，都是很有价值的。

饿了么与美团的外卖大战中，有一个关键节点战役就发生在大众点评的合作争夺之上。流量对于外卖非常重要，饿了么向大众点评这个流量阵地的“行军”，其实初期是占了先手的，然而却没有充分利用地利，做好强敌来犯的准备。美团通过并购大众点评，反过来占据了阵地的制高点，从饿了么没有预料到的战场角度发起了大规模战役，最终奠定了当前的绝对优势格局。

9.2 32 种观察法：竞争过程中对竞争对手的调查分析

孙子在《行军篇》的前几段讲的是处军原则，接下来的这一段，则转向“相敌”，即侦察敌情。

敌近而静者，恃其险也；远而挑战者，欲人之进也。其所居易者，利也。众树动者，来也；众草多障者，疑也。鸟起者，伏也；兽骇者，覆也。尘高而锐者，车来也；卑而广者，徒来也；散而条达者，樵采也；少而往来者，营军也。辞卑而益备者，进也；辞强而进驱者，退也。轻车先出，居其侧者，陈也。无约而请和者，谋也。奔走而陈兵者，期也；半进半退者，诱也。杖而立者，饥也；汲而先饮

者，渴也；见利而不进者，劳也。鸟集者，虚也；夜呼者，恐也。军扰者，将不重也；旌旗动者，乱也；吏怒者，倦也。粟马肉食，军无悬缻，不返其舍者，穷寇也。谆谆翕翕，徐与人言者，失众也。数赏者，窘也；数罚者，困也；先暴而后畏其众者，不精之至也；来委谢者，欲休息也。兵怒而相迎，久而不合，又不相去，必谨察之。

9.2.1 原解

孙子总共讲了32种侦察敌情的方法。①**敌近而静者，恃其险也**：敌人离我军很近，但却很安静，一定是依托某种险要的条件。②**远而挑战者，欲人之进也**：敌人离我军远，却前来挑战，是企图引诱我军深入。③**其所居易者，利也**：敌人不占据险要位置，却驻扎在平原地带，一定有它的好处和企图。④**众树动者，来也**：树林里很多树木摇动，是敌人向我军袭来。⑤**众草多障者，疑也**：在草丛中设有许多遮蔽物，是敌人企图迷惑我军。⑥**鸟起者，伏也**：鸟儿突然飞起，是下面有伏兵。⑦**兽骇者，覆也**：如果野兽受惊猛跑，是敌人大举袭击过来，且来势凶猛。⑧**尘高而锐者，车来也**：尘埃飞得既高又尖，是敌人战车向我军攻来。⑨**卑而广者，徒来也**：飞尘低而广，是敌人步卒向我军攻来。⑩**散而条达者，樵采也**：飞尘分散而细长，是敌人在打柴。⑪**少而往来者，营军也**：飞尘少，时起时落，是敌军在察看地形，准备安营扎寨。⑫**辞卑而益备者，进也**：敌方使者言辞谦卑，却又在加紧战备，是要向我军进攻。⑬**辞强而进驱者，退也**：敌方使者措辞强硬，而军队又向我军进逼，是准备撤退。⑭**轻车先出，居其侧者，陈也**：敌方战车先出，并占据侧翼，是在布阵。⑮**无约而请和者，谋也**：敌方没有事先约定，而突然来请求议和，必有阴谋。⑯**奔走而陈兵车者，期也**：敌人往来奔跑，展开战车，是在列阵，准备与我军决战。⑰**半进半退者，诱也**：敌军半进半退，是伪装混乱来引诱我军。⑱**杖而立者，饥也**：敌人拄着或扶着手中的兵器站立，是饥饿缺粮的表现。⑲**汲而先饮者，渴也**：敌人从井里打水而急于先喝，是敌营非常缺水的表现。⑳**见利而不进者，劳也**：敌人见利而不前进，是过度疲劳的表现。㉑**鸟集者，虚也**：敌方营寨上有飞鸟停集，说明营寨已空虚。㉒**夜呼者，恐也**：敌营夜间有人惊呼，是敌人军心恐慌。㉓**军扰者，将不重也**：敌军纷乱无序，是敌军将领没有了威严。㉔**旌旗动者，乱也**：敌军旌旗乱动，是敌军阵形已乱。㉕**吏怒者，倦也**：敌军官吏急躁易怒，是过度烦恼、困倦。㉖**粟马肉食，军无悬缻，不返其舍者，穷寇也**：敌人用粮食喂马，杀马吃肉，收起炊具，不返回营寨，是"穷寇"。㉗**谆谆翕翕（zhun zhun xi xi），徐与人言者，失众也**：敌军将领若低声下气地与士卒讲话，是敌军将领已不得军心。㉘**数赏者，窘也**：再三犒赏士卒，说明敌人已陷入非常窘迫之境地。㉙**数罚者，困也**：再三重罚士卒，说明敌人已陷入严重困境。㉚**先暴而后畏其众者，不精之至也**：敌将先对士卒暴虐，后又畏惧士卒叛离，说明敌军将领是非常愚蠢的。㉛**来委谢者，欲休息也**：敌人若带着礼品来谈判，是想休兵息战。㉜**兵怒而相迎，久而不合，又不相去，必谨察之**：敌军盛怒前来，却久不交战，又不撤离，一定要谨慎观察其企图，摸清敌人的真实意图。

孙子以上讲的是，根据敌人的各种表现分析敌情。

那么，从商业竞争与发展视角，该怎么理解呢？

9.2.2 商解

在商业竞争过程中，要密切观察竞争对手与竞争环境的细微变化，根据竞争对手和竞争环境的变化，分析、判断竞争对手的心理行为及战略战术，从而及时采取切实的应对策略。

9.2.3 问对

陈德智问企业家：陈德智的解读，是否切合实际？您还有哪些纠正与补充？

张诚泉：通过获取各种细节和全面的信息，对竞争对手进行全方位的感知和分析，并根据变化采取切实的应对策略。这样的商解非常符合孙子兵法中的相敌策略。

陈德智：谢谢诚泉董事长对我所做的商解的肯定！

李巍：陈老师的商解很简洁清楚，切合实际，认同陈老师的商解。

陈德智：好！

9.3 令之以文，齐之以武：凝聚员工的策略

孙子曰：**兵非益多也，惟无武进，足以并力、料敌、取人而已。**

夫惟无虑而易敌者，必擒于人。卒未亲附而罚之，则不服；不服，则难用也；卒已亲附而罚不行，则不可用也。故令之以文，齐之以武，是谓必取。令素行以教其民，则民服；令不素行以教其民，则民不服。令素行者，与众相得也。

9.3.1 原解

“兵非益多也，惟无武进，足以并力、料敌、取人而已。”打仗不在于兵力越多越好，只要不轻敌冒进，能集中兵力、同心协力，判明敌情，就足以战胜敌人。那些没有谋略而又轻敌妄动的人，才会被敌人擒获。

“卒未亲附而罚之，则不服；不服，则难用也；卒已亲附而罚不行，则不可用也。故令之以文，齐之以武，是谓必取。”新招募的士卒尚未亲近依附时，若稍有违背非原则性的要求就贸然处罚，那士卒一定不服，这样就难以用他们去打仗了；而如果士卒对将帅已经亲近依附，仍不执行军纪军法，这样的军队也是不能打仗的。所以，要以政治道义教育士卒、以怀柔宽仁凝聚士卒，以军纪军法统一步调，这样的军队才能胜利。

“令素行以教其民，则民服；令不素行以教其民，则民不服。令素行者，与众相得也。”平素认真贯彻军纪、法规，严格执行命令，认真管教士卒，士卒就能养成服从的习惯；平素如果不认真贯彻军纪、法规，不严格执行命令，不严格管教士卒，士卒就会养成不服从的习惯。平素认真执行命令，表明将领与士卒相互信任、非常团结。

那么，从商业竞争与发展视角，该怎么理解呢？

9.3.2 商解

（1）兵非益多也，惟无武进，足以并力、料敌、取人而已。在商战中，企业应根据商战任务，选择精干员工，组建协同高效的团队，并理性分析竞争对手与竞争环境的变化，以切实理性的决策来赢得竞争。

（2）卒未亲附而罚之，则不服；不服，则难用也；卒已亲附而罚不行，则不可用也。故令之以文，齐之以武，是谓必取。尽管企业对新入职员工都会进行入职培训或入职教育，但新员工入职后，理解与认同企业文化与规章制度还需要一个过程。因此，企业给予新入职员工一定期限的试用期。在试用期内，若员工非原则性地违犯企业规章制度，企业应尽可能地进行思想教育而非重罚。而对于已经转正后的正式员工甚至老员工，他们对企业规章制度早已理解和接受，若违反，则应严格按照制度进行处罚。所以，企业要通过企业文化、思想教育以及严格的制度约束两个方面来规范员工行为。同时，企业还应注重平时加强思想教育和组织纪律、管理制度的贯彻执行，使员工和管理干部从心理到行为都团结一致，同心协力，共同取得胜利。

总之，企业要以愿景、价值观、职业道德、观念等教育和规范员工，以怀柔宽仁、关爱凝聚员工，同时以完善的制度来约束与激励员工。

（3）令素行以教其民，则民服；令不素行以教其民，则民不服。

令素行者，与众相得也。平时认真贯彻、严格执行各项规章制度，公平公正、严格管理员工，员工就能养成贯彻执行规章制度的习惯；反之，平时如果不认真贯彻执行各项规章制度，不能够公平公正、严格管理员工，员工就会养成不严格执行规章制度的习惯。平时认真执行各项规章制度，表明领导者或管理者与员工相互信任、非常团结。

9.3.3　问对

陈德智问企业家：陈德智的解读，是否切合实际？您还有哪些纠正与补充？

贾少谦：我非常认同陈教授的解读，“令之以文，齐之以武”确实是战略控制的总原则。质量意识必须深深根植于总经理、副总经理、高层主管、部门经理乃至每一名员工的心中。只有全员在各个环节都严格把关，才能保证海信产品始终如一的高质量。从 2002 年开始，海信就确定了自己的质量管理箴言，后来也被誉为海信质量管理的“七条军规”：一，质量不能使企业一荣俱荣，却足以使企业一损俱损；二，用户是质量的唯一裁判；三，技术创新是产品质量的根本；四，善待供应商就是善待自己；五，质量就是人品；六，创新是重要的，但绝对不能以创新为由改变质量标准和传统但适用的方法；七，质量是企业业绩的红绿灯。

“七条军规”既是对广大消费者郑重做出的质量承诺，也是海信内部所有岗位员工必须严格恪守的质量工作守则。海信原董事长周厚健曾强调：质量问题首先是个道德问题。他说：“质量不能使企业一荣俱荣，却足以使企业一损俱损。从这个角度上讲，每一位与质量工作相关的海信人都握着海信未来的生杀大权，这并不是危言耸听。尤其是一把手要清楚，质量管理是你最重要的工作。一把手和质量分管领导要真正建立起科学严格的质量意识和质量敬畏。”

陈德智：海信将质量视为企业生命、企业道德、企业价值观和企业经营理念，将质量管理的严格程度提升到“军规”的高度，真可谓“令之以文，齐之以武”。

张诚泉：商解中提到的选人，培训新员工，严格企业制度管理，建立企业文化和价值观，打造企业凝聚力，与《孙子兵法》中“令之以文，齐之以武”的思想完全吻合。

陈德智：好！

李巍：陈德智老师的解读非常切合实际。一个齐心一致、精干高效的团队往往具有最大的战斗力。而要打造这样的高效团队，一方面我们需要根据企业竞争与发展需要，制定并逐渐完善、修订各项规章制度，并在日常企业运行管理中严格施行，使企业全员养成遵纪守规的观念与行为习惯；另一方面，我们也要培养企业全员的共同价值观与共同信念，使得“上下同欲”，从而形成良好的企业文化和氛围。

陈德智：李巍董事长根据自身实践补充的观点非常好！

学者与企业家问对

第 10 章 地 形 篇

地形篇主要论述具有一定特征的地理条件对战争胜负的影响，具体包括以下内容：①针对“通、挂、支、隘、险、远”六种特征地形，提出相应的应对策略；②指出“走、弛、陷、崩、乱、北”六种失败是将领的严重过失，将领就任时当认真考察研究；③带兵打仗的将领，要善于利用地形，使其成为有利于胜利的条件；若不善于利用地形而导致失败，这不是天灾，而是将领的无知与无能，是将领的过错；④强调将领要以国家根本利益为使命、以保全军民为责任，具备“进不求名，退不避罪”的高尚品质；⑤提出爱兵如子，但不能溺爱的关爱士卒的思想；⑥最后，论述了“知彼知己、知天知地”与胜利的关系，提出“知彼知己，胜乃不殆；知天知地，胜乃不穷”的观点。

孙子曰：地形，有通者，有挂者，有支者，有隘者，有险者，有远者。我可以往，彼可以来，曰通。通形者，先居高阳，利粮道，以战则利。可以往，难以返，曰挂。挂形者，敌无备，出而胜之；敌若有备，出而不胜，难以返，不利。我出而不利，彼出而不利，曰支。

支形者，敌虽利我，我无出也；引而去之，令敌半出而击之，利。隘形者，我先居之，必盈之以待敌；若敌先居之，盈而勿从，不盈而从之。险形者，我先居之，必居高阳以待敌；若敌先居之，引而去之，勿从也。远形者，势均，难以挑战，战而不利。凡此六者，地之道也，将之至任，不可不察也。

故兵有走者，有弛者，有陷者，有崩者，有乱者，有北者。凡此六者，非天之灾，将之过也。夫势均，以一击十，曰走；卒强吏弱，曰弛；吏强卒弱，曰陷；大吏怒而不服，遇敌怼而自战，将不知其能，曰崩；将弱不严，教道不明，吏卒无常，陈兵纵横，曰乱；将不能料敌，以少合众，以弱击强，兵无选锋，曰北。凡此六者，败之道也，将之至任，不可不察也。

夫地形者，兵之助也，料敌制胜，计险厄、远近，上将之道也。知此而用战者必胜，不知此而用战者必败。

故战道必胜，主曰无战，必战可也；战道不胜，主曰必战，无战可也。故进不求名，退不避罪，唯人是保，而利合于主，国之宝也。

视卒如婴儿，故可与之赴深谿；视卒如爱子，故可与之俱死。厚而不能使，爱而不能令，乱而不能治，譬若骄子，不可用也。

知吾卒之可以击，而不知敌之不可击，胜之半也；知敌之可击，而不知吾卒之不可以击，胜之半也；知敌之可击，知吾卒之可以击，而不知地形之不可以战，胜之半也。故知兵者，动而不迷，举而不穷。故曰：知彼知己，胜乃不殆；知天知地，胜乃不穷。

10.1 通、挂、支、隘、险、远：六种特征市场的竞争策略

孙子曰：地形，有通者，有挂者，有支者，有隘者，有险者，有远者。我可以往，彼可以来，曰通。通形者，先居高阳，利粮道，以战则利。可以往，难以返，曰挂。挂形者，敌无备，出而胜之；敌若有备，出而不胜，难以返，不利。我出而不利，彼出而不利，曰支。支形者，敌虽利我，我无出也；引而去之，令敌半出而击之，利。隘形者，我先居之，必盈之以待敌；若敌先居之，盈而勿从，不盈而从之。险形者，我先居之，必居高阳以待敌；若敌先居之，引而去之，勿从也。远形者，势均，难以挑战，战而不利。凡此六者，地之道也，将之至任，不可不察也。

10.1.1 原解

孙子说，地形有：通、挂、支、隘、险、远六种，他详细解释了这六种地形，并针对每种地形提出了应对策略。

（1）通形。我可以往，彼可以来，曰通。通形者，先居高阳，利粮道，以战则利。我们可以去、敌人可以来的地域叫做通形。在通形地域，我们应抢先占据地势高而向阳、视野开阔的地方，并保持粮道畅通，这样与敌交战就非常有利。

（2）挂形。可以往，难以返，曰挂。挂形者，敌无备，出而胜

之；敌若有备，出而不胜，难以返，不利。容易进入、不易返回的地域叫做挂形。在挂形地域，如果敌人没有防备，我们应突然出击战胜敌人；如果敌人有防备，我们出击不能取胜，且敌人可能据险阻击我们的归路，使我们难以返回，这对我们非常不利。

（3）支形。**我出而不利，彼出而不利，曰支。支形者，敌虽利我，我无出也；引而去之，令敌半出而击之，利。**凡是我出击不利、敌出击也不利的地域，叫做支形。在支形地域，即使敌人以利诱我，我们也不要出击；最好是带领部队假装败走，诱使敌人出来追击我们，当敌人出来一半时，我军再突然回兵攻击敌人，这样最为有利。

（4）隘形。**隘形者，我先居之，必盈之以待敌；若敌先居之，盈而勿从，不盈而从之。**所谓隘形，是指两山间的狭窄通道。在隘形地域，如果我们抢先占据，就应迅速使用重兵封锁隘口，等待敌人到来；如果敌军先占据隘口并以重兵据守，我们千万不要进击；但若敌人没有用重兵据守隘口，我们应迅速攻占隘口。

（5）险形。**险形者，我先居之，必居高阳以待敌；若敌先居之，引而去之，勿从也。**在险形地域，如果我们抢先占领，就要占据地势高而向阳的地方，控制高地，以等待打击敌人；但如果敌人抢先占领，我们就应主动撤退，避免进攻。

（6）远形。**远形者，势均，难以挑战，战而不利。**在远形地域，如果双方势均力敌，则不宜挑战，勉强求战于我不利。

孙子曰：**凡此六者，地之道也，将之至任，不可不察也。**

以上六点是关于利用地形的作战原则。掌握这些原则，是将领们的重要责任，不能不认真研究。

那么，从商业竞争与发展视角，该怎么理解呢？

10.1.2 商解

（1）通形。**我可以往，彼可以来，曰通。通形者，先居高阳，利粮道，以战则利。**在一个进入壁垒（门槛）与退出壁垒（门槛）都比较低的行业市场，要抢先进入市场并占领有利位置，确保自己的产品供货渠道顺畅，以先发优势阻止后进入市场的竞争者。

培训和咨询服务行业，类似于“通形”。所以，一些培训公司常常挂着名牌大学或科研院所牌子（借助名牌大学或科研院所、著名学者的名义来扩大市场影响，提升自己的知识与技术高端形象）进行招生、培训或技术咨询服务。

（2）挂形。**可以往，难以返，曰挂。挂形者，敌无备，出而胜之；敌若有备，出而不胜，难以返，不利。**对于进入壁垒（门槛）比较低、容易进入，但退出壁垒（门槛）比较高的行业或市场，若市场在位者没有明显的阻止新进入者的策略与态势，后进入者可瞄准机会，迅速进入，以优良的产品和服务赢得竞争，取得稳固的市场地位。如果市场在位者对新进入者采取了阻止措施或策略，后进入者不要轻率进入，以避免损失殆尽。低技术并高资本投入的行业，如勘探、采掘业等属于“挂形”。

共享单车属于重资产行业[㊀]，其进入壁垒并不高，但退出（成本）壁垒很高。2016年进入这个行业的共享单车企业有几十家，在烧钱大战的残酷竞争中，多家共享单车企业陆续倒闭，损失殆尽！而哈啰单车采取避实击虚的战略战术，避开一线城市的激烈竞争，从二线城市进入，陆续进入三线、四线城市，待多家共享单车企业在激烈竞争中倒闭、头部企业摩拜与ofo两败俱伤时[㊁]，哈啰单车才进入一线城市并迅速站稳脚跟，赢得市场地位。

那些进入壁垒比较低，在行业或市场成长期退出壁垒也不高，但伴随着产品市场发展到规模化时期，同质化的产品竞争逐渐激烈，靠销量进行低价竞争，造成产能过剩，退出壁垒增高，从而呈现出“挂形”态势。

1978年中国彩电的年产量仅有4000台[㊂]，而国内市场需求规模非常庞大。在中国彩电业的导入期（1980—1985年），由于整个产业刚刚起步，不存在规模障碍或者说规模障碍不显著；彩电产品总装的启动成本不高，不存在资金障碍；彩电整机生产企业主要是完成电子元器件的组装，工艺和产品技术比较简单，国内进入企业都具有模仿能力并且建立了自己的品牌；同时，地方政府和行业部门的大力支持，也使得进入彩电行业的政策障碍较低。由于彩电产业的进入门槛低，国内大量企业通过引进彩电生产线进行彩电组装生产进入彩电

㊀ 王雅芳．共享单车行业分析，合作经济与科技，2019年第8期第98-99页。

㊁ 萧惑之．ofo由中兴到末路引发的思考，中关村，2019年第11期第50页。

㊂ 黄建忠．中国彩电工业发展分析，今日电子，1996年第10期第90-91，102页。

业。很快进入稳步成长期，彩电企业不断扩充规模、提高产量，彩电品牌众多，但产品却高度同质化。

内外“一个样”的尴尬现象：很多消费者在不同的厂家展台前选购平板电视产品时，一阵下来就头昏脑涨，无法分清哪款电视是哪个品牌。实际上，这种现象不能抱怨消费者平板电视选购知识缺乏，而是一些国产平板电视在外观上与其他品牌的一些产品过于相似，不仔细看产品下方的商标，真的很难分辨开来。一些品牌在外观设计上模仿能力太强，才导致了“穿上衣服一个样”的尴尬现象。“脱了衣服一个样”产生的根本原因在于：国产彩电品牌由于核心技术的缺失，在产品功能设置上缺少自创的自由空间。同时，由于产业成熟度较高，技术壁垒较弱，不同的厂家可能使用同一个外部的产品设计方案，这也制约着独特功能的创新与设置。也许等到消费者真正明白了产业的这种状况，企业再想依靠包装寻找产品功能差异化，从而攫取市场利润的做法可行性将越来越小。[㊀]

1995 年全国彩电生产厂家达 98 家，彩电年生产能力已达到 3700 万台以上，但实际上 1995 年只生产了 2100 万台，1996 年生产了 2075 万台，而国内市场实际需求约 1800 万台，出口 293 万台，[㊁] 彩电生产能力严重过剩、近一半闲置。同质化低端彩电（CRT 电视）业

㊀ 刘洋，付兴斌. 红海之中寻蓝海：从海信电视的市场竞争策略谈起，广告大观（综合版），2007 年第 2 期第 68-69 页。

㊁ 王亚平. 我国彩电工业的现状与发展趋向，经济管理，1997 年第 12 期第 15-17 页。

在当时的中国已进入成熟期的后期或衰退期，陷入激烈的价格战。此时，各生产厂家具有一定规模，且多是国有企业，存在着较高的规模和制度退出成本（壁垒），许多彩电企业因此陷入低价竞争的泥淖。

（3）**支形。我出而不利，彼出而不利，曰支。支形者，敌虽利我，我无出也；引而去之，令敌半出而击之，利。**在同一市场中，呈现出对峙或胶着竞争态势的甲、乙两家或多家同质化竞争企业，类似于“支形”。处于“支形”态势的企业该如何行动？从以往竞争实践上看，有两种解除双方对峙或脱离胶着竞争态势的策略可供参考：

①若有准备或有技术创新能力的甲方主动放弃双方竞争的产品市场时，乙方若大举跟进，则甲方应将更新换代的新产品迅速推向市场。这样，甲方在逐步让出低端产品市场的同时，也能摆脱低端产品价格战的泥淖，进而进入相对高端的产品市场并取得领先优势。

自 1980 年起，中国引进日本等发达国家的成熟技术成套生产线进行彩电的装配生产制造。到 1995 年，高度同质化的国内彩电厂家已近百家，产能供大于求，进入连年价格战的低价竞争状态。1996 年长虹发起价格战，上百家彩电企业卷入其中，许多被动参与的彩电企业在价格战中相互对峙、胶着竞争，无法摆脱低端产品价格战的困境，最后众多电视品牌消亡。㊀ 而海信电视在对市场进行深入调查分析的基础上，决定不打价格战，而是走高端技术创新发展之路，从而成功摆脱了彩电低端价格战的泥淖。

㊀ 孙玉敏. 海信科技前行史，招商周刊，2008 年第 25 期第 60-63 页。

②甲、乙双方谋求合并。

随着智能手机的普及，自2013年起，使用打车软件成为一种新兴的出行方式，并在社会大众中迅速风靡。一时间，国内出现了近30种打车软件，它们都企图瓜分打车市场。随着这场激烈的市场争夺大战持续进行，许多缺乏竞争力的软件或被淘汰或被收购，最终只剩下滴滴与快的两家公司。双方都想成为这场商战的最终胜利者，因此继续烧钱大战，在轮番竞争中不断加大投入，陷入了死循环的对峙态势。本以为这两家公司在日后的竞争中必定势如水火，然而让人意想不到的是，2015年2月14日情人节当天，这两家公司对外宣布进行战略合并，结束了这场竞争。㊀

（4）**隘形。隘形者，我先居之，必盈之以待敌；若敌先居之，盈而勿从，不盈而从之。**在商业竞争中，有所谓“关卡”策略。即以独一无二的技术或资源优势，控制着某一特定的夹缝市场。诸如：

①**特殊技术。**一家制造企业的技术总监曾说：“企业的经营是721工程，即7分技术，2分管理，1分销售。我们就是要追求独一无二的技术，只有我们能做，别人做不了。让用户寻到家里来购买。”正所谓，酒香不怕巷子深。要实现这一点，第一，要最先开发出技术；第二，技术必须绝对与众不同；第三，要保持这种与众不同。很多创业者就是凭借拥有与众不同或先进或特殊的技术，创办了自己的公司。

㊀ 朱琳，史元．互联网企业竞争下的生存选择——基于滴滴快的合并案例分析，中国市场，2017年第13期第232-233页。

②特殊市场。2007 年 4 月，戴尔新推出了准军用笔记本电脑，瞄准特殊市场。作为主导设备，它通过 Wi-Fi 无线连接技术，实现在整个活动场地内的作战任务信息接收和发送。在防震、防潮、高海拔应用等方面，它都符合军用标准，为野外工作中可能遇到的意外碰撞、潮湿环境及其他因素提供防护。这款电脑配备防震硬盘、防泼溅键盘、端口保护盖及高耐磨漆面，适用于建筑、制造、油气勘探及公安武警等特殊行业的应用需求。[㊀]

③特殊或稀缺资源。特殊或稀缺资源包括自然资源、人才资源、社会资源、政策资源等。企业家是一种特殊的、稀缺的、具有不可替代性的社会资源。与非家族企业相比，家族企业拥有一种独特的内部资源，可以称之为“家族精神”。社会资本被认为是继物质资本和人力资本之后的第三大资本性要素，它具有促进社会组织协调行动、提高社会效率的特征，如网络、规范和信任等。

联想公司的前身——中国科学院计算技术研究所新技术发展公司成立于 1984 年 11 月 1 日。中国科学院计算技术研究所（以下简称“计算所”）投资 20 万元，并提供一间 20 平方米的小平房以及 11 个端着计算所“铁饭碗”的员工。柳传志要求计算所给予三个条件：一是经营自主权；二是保证计算所里上千名科技人员作为公司的后盾；三是给予“中国科学院计算所”的金字招牌。这是计算所新技术发展公司重要的无形资产，有了“中国科学院计算所”这块国内计算机界

㊀ 张郁．戴尔准军用笔记本瞄准特殊市场，新闻搜索，2007 年 4 月 16 日。

的顶尖招牌，对公司发展业务肯定有非常强的支持作用。这块金字招牌，极大地促进了公司在政府和市场双重力量推动下的发展。在当时的市场条件下，国有企业享有贷款容易、税收优惠以及良好的商业信誉等优势。回顾联想的发展历程，国有优势的发挥在联想发展的关键时刻往往功不可没。柳传志曾直言不讳地说："1988 年我们能到香港发展，'金海王工程'为什么去不了？因为它们是私营的，而我们有中国科学院出来说话——'这是我们的公司'。"㊀

（5）**险形。险形者，我先居之，必居高阳以待敌；若敌先居之，引而去之，勿从也。**在商业竞争中，若"高"代表技术高度，"阳"代表眼前收益（或金钱收益），那么企业应注重控制技术高度。第一，要注重产业技术中的核心技术的研发及控制。第二，要严格控制公司所需原材料等资源的采购与供应渠道，以及人力资源、金融资源等各种资源的获取。占据获取战略资源的有利位置，以满足公司正常运营的资源需求。

（6）**远形。远形者，势均，难以挑战，战而不利。**对于距离遥远的同行或同质化产品（或服务）的潜在竞争对手，如果我们在本地区具有原材料等资源采购供应的便利，而远方的潜在竞争对手在其当地也具有解决原材料等资源采购供应的便利，即双方在原材料等资源采购方面势均力敌，那么如果我们到遥远的区域去争夺对方占据的市场，就需要将产品运输到遥远的市场，并需要做销售渠道建设与销售

㊀ 吕鹏翔．柳传志经营管理思想探析，广西大学硕士学位论文，2004 年第 15 页。

等工作。这样竞争成本太高，进攻不利。如果要进行跨国竞争，则应实施在竞争对手当地的本土化策略。

当然，如果我们的生产成本非常低，运输成本也不高且非常便捷，可以以很低的价格攻占远方的市场，那么也是完全可以进攻的。

10.1.3　问对

陈德智问企业家：陈德智的解读，是否切合实际？您还有哪些纠正与补充？

贾少谦：德智教授的商解非常详细、清楚，配有微型案例，非常好理解，切合实际！

陈德智：好！

张诚泉：商解非常详细、切合商业竞争实际，具有实践价值。我司作为专精特新企业，对文中“隘形”的表述感同身受。我们通过特殊产品技术和运营技术，获取特殊市场的份额，并稳固占据该专有狭缝市场的隘口。竞争对手模仿我们的特殊技术难度高，在市场规模不大的情况下，投入的成本必然大于回报，从而使竞争对手无法进入或者不值得进入该专业市场。这样的战略值得广大中小企业借鉴。

陈德智：诚泉董事长的观点我非常赞同。

李巍：陈德智老师将孙子兵法中不同地形条件下的作战规则，与六种特征商业市场下的竞争策略联系起来，讲解非常通俗易懂，极具启发性。尤其是陈老师对“隘形”具体而详尽的解读，让我深有感触。就我比较熟悉的高端科学仪器市场而言，就是一个典型的“隘形”市场，欧美企业占据近九成的市场份额。它们通过技术壁垒牢牢占据着关键关口，也卡住了我们产业升级的通道。随着中国企业的转型升级，越来越多的企业开始涉足高端科学仪器领域，但其中大部分企业还是钟情于价格竞争。通过陈老师的解读，我们可以了解到：对于技术型企业而言，只有真正具备核心技术，并充分利用核心技术构建出的专利池或行业话语权，才能打造出自己的优势“关隘”。

陈德智：赞同李巍董事长的观点！

10.2 走、弛、陷、崩、乱、北：总经理造成的六种失败

孙子曰：**故兵有走者，有弛者，有陷者，有崩者，有乱者，有北者。凡此六者，非天之灾，将之过也。夫势均，以一击十，曰走；卒强吏弱，曰弛；吏强卒弱，曰陷；大吏怒而不服，遇敌怼而自战，将不知其能，曰崩；将弱不严，教道不明，吏卒无常，陈兵纵横，曰乱；将不能料敌，以少合众，以弱击强，兵无选锋，曰北。凡此六者，败之道也，将之至任，不可不察也。**

10.2.1 原解

这里的“兵”，是指败兵，即战败的军队。孙子指出，军队打仗失败有“**走、弛、陷、崩、乱、北**”六种情形。这六种失败并非由客观或自然条件所造成，而是由将领的过失所致。

（1）走。**“夫势均，以一击十，曰走。”**势均，是指敌我双方在地理地势上的条件相当。在地理地势相同的情况下，如果“以一击十”，则必然失败而溃逃，这种情况称为“走”，即逃跑的意思。

（2）弛。**“卒强吏弱，曰弛。”**如果士卒强悍，而军官懦弱，士卒不听从军官的指挥，松懈散漫，从而导致失败，这种情况称为“弛”。

（3）陷。**“吏强卒弱，曰陷。”**军官本领高强，士卒怯弱，与敌人作战时，军官奋勇向前，士卒怯弱不能跟进，导致军官孤身奋战，独力难支，最终将亡兵败，这种情况称为“陷”。即为士卒所陷。王皙注曰“为下所陷”。[1]

（4）崩。**“大吏怒而不服，遇敌怼而自战，将不知其能，曰崩。”**“大吏”是指中下级军官。如果中下级军官怨怒，不服从主将的指挥，遇到敌人擅自率军出战，主将既不了解中下级军官的能力，又没有加以控制，从而导致失败，这种情况称为“崩”。

（5）乱。**“将弱不严，教道不明，吏卒无常，陈兵纵横，曰乱。”**主将软弱而又缺乏威严，平时对士卒不严格训练、不认真教化，治军没有章法，士卒无章法遵循，布阵杂乱无章，未战而自乱阵脚，从而导致失败，这种情况称为“乱”。

（6）北。**“将不能料敌，以少合众，以弱击强，兵无选锋，曰北。”**主将不能正确判断敌情，以少击多，以弱击强，作战时，又没

---

[1] ［春秋］孙武撰，［三国］曹操等注，杨丙安校理．十一家注孙子，北京：中华书局，2012 年版第 200 页。

有精锐之师为先锋骨干，从而导致失败，这种情况称为“北”，即败北。

孙子曰：**“凡此六者，败之道也，将之至任，不可不察也。”**

孙子说，以上六种情况，是导致战败的原因，是将领的重大责任，不能不认真研究。

那么，从商业竞争与发展视角，该怎么理解呢？

10.2.2 商解

“走、弛、陷、崩、乱、北”这六种失败情形，在商业竞争中，可以解读为是公司总经理、业务总经理的领导与管理能力低下或用人不当、配置不合理等失误所致，而非客观条件等原因。

（1）**走。“夫势均，以一击十，曰走。”**在商业竞争中，当外在条件完全相同时，同质化产品公司的竞争结果完全取决于竞争双方的竞争实力，不存在以少胜多的可能。因此，在外部条件相同时，竞争实力弱小的一方与竞争实力强大的一方竞争，结果必然溃败。

（2）**弛。“卒强吏弱，曰弛。”**如果指挥员工的领导者的能力弱，与员工关系也不是很好，而员工的能力与素质很高，则员工不太服从管理者的领导，松懈散漫，工作质量差、效率低下，即组织松弛导致竞争失败。

（3）**陷。“吏强卒弱，曰陷。”**如果指挥员工的领导能力很强，而员工的素质能力很差，则优秀的竞争方案难以为员工理解和执行，导致工作质量差、效率低下，失败的原因是低素质员工的拖陷。也存在这样的情境：管理者对下属员工控制得特别严格，使员工丝毫不能充分发挥主观能动性，导致失败是因为管理者的严格控制所拖陷。

（4）崩。**“大吏怒而不服，遇敌怼而自战，将不知其能，曰崩。”**情绪智力低下的中层管理者（业务总经理）不服从总经理的指示，在竞争中遇到不顺心的事情或遭到竞争对手的讽刺挖苦，甚至是客户的过激意见时，容易丧失理智而情绪化，做出非理智决策或擅自行动，而总经理既不知道他的能力又没有及时制止他的行为，导致竞争失败。

（5）乱。**“将弱不严，教道不明，吏卒无常，陈兵纵横，曰乱。”**总经理软弱缺乏威严，平时对下属员工缺乏严格训练，组织纪律不能严格贯彻执行，公司没有制定完善的管理制度，或员工不严格按照规章制度工作，从而导致竞争失败。

（6）北。**“将不能料敌，以少合众，以弱击强，兵无选锋，曰北。”**总经理对竞争对手与竞争环境没有进行深入调查分析，盲目做出攻击性竞争行动的决策，造成以弱对强的竞争态势，导致失败。

以上六种失败情形，是总经理的重大责任，不能不认真研究。

10.2.3　问对

陈德智问企业家：陈德智的解读，是否切合实际？您还有哪些纠正与补充？

张诚泉：商解非常翔实，防范这六种竞争失败对企业发展非常重要。这六种人为主观因素导致的失败值得总经理借鉴参考。总经理应根据员工的实际情况，在用人、管人和激励人方面掌握高超的技巧。宜采取恩威并重的方法管理员工，并防止由于不理智情绪而导致的错误商业决策。

陈德智：好！

李巍：陈德智老师的解读非常切合实际。总经理如同军队的主帅，是企业的第一责任人。陈老师总结出的由于总经理失职而造成的六种失败情形，非常具有代表性，值得每位管理者警醒和反复品味。例如，“陷”这种情形，就很容易出现在一些初创企业中。在创业初期，创业者往往都是凭借自身能力，亲身冲锋在业务第一线。但如果沉溺于此，忽略了团队建设，很容易陷入“吏强卒弱”的窘境，企业也很难有进一步的发展。

陈德智：李巍董事长举的例子很好！2004年时，我曾给常州一家中小公司做咨询，公司总经理是硕士毕业，很有能力，战略视野也非常开阔。他和我说他主要负责国际业务，对于公司国际化发展有很多想法，但安排给常州负责市场的市场总监和运营总监后，结果他们跟不上他的战略想法，他很苦恼。他喝口茶后说：“我这些想法一个也没有实现，都被他们（指市场总监和运营总监等）给拖陷住了。”大多数草根创业者在创业初期确实存在这种困境，出色的大学生和社会优秀人才招不来，即便是能够招来，工作一两年后有了一点工作经验，也就离职另谋高就了。

10.3　夫地形者，兵之助也：资源供给是竞争胜利的保障

孙子曰：**夫地形者，兵之助也，料敌制胜，计险厄、远近，上将之道也。知此而用战者必胜，不知此而用战者必败。**

10.3.1　原解

“夫地形者，兵之助也，料敌制胜，计险厄、远近，上将之道也。知此而用战者必胜，不知此而用战者必败。”地形是打仗的辅助条件，正所谓天时不如地利。正确地判明敌情，夺取胜利，研究地形的险易，计算道路的远近，这是将领的职责和必须掌握的方法。懂得这些道理去指挥作战的，就必然胜利；不懂得这些道理去指挥作战的，就必然失败。

那么，从商业竞争与发展视角，该怎么理解呢？

10.3.2　商解

“夫地形者，兵之助也，料敌制胜，计险厄、远近，上将之道也。知此而用战者必胜，不知此而用战者必败。”占据非常有利的地理条件，对于赢得竞争具有非常重要的帮助。这些有利的地理条件主要包括所需要的原材料资源、金融资源、劳动力资源、人才资源、技术资源以及有利于企业发展的政策资源等。如果这些资源能够非常方便地获取，并且采购成本较低，那么在这样的地理环境下建立工厂、生产

加工产品以及研究开发新技术、新产品，不仅成本低、效率高、质量好，对于赢得竞争也具有非常好的战略保障。因此，选择在哪里建立生产基地、在哪里设置研发中心，关系到企业竞争与发展的基础性战略保障。能够清楚地理解与认识这一点，认真调查分析，做出理智的决策，就能够赢得竞争与发展！否则，有可能陷入困境。

10.3.3 问对

陈德智问企业家：陈德智的解读，是否切合实际？您还有哪些纠正与补充？

张诚泉：陈教授的解读非常翔实，具有实践参考价值。依据战略资源的分布，理性进行公司生产和研发基地的选址，这是非常符合实际的商业决策。比如华为公司在上海郊区建立其最大的研发基地，主要考量了上海是人才高地的因素。同时，上海郊区为员工提供了更低的生活成本、更优美的生活和工作环境，可使员工心无旁骛地投入到工作中。

陈德智：诚泉董事长举华为实例说明人才资源方便获取的城市或区域环境，有利于公司竞争与发展，很好地诠释了“夫地形者，兵之助也”的道理。

李巍：我非常认同陈德智老师的解读。资源供给是商业竞争胜利的保障。能够清晰理解和认识到自身的优势资源并能加以充分利用，是成功企业家需要具备的能力。以特斯拉为例，马斯克正是充分利用了中美两国对电动汽车的政策支持，将美国的优势技术资源与中国强大的产业链资源相结合，才催生了 45 秒下线一辆特斯拉的上海超级工厂。这一举措成功地解决了特斯拉的产能瓶颈问题，显著降低了其生产成本，最终大获成功。

陈德智：李巍董事长以特斯拉为例诠释“夫地形者，兵之助也”，很恰当。

10.4 进不求名，退不避罪：卓越总经理的品行

孙子曰：**故战道必胜，主曰无战，必战可也；战道不胜，主曰必战，无战可也。故进不求名，退不避罪，唯人是保，而利合于主，国之宝也。**

10.4.1 原解

如果根据战场的实际情况，确实有必胜的把握，那么即使君王命令不要打，也可以坚决地打，以取得胜利；反之，如果根据战场的实际情况判断不能取胜，那么即使君王命令打，也可以坚决不打，以避免遭遇失败。张预曰：与其从令而败事，不若违制而成功，故曰：“军中不闻天子之诏。”[1] 或曰，将在外，君命有所不受！作为带兵打仗的将领，应该做到：进攻时，不贪图取胜的虚名；撤退时，不怕承

[1] [春秋]孙武撰，[三国]曹操等注，杨丙安校理.十一家注孙子，北京：中华书局，2012 年版第 202 页。

担违抗君王命令的罪名。无论是进攻还是撤退，都一心一意地追求国家和军队得以保全。这样的将领是国家最宝贵的人才。

那么，从商业竞争与发展视角，该怎么理解呢？

10.4.2 商解

故战道必胜，主曰无战，必战可也；战道不胜，主曰必战，无战可也。故进不求名，退不避罪，唯人是保，而利合于主，国之宝也。在商业竞争中，如果地理环境非常有利，不仅能够低成本生产加工、顺利研究开发新产品，也能够获得地方政府的政策支持等，那么在理性评估竞争力量大小后，若具有非常大的胜算，即可进行竞争。如果在原有的战略方案中，没有主动竞争的战略条款，总经理可以向董事会递交主动竞争申请。反之，如果地理环境非常不利，即使原有的战略方案中有明确的主动竞争条款，总经理也可以向董事会申请避开竞争。

作为总经理（无论是公司总经理还是事业部总经理），在面对竞争与发展的重大问题上，要实事求是。为了赢得竞争、为了公司发展，应坚持“进不求功名、退不避罪责”的品行，全心全意地追求公司健康发展。这样的总经理是公司最为宝贵的领军人才。

10.4.3 问对

陈德智问企业家：陈德智的解读，是否切合实际？您还有哪些纠正与补充？

张诚泉：非常认同。优秀的将领不贪图名利，在决策时始终将国家利益放在至高无上的位置。在商业实践中，优秀的总经理也不求私利，始终将公司的生存和发展作为事业的终极追求。

陈德智：好！

李巍：我高度认同陈德智老师的解读。具备“进不求功名、退不避罪责”品行的总经理是公司最宝贵的资产。格力电器董明珠的案例很好地诠释了这一点。2005 年，美国开利集团计划以 9 亿美元收购格力电器，并给时任格力电器总裁的董明珠开出了 8000 万元的年薪。对大股东珠海国资委而言，格力电器被世界 500 强企业开利集团收购，不论是从经济利益方面还是政绩方面考虑，都是一个很好的选择，因此力主收购案的达成。在这种情况下，董明珠抵挡住了高薪诱惑和大股东的压力，坚决反对收购。她认为格力电器的价值被低估了，格力这个民族品牌凭借自身的努力迟早能成为世界 500 强企业。在董明珠的坚持和大声疾呼下，收购被终止。而格力电器也在董明珠的带领下，于 2019 年成功进入世界 500 强企业名单，市值高达数千亿人民币。

10.5 视卒如婴儿，故可与之赴深谿：关爱与教育员工

孙子曰：视卒如婴儿，故可与之赴深谿；视卒如爱子，故可与之俱死。厚而不能使，爱而不能令，乱而不能治，譬若骄子，不可用也。

10.5.1 原解

这一小段，孙子主要讲述了对士卒的关心爱护与教育的重要性。孙子说，将领对待士卒要像对待自己的孩子一样关心爱护，这样士卒就会愿意跟随将领赴汤蹈火、同生共死。但是，这种关爱不等同于溺爱。如果将领过分溺爱士卒，他们就会变得不听从命令，不服从指挥，这样的军队，就如同一群娇生惯养的“孩子”一样，是不能用来打仗的。因此，爱护士卒的同时，也要在平素多加教育，加强训练，以培养出一支既能同甘共苦，又能服从命令、听从指挥、英勇作战的军队。

那么，从商业竞争与发展视角，该怎么理解呢？

10.5.2 商解

在商业环境中，如果公司总经理对待员工像对待自己的孩子一样关心、爱护，员工就会愿意追随总经理，听从指挥，克服各种困难，共同取得竞争的胜利。但是，不能溺爱员工。如果总经理对员工过分溺爱，员工遇到困难就会退缩、逃避，表现得像一群娇生惯养的“孩子”一样，缺乏吃苦耐劳和协同奋进的精神。因此，爱护员工的同时，也要在平时对员工加强教育和训练，以培养出一支既能同甘共苦，又能服从命令、听从指挥、团结协同、勇于奋斗的员工队伍。

曹德旺在他所著的《心若菩提》一书的第三章“爱兵如子”一

节写道：曾有人问我，如何当好一个总经理，我说首先要将自己放在老板的位置上，虽然只是总经理，不是老板，但要记住这是你展示才华的舞台，所以要珍惜。其次，要爱兵如子，要像父亲对待儿女一样对待员工，从德、智、体发展全方位去关心他们，因为他们才是企业真正的财富。当然，遵纪守法，诚实守约，这是必不可少的。[一]

10.5.3 问对

陈德智问企业家： 陈德智的解读，是否切合实际？您还有哪些纠正与补充？

贾少谦： 认同陈教授的解读，关爱员工但不能溺爱员工。对于一个组织而言，关爱与严格不仅不矛盾，而且必须兼容，才能打造出气氛和谐、纪律严明的团队。海信的企业精神是“敬人、敬业、创新、高效”，就是要求实现个人与组织的协调统一。

陈德智： 好！

张诚泉： 关爱员工但不能溺爱，要注重公司文化与制度的建设，并注重平时公司文化与制度的贯彻执行。

陈德智： 赞同！

李巍： 陈德智老师的解读非常切合实际。管理者对员工要关心爱护，但不能放纵。管理者既需要塑造良好的企业文化和公司氛围，也

㊀ 曹德旺著. 心若菩提（增订本），北京：人民出版社，2017 年版第 158 页。

要制定规范的规章制度并严格执行，这样才能打造出一支内部融洽并且极具战斗力的团队。

陈德智：好！

10.6 知彼知己，知天知地：建立“先知、全知”情报网

孙子曰：**知吾卒之可以击，而不知敌之不可击，胜之半也；知敌之可击，而不知吾卒之不可以击，胜之半也；知敌之可击，知吾卒之可以击，而不知地形之不可以战，胜之半也。故知兵者，动而不迷，举而不穷。故曰：知彼知己，胜乃不殆；知天知地，胜乃不穷**[一]。

10.6.1 原解

孙子说，如果只了解我军的实力，而不了解敌军的实力，那么取胜的可能性只有一半；同样，如果只了解敌军的实力，而不了解我军的实力，那么取胜的可能性也只有一半；如果既了解敌军的实力，也了解我军具有攻击敌人的实力，但是，却不了解地形不利于我军作

[一] “知彼知己，胜乃不殆；知天知地，胜乃不穷。”十一家注本原本如此，但十一家注本中，杜佑注曰：既能知彼知己，又按地形、法天道，胜乃可全，又何难也？孙校本据通典和杜佑注改为“知天知地，胜乃可全”，并使“天”“全”为韵。见［春秋］孙武撰，［三国］曹操等注，杨丙安校理．十一家注孙子，北京：中华书局，2012年版第205，208页。

战，那么取胜的可能性仍然只有一半。因此，真正懂得打仗的将领，是绝对不会盲目行动的，他们的行动策略会根据敌我情况和战场环境的变化而变化的。所以说：只有做到知彼知己、知天知地，才能取得持续、长期稳固的胜利。

那么，从商业竞争与发展视角，该怎么理解呢？

10.6.2 商解

在商业竞争中，如果只知道自己的竞争实力，而不知道竞争对手的竞争实力，那么取胜的可能性只有 50%；如果只知道竞争对手的竞争实力，而不知道自己的竞争实力，取胜的可能性也只有 50%；如果既知道竞争对手的竞争实力，也知道自己的竞争实力，但是却不知道在这个区域，自己所需要的各种资源获取是否具有成本和便利的优势，那么取胜的可能性也只有 50%。真正懂得竞争的总经理，是绝对不会盲目行动的，他们的竞争策略会根据竞争对手和竞争环境的变化而变化。只有做到“先知、先觉”和“全知、全觉”，才能获取持续稳定的竞争优势，实现持续稳健的高质量发展，即**“知彼知己，胜乃不殆；知天知地，胜乃不穷”**。

因此，企业必须建立起“知彼知己，知天知地”的情报网。

10.6.3 问对

陈德智问企业家：陈德智的解读，是否切合实际？您还有哪些纠

正与补充？

张诚泉：科技企业必须注重对科技与市场发展情报的收集与研究。

陈德智：好！

李巍：陈老师的商解非常简洁清楚，切合实际，我完全认同。建立“先知、全知”情报网，才能提前对市场和竞争对手进行全面充分的观察和调研，并针对性地采取合适的应对策略。

我想请教陈老师一个问题：对于技术型企业而言，具体该从哪些方面进行情报收集？

陈德智：对于技术型企业而言，三个方面的情报调研非常关键：一是技术发展趋势与竞争情报；二是市场发展趋势与竞争情报；三是竞争对手的情报。

学者与企业家问对

第11章 九地篇

九地篇的“地”，并不是单纯的地理概念，而是涵盖了主与客、浅与深、易与难、生与死等多重空间区域，其中还包括士卒的心态、诸侯与敌我之间的态势等各种复杂影响因素。九地篇主要论述在各种复杂的战场环境下的作战策略：①提出“散、轻、争、交、衢、重、圮、围、死”九种跨国或跨区域作战策略；②提出“合于利而动，不合于利而止”的作战原则；③提出“凡为客之道，深入则专，主人不克”的进入敌国作战原则；④提出“故善用兵者，譬如率然”的协同作战策略；⑤指出制度与文化建设和环境是共同促进将士团结一心、齐心协力、英勇作战的核心因素；⑥指出将军在统率军队时，要保持冷静、深思熟虑、严守机密，并公正严明地治理军队；⑦再论与补充九地策略；⑧提出“信己之私，威加于敌”与“顺佯敌之意，并敌一向，千里杀将”的战略思想与策略；⑨提出“始如处女，敌人开户；后如脱兔，敌不及拒”的战略战术。

孙子曰：用兵之法，有散地，有轻地，有争地，有交地，有衢地，有重地，有圮地，有围地，有死地。诸侯自战其地，为散地。入人之地而不深者，为轻地。我得则利，彼得亦利者，为争地。我可以往，彼可以来者，为交地。诸侯之地三属，先至而得天下之众者，为衢地。入人之地深，背城邑多者，为重地。行山林、险阻、沮泽，凡难行之道者，为圮地。所由入者隘，所从归者迂，彼寡可以击吾之众者，为围地。疾战则存，不疾战则亡者，为死地。

是故散地则无战，轻地则无止，争地则无攻，交地则无绝，衢地则合交，重地则掠，圮地则行，围地则谋，死地则战。

所谓古之善用兵者，能使敌人前后不相及，众寡不相恃，贵贱不相救，上下不相收，卒离而不集，兵合而不齐。

合于利而动，不合于利而止。

敢问：敌众整而将来，待之若何？曰：先夺其所爱，则听矣。

兵之情主速，乘人之不及，由不虞之道，攻其所不戒也。

凡为客之道，深入则专，主人不克；掠于饶野，三军足食；谨养而勿劳，并气积力；运兵计谋，为不可测。投之无所往，死且不北；死焉不得，士人尽力。兵士甚陷则不惧，无所往则固，深入则拘，不得已则斗。是故其兵不修而戒，不求而得，不约而亲，不令而信，禁祥去疑，至死无所之。吾士无馀财，非恶（wu）货也；无馀命，非恶（wu）寿也。令发之日，士卒坐者涕沾襟，偃卧（yan wo）者涕交颐（yi）。投之无所往者，诸、刿之勇也。

故善用兵者，譬如率然。率然者，常山之蛇也，击其首则尾至，击其尾则首至，击其中则首尾俱至。敢问兵可使如率然乎？曰：可。

夫吴人与越人相恶（wu）也，当其同舟而济，遇风，其相救也如左右手。是故方马埋轮，未足恃也；齐勇若一，政之道也；刚柔皆得，地之理也。故善用兵者，携手若使一人，不得已也。

将军之事，静以幽，正以治。能愚士卒之耳目，使之无知；易其事，革其谋，使人无识；易其居，迂其途，使人不得虑。帅与之期，如登高而去其梯；帅与之深入诸侯之地，而发其机，焚舟破釜，若驱群羊，驱而往，驱而来，莫知所之。聚三军之众，投之于险，此谓将军之事也。九地之变，屈伸之利，人情之理，不可不察。

凡为客之道，深则专，浅则散。去国越境而师者，绝地也。四达者，衢地也。入深者，重地也。入浅者，轻地也。背固前隘者，围地也。无所往者，死地也。

是故散地，吾将一其志；轻地，吾将使之属；争地，吾将趋其后；交地，吾将谨其守；衢地，吾将固其结；重地，吾将继其食；圮地，吾将进其涂；围地，吾将塞其阙；死地，吾将示之以不活。

故兵之情，围则御，不得已则斗，过则从。

是故不知诸侯之谋者，不能预交；不知山林、险阻、沮泽之形者，不能行军；不用乡导者，不能得地利。四五者不知一，非霸王之兵也。夫霸王之兵，伐大国，则其众不得聚；威加于敌，则其交不得合。是故不争天下之交，不养天下之权，信己之私，威加于敌，故其城可拔，其国可隳。施无法之赏，悬无政之令，犯三军之众，若使一人。犯之以事，勿告以言；犯之以利，勿告以害。投之亡地然后存，陷之死地然后生。夫众陷于害，然后能为胜败。

故为兵之事，在于顺详敌之意，并敌一向，千里杀将。此谓巧能成事者也。

是故政举之日，夷关折符，无通其使，厉于廊庙之上，以诛其事，敌人开阖，必亟入之，先其所爱，微与之期，践墨随敌，以决战事。是故始如处女，敌人开户；后如脱兔，敌不及拒。

11.1 散、轻、争、交、衢、重、圮、围、死：九种跨国（跨区域）竞争策略

孙子曰：用兵之法，有散地，有轻地，有争地，有交地，有衢地，有重地，有圮地，有围地，有死地。诸侯自战其地，为散地。入人之地而不深者，为轻地。我得则利，彼得亦利者，为争地。我可以往，彼可以来者，为交地。诸侯之地三属，先至而得天下之众者，为衢地。入人之地深，背城邑多者，为重地。行山林、险阻、沮泽，凡难行之道者，为圮地。所由入者隘，所从归者迂，彼寡可以击吾之众者，为围地。疾战则存，不疾战则亡者，为死地。

是故散地则无战，轻地则无止，争地则无攻，交地则无绝，衢地则合交，重地则掠，圮地则行，围地则谋，死地则战。

11.1.1 原解

孙子说，打仗时，要根据战场环境选择切实可行的方法。战场环

境包括：散地、轻地、争地、交地、衢地、重地、圮地、围地和死地。孙子对这些战场环境逐一进行解释并针对每种环境提出了相应的作战策略：

（1）**散地**。诸侯在自己国家内与入侵的敌人作战的战场环境称为“散地”。在散地，士卒离家比较近，一旦作战不利或出现危机，士卒容易心生退意、心散而逃。因此，孙子提出，“散地无战”。即不要在散地与敌人作战，而应越境歼敌，据敌于境外，不要放敌人进入国境。

（2）**轻地**。进入敌国境地不深的地区（意指刚刚进入敌国境地）称为“轻地”。进入敌国境地不深，士卒很容易返回本国，若作战不利或出现危机，也容易心散而逃散。因此，孙子提出，“轻地无止”。即不要刚刚进入敌境就停下来，而应继续深入敌境。

（3）**争地**。谁先占领对谁就有利的地区，如常规战争中的军事战略要地、会战时的制高点等，称为“争地”。孙子提出，“争地无攻”。即对于争地，应奋力抢先占领战略高地；如果敌人抢先占据了战略高地，则不要强行进攻。

（4）**交地**。地势平坦、道路交错的地区，我军可以去、敌军也可以来的地区称为“交地”。孙子提出，“交地无绝”。即在交地，军队部署应互相连接，防止被敌人阻绝。

（5）**衢地**。多国交界的区域，先到者可以结交诸侯国并取得多数支援的地区称为“衢地”。孙子提出，“衢地合交”。即在衢地应抢先结交其他诸侯国。

（6）**重地**。深入敌境，越过许多敌人城邑的地区称为“重地”。

孙子提出，“重地则掠”。由于深入敌方腹地，后方接济困难，只能就地解决军队的补给问题。

（7）**圮地**。山林、险阻、沼泽等道路难行的地区称为“圮地”。孙子提出，“圮地则行”。即在圮地应迅速通过。

（8）**围地**。进入路线狭窄（隘）、退出路线曲折，既不容易进去也不容易出来的地区，敌人能以少数兵力击败我方众多兵力的地区称为“围地”。孙子提出，“围地则谋”。即陷入围地要动脑筋、想办法突出围地。

（9）**死地**。迅速奋战则能生存，不迅速奋战就会被消灭的地区称为“死地”。孙子提出，“死地则战”。

那么，从商业竞争与发展视角，该怎么理解呢？

11.1.2　商解

（1）**散地。散相对于专。**当 A 国的 a 公司在自己占据的 A 国市场，受到来自 B 国的 b 公司的竞争性攻击时，a 公司为抵御外来的 b 公司侵入性攻击，便采取提高工作强度、增加工作难度和工作挑战性等措施来抵御或响应 b 公司的攻击。然而，这会导致员工在遇到不太容易解决的困难或工作挑战时，因无法实现绩效指标而可能遭到公司批评或处罚，进而选择离职，再去寻找其他公司的工作。之所以如此，是由于 a 公司的 A 国出生或久居 A 国的员工，在 A 国具有较强或一定程度的社会关系，比较容易找到新公司的工作。这样一来，a 公司就会丢失市场份额。而 b 公司在实施进入 A 国与 a 公司争夺市场时，一般会选择精英团队和吃苦耐劳的核心员工。来自 B 国的员工，由于在 A 国缺乏社会关系，如果离开 b 公司，在 A 国就难以找到新公司工作。因此，已进入 A 国、远离母国家乡的 b 公司员工，工作更加专注而不会轻易离职。

另外一种情况是行业的团结。当 A 国某一行业的最大市场份额的占有者 a 公司，受到来自 B 国 b 公司的侵入性攻击时，a 公司会采取阻击行为。但是，在 A 国 a 公司所处的行业中，还有其他的 A 国公司，比如 c 公司，而且 c 公司也是 a 公司的竞争对手。那么，当 b 公司遭到 a 公司阻击时，b 公司若联系 c 公司并与之形成战略联盟（比如合资、贴牌经销等），则 a 公司的市场份额也将丢失。

所以，最好的防御战略是：拒竞争对手于自己控制的市场之外。如果不可避免要在自己控制的市场与外来侵入者进行竞争的话，孙子给出的策略是**“是故散地，吾将一其志”**，即统一员工心志。具体可以通过思想教育、制度激励与约束来统一员工心志。这是针对第一种情况。对于第二种情况，A 国 a 公司在即将遭受来自 B 国 b 公司的攻击时，应及时联络本国同业其他公司结成战略同盟，一致对外。

（2）轻地。入人之地而不深者，为轻地。在商业竞争与发展中，这类似于跨国发展，即以新技术或新产品进入东道国家某一行业中，与该行业市场在位者争夺市场的情景。如果新进入者仅凭 1~2 个新产品，那么只能取得一时的、瞬息即逝的短暂竞争优势。因此，不能停留在刚刚进入的状态，不可以止步于一点点的成功上，必须全力以赴，不断推出新产品，创造持续竞争优势，即“轻地无止”。

（3）争地。我得则利，彼得亦利者，为争地。尽管现在是智能互联网时代，但无论是市场资源与品牌传播、营销渠道、人力（人才）资源、金融资源、原材料资源以及供应链等，在世界各国、各区位以及一个国家的不同地区之间，都存在一定差距甚至很大差距。一些国家或区域具有多种资源汇集的优势，自然有利于某些产业发展、形成产业竞争与发展的制高点，成为企业竞争与发展的“争地”。在商业竞争中，有多种商家必争之地：①具有战略地位的区域市场（包括新产业市场等）；②具有战略地位的技术或功能性产品；③具有战略性的原材料供应市场；④具有战略地位、控制行业发展的制高点。

曾担任中国建材集团、中国医药集团董事长，并将两家央企双双带入世界 500 强的宋志平说：企业竞争需要在战略上抓住制高点，也就是孙子兵法里讲的兵家必争之地。建材行业的制高点是建立在研发基础上的装备制造，建材的任何一次革命都要靠成套装备的革新，大部分的技术都凝聚在装备制造上。而在医药行业，制药大厂都是轻工装备，所以医药企业的制高点并不是装备，而是研发和分销网络。谁占领了研发和分销网络，谁就能取胜。2009 年，我（宋志平）去国药集团出任董事长，当时国药集团只有 300 多亿元的销售收入，董事会提出了整合医药分销业务。随后，国药集团用联合重组的方式整合了覆盖 290 个地级市的医药分销网，也发展了生物制药和研发业务。由于牢牢占据了制高点，国药集团最终发展成为一家科工贸一体化的世界 500 强企业。[1]

[1] 宋志平著 . 经营 30 条，北京：中信出版集团，2023 年 11 月版第 19 页。

在争地，应最大限度地抢占市场，不要主动攻击他人（不要恋战，而是以抢占战略高地为主），并将所占市场控制住。

（4）**交地。我可以往，彼可以来者，为交地。**在商业竞争中，某种商品交汇之地是常见之事。孙子曰："交地无绝"和"交地，吾将谨其守"。无绝，即互相联系，不可断绝。既要保证自己的渠道畅通无阻，又要保持与其他渠道商的联系。在交地，要谨慎、注意防守！

（5）**衢地。诸侯之地三属。**在多国交界的地区或在一个多方制衡的区域，与多方保持友好，特别是与大竞争者交好（或者制服最大的竞争者），是一个很重要的事情。"衢地则合交（与其他同业公司结交）""衢地，吾将固其结（巩固与同业公司的结盟）"。

（6）**重地。入人之地深，背城邑多者，为重地。**在商业上，当公司在外国投资建立公司、投资收购公司等，即对外进行直接投资时，犹如处于"重地"。处于重地的公司，要拼命抢夺当地资源，大力实施本土化策略。

（7）**圮地。**战争中的圮地，类似商业中产品周期的成熟阶段。在成熟产品市场上，确保产品停留时间不要太长（孙子曰："圮地无舍"）是十分重要的。应积极开发新产品，避免陷入衰退期。

（8）**围地。**竞争优势十分狭窄的商业环境，比如制药行业。制药行业具有很大的局限性，必须持续、大规模地进行研发投资，否则很难有大的作为，退出也十分困难。一旦有疗效更好的新药出现，就会把以前的药品踢出市场。主要依靠功能而取得市场优势的行业，更依赖"专利战略"或者"知识产权战略"。

（9）**死地**。在商业上，面对“死地”的事例也有许多。在竞争中失利、经营陷入困境、濒临倒闭的公司，在尚有一线生机时，如果公司全体能够团结一心、拼命努力，就有可能起死回生！

11.1.3　问对

陈德智问企业家：陈德智的解读，是否切合实际？您还有哪些纠正与补充？

贾少谦：国际化必须是产品研发、制造、品牌和营销等全方位的国际化。海信在出海过程中，始终坚持自主品牌造船出海战略，坚持研产销“本土化”，高效率地满足当地的市场需求。企业走出去要有建立“根据地”的意识，对每一个目标市场，要么不进，进就要让海信品牌落地生根。

陈德智：“企业走出去要有建立‘根据地’的意识，对每一个目标市场，要么不进，进就要让海信品牌落地生根。”这句话对于跨国投资建厂、竞争与发展具有非常强的参考价值。

张诚泉：陈教授的解读比较形象地将古代战争的战场环境与现代商战的市场环境进行了类比。无论战场还是商场，都可以根据不同的环境特征采取相应的行动策略。

陈德智：好！

李巍：陈老师从孙子兵法九地篇中提炼出九种跨国（跨区域）竞争策略，非常通俗易懂，极具参考性。企业在跨国或跨区域竞争中，都可以先思考自身所处的“战场环境”，并结合陈老师的商解，从中找到对应的应对策略。

陈德智：好！

11.2 合于利而动，不合于利而止：对实现目标有利即行动，不利即停止

孙子曰：所谓古之善用兵者，能使敌人前后不相及，众寡不相恃，贵贱不相救，上下不相收，卒离而不集，兵合而不齐。

合于利而动，不合于利而止。

敢问：敌众整而将来，待之若何？曰：先夺其所爱，则听矣。

兵之情主速，乘人之不及，由不虞之道，攻其所不戒也。

11.2.1 原解

孙子说，所谓古代善于指挥打仗的人，能够使敌人前后部队无法相互策应，大部队与小部队不能相互依靠，官兵之间不能相互救援，上下级之间难以联系，士卒溃散难以集结，即使勉强集结，阵形也非常混乱，无法统一行动。当出现有利于我们取胜的机会时，就立即采取攻击行动；如果不利于我们攻击，就停止行动。试问：如果敌军众多而且阵势整齐地向我军进攻，该如何应对呢？回答是：先攻击并夺取敌人的要害之处，这样，敌人就会被迫听任我的摆布了。

打仗取胜的基本原理在于贵在神速，乘敌人措手不及的时机，走

敌人预料不到的道路，攻击敌人不加戒备的地方。

那么，从商业竞争与发展视角，该怎么理解呢？

11.2.2 商解

以往善于竞争的企业家，会采取多种组合策略的竞争行动，使竞争对手陷入管理混乱、各自为政的境地，难以协调与统一行动。当出现有利于进攻的机会时，他们会立即采取攻击行动；如果出现不利于行动的风险迹象，他们就会立即停止行动。

试问：如果竞争对手投入庞大的竞争力量发起攻击行动，该怎么办？回答是：先攻击并夺取竞争对手的要害之处（如要害业务、要害市场、要害资源、要害人、要害管理等），以扰乱竞争对手的攻击行动，使其不得不停止攻击。

竞争取胜的基本原理是快速高效。在竞争对手以及其他潜在竞争对手来不及占领或抢占之前，迅速占领那些发展前景广阔、有利可图的缝隙市场或高端技术、高端市场。

11.2.3 问对

陈德智问企业家：陈德智的解读，是否切合实际？您还有哪些纠正与补充？

李巍：陈德智老师的解读非常切合实际，我对“竞争取胜的基本原理是快速高效”这一观点高度认同。以字节跳动为例，张一鸣正是抓住了短视频的趋势，通过旗下的抖音和 TikTok 等 APP，在竞争对手还来不及反应之前，迅速占领了国内外短视频市场，从而快速崛起成为年营业收入过千亿美元的世界级互联网企业。

陈德智：李巍补充的例子很好！

11.3 凡为客之道，深入则专，主人不克：深入与专注是跨国竞争取胜的原则

孙子曰：凡为客之道，深入则专，主人不克；掠于饶野，三军足食；谨养而勿劳，并气积力；运兵计谋，为不可测。投之无所往，死且不北；死焉不得，士人尽力。兵士甚陷则不惧，无所往则固，深入则拘，不得已则斗。是故其兵不修而戒，不求而得，不约而亲，不令而信，禁祥去疑，至死无所之。吾士无馀财，非恶货也；无馀命，非恶寿也。令发之日，士卒坐者涕沾襟，偃卧者涕交颐。投之无所往者，诸、刿之勇也。

11.3.1 原解

“凡为客之道”中的“客”是指入侵或进入其他国家作战的一方，即“客”方；“主人不克”中的“主人”则是指被进攻、被侵入的国家或被侵入方。

孙子指出，凡是进入敌国作战的原则是：深入敌境，则军心专一，敌军就无法战胜我军；在富饶地区夺取粮草，使全军得到充足的给养；

注意保养士卒的体力，避免疲劳，提高士气，积蓄力量；部署兵力时，要巧设计谋，使敌人无法揣测我们的企图。把部队置于无路可走的境地，士卒就只能拼死作战而不会败退；士卒无路可退时，自然会尽全力拼死作战。士卒陷入危险的境地越深，就越会“无所畏惧”；无路可走，军心就能稳固；深入敌国，军心就不会涣散；到了万不得已的地步，士卒就会拼死战斗。

因此，这样的军队不用整顿告诫，都懂得戒备；不用激励，就会竭尽全力去战斗；不用约束，就能亲密相助、协同作战；不用“三令五申”，都会遵守纪律、执行命令。“禁祥去疑”，“禁祥”是禁止迷信，即禁止卜卦、看相、算命等行为；“去疑”是消除士卒的疑虑和各种幻想，让士卒坚定战死也不退避的决心。

我军士卒舍弃多余的财物，并不是因为他们厌恶财物；我军士卒不怕牺牲生命，也并不是因为他们不想长寿。当作战命令下达的时候，坐着的士卒们泪水沾湿了衣襟，躺着的则泪流满面。将士卒置于无路可走的绝境，他们就会像专诸、曹刿那样勇敢了。

那么，从商业竞争与发展视角，该怎么理解呢？

11.3.2　商解

（1）“主”是指东道国国家的企业；“客”是指新进入东道国的外国企业。凡是跨国投资进入东道国谋求发展的企业，其竞争与发展的原则是：专注某一行业的细分市场，进行深入研究开发，深耕细作，并从人力资源到各种原材料等都大力实施本土化策略。对于从本国进入东道国的开拓者和业务骨干，应采取严格的考核制度与丰厚的奖励机制，使其忠于职守、勤奋努力！

（2）通过共同的价值观、理想、目标和利益来凝聚那些跨国为公司谋求发展而进行开拓的员工。以深厚的关爱和严格的组织纪律来约束他们，使骨干员工勇于承担具有挑战性的工作任务，不断取得胜利。

11.3.3 问对

陈德智问企业家：陈德智的解读，是否切合实际？您还有哪些纠正与补充？

张诚泉：陈教授的商解切合实际，具有实践参考价值！

李巍：陈德智老师的解读非常切合实际。

褚轶群：置之死地而后生的策略，除了适用于跨国商业竞争外，对于本国跨领域或者跨区域的商业竞争也非常有意义。与两国交战不同的是，企业员工有充分的流动可能性，所以如何置之“死地”的条件有所不同。如果要应用这一策略，至少需要满足两个条件：①要让竞争胜利与失败的结果不仅与企业相关，也与个人息息相关。这就要求企业必须以某种形式与员工分享企业收益。比较广泛使用的方式包括分红、股权激励等。成功案例包括华为等，是互联网这种人才密集型企业所采用的策略。②要让员工清楚地认识到竞争形势，产生危机意识。这一点非常考验企业的文化建设能力，以及管理者的领导力。任正非先生著名的“下一个倒下的可能是华为”的论述，是非常值得学习的企业文化建设案例。

陈德智：铁群总裁根据实践经验提出的实施“置之死地而后生”的策略条件，对读者具有实践参考价值！

11.4　善用兵者，譬如率然：善于竞争的企业家能做到像蛇那样协同竞争

孙子曰：**故善用兵者，譬如率然。率然者，常山之蛇也，击其首则尾至，击其尾则首至，击其中则首尾俱至。敢问兵可使如率然乎？曰：可。**

11.4.1　原解

孙子说，善于指挥军队打仗的人，能够使军队如同“率然”一般。所谓“率然”，是常山地区的一种蛇，打它的头，它的尾巴就来救应；打它的尾巴，它的头就来救应；打它的中部，它的头和尾都来救应。试问：可以使军队像率然一样灵活应变吗？回答是：可以的。

那么，从商业竞争与发展视角，该怎么理解呢？

11.4.2　商解

“善用兵者，譬如率然。率然者，常山之蛇也，击其首则尾至，击其尾则首至，击其中则首尾俱至。”在商业竞争与发展中，这段话

是指，企业在面对竞争与发展时，各部门之间需要像率然一样协同配合。这种协同配合非常类似于以制造企业为核心，前端连接产品销售企业，后端连接原材料供应企业的一体化战略。当销售端受到竞争对手的攻击，如低价竞争时，则原材料供应商可以给予支持；同样，如果原材料供应企业受到竞争对手的攻击，销售端企业也可以给予支持；如果制造企业或某个环节受到攻击，前端和后端都会给予支持。

11.4.3 问对

陈德智问企业家：陈德智的解读，是否切合实际？您还有哪些纠正与补充？

张诚泉：认同陈教授的观点。通过价值链中各环节的取长补短，可以形成价值链本身的竞争优势，从而无惧残酷的价格竞争。许多德国的隐形冠军制造企业，通过多年的自主研发和积累，在整个生产价值链中掌握了各环节的工艺技术。这样一方面保证了质量管控，另一方面也形成了整个制造价值链的成本优势。虽然某些工艺生产环节可能放弃了部分利润，但整体的生产价值链仍然能够获得合理的回报，形成不可超越的竞争优势。

李巍：陈德智老师的解读简明扼要，非常切合实际。企业间的竞争不仅仅是简单的产品竞争或销售竞争，隐藏在背后的是公司战略和整个支撑体系的全面竞争。企业家必须善于组织各部门的协同与配合，使之相互配合、互为支撑，从而形成合力。

褚轶群：基于陈教授的解读，我们可以将企业内部的部门协同更进一步扩展到上下游价值链各环节的协同企业。通过产业链协同，共同御敌，实现一荣俱荣，一损俱损。这样的例子其实在商业中也有不少。例如，无数次被教科书引用的著名供应链管理案例——丰田汽车，通过深度向上赋能供应链，形成上下游一体的供应链网络，将选定的供应商整合为一个"企业家族"。一旦构建起这样强大的供应商合作关系网络，就不仅仅是对供应链本身进行控制的一种方式，还发展成为核心竞争优势，且竞争对手几乎无法复制。

供应链并不是唯一可以形成上下游协同的价值链条，另一种常见的方式是通过资金链的整合。很多独角兽企业在寻找风险投资的时候，对于投资方的要求往往看重的不仅仅是资金，更多的是资方能够带来的生态协同能力。不少经典商业战役中都能看到这种资方协同的威力，例如美团与大众点评的整合、滴滴与快的的合并等。

陈德智：轶群总裁以实际案例进一步诠释了"善用兵者，譬如率然。率然者，常山之蛇也，击其首则尾至，击其尾则首至，击其中则首尾俱至"的战略布局，这对读者理解与运用具有非常切实的启发。

11.5　齐勇若一，政之道也；刚柔皆得，地之理也：以制度与文化使员工齐心协力

孙子曰：**夫吴人与越人相恶也，当其同舟而济，遇风，其相救也**

如左右手。是故方马埋轮，未足恃也；齐勇若一，政之道也；刚柔皆得，地之理也。故善用兵者，携手若使一人，不得已也。

11.5.1　原解

孙子说，吴国人与越国人虽然互相仇视，可是，当他们同船渡河时，一旦遭遇大风浪，也能互相救援，而且，这种互助行为表现得十分自然，就像一个人的左右手相互协助一样。

因此，试图通过拴住马匹、埋起车轮等硬性措施来控制并稳定军队，是靠不住的。要使全军上下齐心协力、奋勇作战，关键在于平时的教育与管理制度的完善以及凝聚力的培养；要使强悍的士卒和怯弱的士卒各尽其力，关键在于恰当地利用地理环境。所以，善于指挥打仗的将领，能够使全军将士紧密合作，如同一个人奋勇作战，这是由于他们成功地将将士们置于一种不得不齐心协力、共同奋斗的文化、制度及战场环境之中。

那么，从商业竞争与发展视角，该怎么理解呢？

11.5.2　商解

在商业竞争与发展中，要使全体员工齐心协力、奋力拼搏，关键在于平时严格贯彻执行管理制度并深入进行文化（共同价值观、共同愿景、共同目标等）教育，同时强化凝聚力建设；要使勇于挑战、能力出众的员工和普通员工都能各展所长，关键在于创造一个有利于促进团结协作的制度与文化环境。善于指挥竞争的领导者，能够让全体员工紧密合作，如同一个人奋力拼搏，这是因为他们成功地把全体员工置于一种不得不齐心协力、团结一心的境地。实施团队绩效考核与一荣俱荣、一损俱损的团队奖惩制度，强化团队凝聚力建设。

11.5.3　问对

陈德智问企业家：陈德智的解读，是否切合实际？您还有哪些纠正与补充？

李巍：陈德智老师的解读非常切合实际。要使企业上下一心、具备良好的凝聚力，既需要显性的企业管理制度，又需要隐性的企业文化。优秀的企业家一定善于塑造良好的管理制度与企业文化环境，从而激发团队的凝聚力和战斗力。

11.6　静以幽，正以治：冷静深思，严守机密，公正严明地治理公司

孙子曰：**将军之事，静以幽，正以治。能愚士卒之耳目，使之无知；易其事，革其谋，使人无识；易其居，迂其途，使人不得虑。帅与之期，如登高而去其梯；帅与之深入诸侯之地，而发其机，焚舟破釜，若驱群羊，驱而往，驱而来，莫知所之。聚三军之众，投之于险，此谓将军之事也。九地之变，屈伸之利，人情之理，不可不察。**

11.6.1 原解

统率军队打仗，要冷静深思，严守机密，公正严明地治理军队。

要严守机密，蒙蔽士卒。作战方案与谋略要对士卒绝对保密；调整作战方案、改变作战行动与谋略，都不能让士卒识破；改变军队驻地，变更行军路线或故意迂回行进，使士卒无法推断行动意图，亦不使其多虑。

率领军队深入其他诸侯国土作战，要像射出去的箭矢一样勇往直前。烧掉船只，砸烂军锅，坚定士卒拼死奋战的决心；让士卒坚决服从命令，听从指挥，能有效指挥与调动。

九地之变，即作战环境下的变化，防守与进攻的策略，要根据作战环境的变化而随机应变；要掌握在不同环境下，士卒心理状态的变化与控制方法。这些都是将领要认真研究的重要任务。

那么，从商业竞争与发展视角，该怎么理解呢？

11.6.2 商解

负责公司跨国竞争战略的最高领导者，要时刻保持冷静，并进行深入、系统的思考决策。竞争方案与行动策略等战略机密，对于非必要知晓的员工，必须做到绝对保密，以防泄密。在率领员工深入东道国与竞争对手进行竞争时，要表现出勇敢坚定的态度，破釜沉舟、勇往直前。同时要求各项目团队服从命令、听从指挥，并能根据战略行动的需要，快速、有效地调动各项目团队员工，进行有效指挥。此外，还需根据竞争环境的变化而随机应变，调整竞争战略布局与行动策略。掌握在不同竞争环境下员工心理状态的变化与控制方法也是至关重要的。

这些都是跨国竞争的总经理和高级经理要认真研究的课题。

11.6.3 问对

陈德智问企业家：陈德智的解读，是否切合实际？您还有哪些纠正与补充？

张诚泉：公司在搭建针对竞争对手的情报系统的同时，也需要考虑组织内部的反情报系统。如何使用先进的信息技术来管控组织内部的技术或商业机密，防止竞争对手获取，这已成为每个公司持续推进的战略任务。

陈德智：诚泉补充的观点非常重要！

李巍：我十分认可陈老师的解读。企业管理者在治理公司时，需要针对不同的竞争环境以及不同类型的员工，随机应变、采用适合的管理方式。只有这样，才能有效地管理和指挥团队，高效地执行公司战略。

11.7 是故散地，吾将一其志……死地，吾将示之以不活：再论九种跨国竞争策略

孙子曰：**凡为客之道，深则专，浅则散。去国越境而师者，绝地**

也。四达者，衢地也。入深者，重地也。入浅者，轻地也。背固前隘者，围地也。无所往者，死地也。

是故散地，吾将一其志；轻地，吾将使之属；争地，吾将趋其后；交地，吾将谨其守；衢地，吾将固其结；重地，吾将继其食；圮地，吾将进其涂；围地，吾将塞其阙；死地，吾将示之以不活。

故兵之情，围则御，不得已则斗，过则从。

11.7.1 原解

凡是进入敌国或敌占区作战，一般来说，进入敌国境地越深入，军心越专一；进入敌国境地越浅，军心越容易离散。离开本国国土、穿越边境去敌国作战的地方，由于战场已经和本国隔绝，故称之为绝地；四通八达的作战之地，称为衢地；深入敌境，越过许多敌人城邑的地区，叫做重地；进入敌国境地很浅或比较浅的作战之地，称之为轻地；背靠险固且面前狭隘的作战之地，称之为围地；无路可走的作战之地，称之为死地。

在散地，必须要统一士卒心志，使士卒心志专一，行动一致。

在轻地，要使士卒连续不断地向前行进，不可分割、不可停顿。

遇到必争之地时，必须驱动士卒快速进军，以夺取争地；如果敌人已经占领了必争之地，则要想办法绕到敌人的后面进行攻击，夺取争地。

在交地，必须谨慎地加强防守。

在衢地，要巩固和加强与周围诸侯国的关系，当然，也要做好防守。

在重地，一定要保障粮草等军需物质的供应。

在圮地，不能停留，要迅速通过。

在围地，要堵住士卒可能逃跑的路口，鼓舞士气，拼死一战。

在死地，要向士卒展示出誓死决战的决心，当然，也要向敌人展示出死战的决心。

军队的心理是：被包围时，就会拼力抵抗、拼力突围；在不得已的情境下，就会殊死奋战。陷入深重危难境地时，就会团结并听从指挥。

那么，从商业竞争与发展视角，该怎么理解呢？

11.7.2　商解

跨国竞争时，深入东道国境内与竞争对手的业务竞争越深入，员工也越专注；越浅则越离散。离开母国到他国去开拓业务、与他国企业竞争，此时竞争市场已与母国隔绝，称为“**绝地**”。四通八达、多国交界的地区或多方制衡的区域，称为“**衢地**”。在外国投资建立公司、投资收购公司等，即对外进行直接投资时，犹如处于“**重地**”。以新技术或新产品进入东道国某一行业中，与该行业市场在位者争夺市场，若深入东道国境地的业务比较浅（产品单一或市场单一），则为“**轻地**”。竞争优势十分狭窄的商业环境为“**围地**”。造成公司经营陷入严重困境，濒临倒闭的环境为“**死地**”。

以下是对 11.1 节中孙子提出的“九地策略”的进一步补充：

（1）在散地，必须统一全体员工的心志，使他们心志专一，行动一致。

（2）在轻地，要使各项工作或各项细分业务保质保量、持续不断地向前推进，不可分割、不可停顿，持续不断地创造竞争优势。

（3）遇到必争之地时，要求员工必须进一步提高工作效率，以夺取争地；如果竞争对手已经占领了必争之地，则要详细调查分析竞争对手在价值链的前后左右是否存在虚弱之处，并针对其虚弱之处进行攻击，以期站稳脚跟后再图扩张。

（4）在交地，必须谨慎地加强防守。同 11.1 节的交地策略，要保证自己的原材料采购、各种资源获取渠道与产品销售渠道等畅通无阻。

（5）在衢地，同 11.1 节的衢地策略。要巩固和加强与原材料供应商以及金融等资源供应商的关系，并做好防守。

（6）在重地，同 11.1 节的重地策略。要和竞争对手争夺各种资源，包括政治、经济、金融、人力资源以及原材料等物质资源的供应。

（7）在圮地，不能停留，要迅速通过。同 11.1 节的圮地策略。

（8）在围地，同 11.1 节的围地策略。

（9）在死地，面临跨国竞争的失败困境时，企业家要清醒地认识到所面临的困境，如果不拼命，就只有彻彻底底的失败；如果拼命努力，也许还有存活下去的可能。可是怎么拼命呢？最常规的战略是变革或转型，即变革与转型是走出死地的战略路径。要进行变革与转型，必然涉及全体员工的利益。因此，需要做好战略变革与转型的思想工作，做好变革与转型的动员，带领员工通过变革或转型求得生存与发展。

2003 年 7 月，法国最大的电子产品制造商、堪称“彩电鼻祖”的汤姆逊公司总裁查尔斯·达哈利拜会 TCL 集团董事长兼总裁李东生，非常恳切地询问:“TCL 有没有兴趣收购汤姆逊的彩电业务？”尽管意识到并购面临经营与管理风险，但李东生依然豪情满怀:“这个机会对我们几乎是唯一的，全球性的电视企业屈指可数，如果我们不做，今后很难再有以这样的条件来达到全球产业第一的机会。”于是，他决定以在香港上市的彩电业务经营主体——TCL 多媒体（01070.HK）增发股权的方式完成收购。2004 年 1 月，双方签署了并购协议，并成立了 TTE 合资公司。汤姆逊投入总价值超过 3 亿欧元的资源，持有 33% 的 TTE 股权，TCL 以彩电业务作价占据 TTE67% 的股权。并购汤姆逊彩电业务仅 3 个月后，2004 年 4 月，TCL 未经尽职调查就快速完成了对法国阿尔卡特手机业务的收购，并成立了 T&A 合资公司。

然而，2004 年的汤姆逊彩电和阿尔卡特手机业务这两桩收购，给 TCL 带来了 2005 年（亏损 9 亿多元）和 2006 年（亏损 19 亿多元）的连续巨额亏损。2005 年底，TCL 被迫将其盈利最好的 TCL 照明以 17 亿元出售给法国罗格朗集团，用于填补手机业务巨亏的窟窿。2006 年初，TTE 开始大裁员，总部裁员比例曾达到 58%，TCL 集团高层大批元老级人物纷纷被迫请辞或主动请辞。9 月，TCL 集团欧洲业务亏损已超过 20 亿港元。为阻止亏损扩大，TCL 欧洲彩电业务进行重组，全面停止其在欧洲的彩电销售，改为 OEM 模式。[㊀] 此时，TCL 在证券交易所已经被戴上“ST”的帽子。如果 2007 年 TCL 仍未能扭亏，公司股票将被退市。[㊁]TCL 陷入了由于未做详尽甚至未做尽职调查、以及误判彩电市场技术发展方向，在“不知彼、不知己、不知天、不知地”的情境下，草率冒进收购汤姆逊电视业务和阿尔卡特手机业务所带来的严重亏损的生死存亡的死地。

2005 年 1 月，针对陷入绝境的 T&A，李东生决定缩小规模，锁定大运营商，进行生产自救。手机业务不再追求进入“第一方阵”，而是确保现金为王。他随即组建了一个谈判小组，明确将阿尔卡特是否同意重新安置其欧洲员工作为谈判的关键点。谈判小组做好了不成功就让 T&A 破产的决心，大有“置之死地而后生”的悲壮！最终他们迫使阿尔卡特妥协，同意在未来一年内分批接收 T&A 中来自阿尔卡特的欧洲员工，并同意将 45% 的股权转换为 TCL 通讯 4.8% 的股权，从最初的合资方转变为战略投资者。将 500 多名欧洲员工退还给阿尔卡特后，TCL 通讯每年可节省 5000 多万欧元。同时，研发成本也大幅降低，一款手机的研发费用，重组后是重组前的 1/4。更重要的是，TCL 可以按照自己的思路经营海外业务。郭爱平被任命为重组后的 T&A 总经理，他具有丰富的海外工作经验，并保留和组织了一支很有能力的海外团队。

㊀ 井然. 鹰的重生：TCL 凤凰涅槃国际化，家用电器，2007 年第 3 期第 136-138 页。

㊁ TCL 断臂保壳李东生年终紧急重组，民营经济报，2008 年 1 月 28 日。

理顺了阿尔卡特业务后，李东生转身投入到汤姆逊的业务中。由于原任总经理赵忠尧因身体原因无法继续高强度工作，李东生换上了胡秋生。然而，胡秋生临危受命任职半年后也不堪重负主动辞职。2006 年 5 月，李东生决定自己兼任 TTE 的总经理。李东生安排严勇前往欧洲进一步摸清情况，并邀请麦肯锡咨询公司派出项目小组协助，自己也在两个月内三次前往欧洲，寻求突围求生之路。当时，摆在李东生面前的有三个方案：①继续维持现状经营，需要投入 1.7 亿欧元；②协商变革重组，需要投入 9000 万欧元；③破产清盘，需要投入 4000 万欧元。维持现状持续经营的风险最大，可能继续严重亏损直至死亡。而破产清算则意味着就此停止国际化，类似于缴械投降，李东生不甘心！李东生和严勇反复商议，决定拼死努力推动协商变革重组。

2006 年 7 月，李东生撤换了 TTE 欧洲业务总经理，安排严勇接手，启动变革重组。为了得到汤姆逊公司对变革重组的支持，李东生以破产裁员为筹码进行谈判，非常艰难地得到了汤姆逊公司的同意。随后李东生主导了重大变革，从管理理念到组织结构、企业文化都进行了大刀阔斧的全面变革。在欧洲，他把原有庞大的公司体系架构一下子打碎，全欧洲业务只设一个新公司，其他国家和地区不再设任何分公司，也只有一个总经理统领全欧洲 20 多个国家的业务，下设财务和信息管理、售后服务等 8 个部门。

为尽快冲出死地实现扭亏为盈，TCL 在突出死地的奋战中，先后出售了 TCL 照明、TCL 电脑、TCL 电工等多家子公司，并四处恳求银行给予支持。

最终，TCL 改变了以往规模扩张的发展模式，突出强调“有效率运营”和“关注盈利的可持续性”，在 2007 年底实现了整体扭亏为盈，开启了新的生命周期。

11.7.3 问对

陈德智问企业家：陈德智的解读，是否切合实际？您还有哪些纠正与补充？

李巍：陈德智老师的解读非常切合实际。不同竞争环境下的竞争关键点是不一样的，例如在“散地”，团队的执行力至关重要，而在“重地”，资源的争夺则是重点。陈老师从员工管理、资源供给等多个角度出发，对 11.1 节中提出的九种跨国（跨区域）竞争策略进行了进一步的细化和关键点提炼，具有很强的实战指导性。

11.8 信己之私，威加于敌，故其城可拔，其国可隳：激励与凝聚员工

孙子曰：是故不知诸侯之谋者，不能预交；不知山林、险阻、沮泽之形者，不能行军；不用乡导者，不能得地利。四五者不知一，非霸王之兵也。夫霸王之兵，伐大国，则其众不得聚；威加于敌，则其交不得合。是故不争天下之交，不养天下之权，信己之私，威加于

敌，故其城可拔，其国可隳。施无法之赏，悬无政之令，犯三军之众，若使一人。犯之以事，勿告以言；犯之以利，勿告以害。投之亡地然后存，陷之死地然后生。夫众陷于害，然后能为胜败。

故为兵之事，在于顺详敌之意，并敌一向，千里杀将。此谓巧能成事者也。

11.8.1 原解

（1）**“是故不知诸侯之谋者，不能预交；不知山林、险阻、沮泽之形者，不能行军；不用乡导者，不能得地利。”**如果不了解诸侯国的战略企图，就不要轻易与它们结交；如果不熟悉山林、险阻、沼泽等地形，就无法有效地行军；如果不使用向导，就无法充分利用地利。

（2）**“四五者不知一，非霸王之兵也。夫霸王之兵，伐大国，则其众不得聚；威加于敌，则其交不得合。”**曹操注曰：谓九地之利害，或曰：上四五事也。张预曰：四五，谓九地之利害，有一不知，未能全胜。㊀ 意指：九种战场环境与作战策略中，如果有一种不清楚，就不能算是霸王的军队。所谓霸王的军队，在攻伐大国时，行动迅猛异常，可使敌国无法调动民众与集结军队；其威力加在敌人头上，可使敌国无法与其他诸侯国结交。

㊀ [春秋] 孙武撰，[三国] 曹操等注，杨丙安校理. 十一家注孙子，北京：中华书局，2012 年版第 229 页。

（3）**“是故不争天下之交，不养天下之权，信己之私，威加于敌，故其城可拔，其国可隳。”**因此，不必争先恐后地和其他诸侯国结交，也不要随便培植其他诸侯国的权势、权威，应多多施恩于自己的民众与士卒，把威力指向敌国，那么，敌国的城池可拔、国都可毁。

（4）**“施无法之赏，悬无政之令，犯三军之众，若使一人。犯之以事，勿告以言；犯之以利，勿告以害。投之亡地然后存，陷之死地然后生。夫众陷于害，然后能为胜败。”**实行破格奖赏，颁发打破常规的号令，指挥全军之众犹如指挥一个人一样。让士卒执行任务时，不说明意图；只告诉士卒有利条件，不告知危险。把士卒投入危险境地，他们才会拼死奋战以求得生存；士卒陷入死地，必然舍命奋战以求生。只有士卒陷入危险境地，才能主动地奋力夺取胜利。

（5）**“故为兵之事，在于顺详敌之意，并敌一向，千里杀将。此谓巧能成事者也。”**打仗的战略战术，就在于谨慎考察、把握敌人的战略意图，集中精锐兵力指向主攻方向，千里奔袭、斩杀敌将。这便是所谓的战略智慧能够成就战略大事。

那么，从商业竞争与发展视角，该怎么理解呢？

11.8.2 商解

（1）**“是故不知诸侯之谋者，不能预交；不知山林、险阻、沮泽之形者，不能行军；不用乡导者，不能得地利。”**从商业竞争与发展视角来看，不了解竞争对手的战略企图，就不要与其合作或结成联盟；不详细了解原材料以及其他关键战略性资源采购与供应状况的国家或区域，不能贸然投资建厂；没有熟悉东道国投资环境的人引导，就无法获取物资、人力、金融、政策等各种资源的便利。

（2）**“四五者不知一，非霸王之兵也。夫霸王之兵，伐大国，则其众不得聚；威加于敌，则其交不得合。”** 九种跨国或跨区域竞争策略，对任何一点了解得不够透彻、不够清楚，就不能取得跨国或跨区域竞争与发展的完全胜利。优秀企业的跨国或跨区域竞争与发展迅猛异常，使竞争对手无法或来不及集中竞争力量抵御，也无法与其他竞争对手联盟。

（3）**“是故不争天下之交，不养天下之权，信己之私，威加于敌，故其城可拔，其国可隳。”** 因此，跨国竞争与发展的企业要多多凝聚与爱护自己企业的员工，提高自身的竞争实力；实施破格奖励制度和超常规的机制，领导全员犹如指挥一个人，上下同欲，协同努力，赢得竞争、取得全胜。

（4）**“施无法之赏，悬无政之令，犯三军之众，若使一人。犯之以事，勿告以言；犯之以利，勿告以害。投之亡地然后存，陷之死地然后生。夫众陷于害，然后能为胜败。”** 选拔身体素质好、业务能力强、吃苦耐劳、勇于克服困难和接受挑战并愿意接受严格考核的员工，作为跨国竞争的开拓前锋，离开祖国而深入他国工作。在严格考核和丰厚的奖励制度下，加之他们在东道国内缺少社会关系，难以转换工作和公司，所以会非常努力地工作、积极地夺取胜利！

（5）**“故为兵之事，在于顺详敌之意，并敌一向，千里杀将。此谓巧能成事者也。”** 跨国深入竞争的战略战术，就在于对竞争对手进行翔实严谨的调查分析基础上，集中资源能力指向竞争对手相对薄弱的一点，作为主攻方向进行持续饱和式攻击，并不断扩大战略成果以取得竞争优势。这便是战略智慧能够成就战略大事的体现。

11.8.3 问对

陈德智问企业家：陈德智的解读，是否切合实际？您还有哪些纠正与补充？

李巍：陈老师的解读非常切合实际。企业在跨国或跨区域竞争中，对企业管理者确实提出了很高的要求和挑战，例如：需要对竞争对手的情况进行充分的调研、建立稳定的供应链体系、选拔合适的员工并打造合理的管理激励机制、充分了解所面对的竞争环境并采取合适的策略等。只有做到这些，企业才有可能快速高效地赢得跨区域竞争的优势，并取得最终的胜利。

11.9 始如处女，敌人开户；后如脱兔，敌不及拒：沉静保密、进攻迅速

孙子曰：**是故政举之日，夷关折符，无通其使，厉于廊庙之上，以诛其事，敌人开阖，必亟入之，先其所爱，微与之期，践墨随敌，以决战事。是故始如处女，敌人开户；后如脱兔，敌不及拒。**

11.9.1　原解

“政举之日”是指决定实施战争的那一天。“夷关折符”，“夷”是平的意思，引申为“铲平、去除”，意味着要封锁关口，废除通行符证。“无通其使”是指停止与敌对国的使节往来。“践墨随敌，以决战事”是指要根据敌情的变化而灵活处置。

这一段的意思是说：当决定发动战争的时候，就要封锁关口，废除以往的通行符证，停止与敌国的使节往来。在庙堂上反复分析、研究，制定战争计划方案。要密切注意敌人的动向，一旦发现敌人有可乘之机，就要迅速乘虚而入。首先要夺取敌人最要害的地方，而不要同敌人约期交战。实施计划要随着敌情以及战争环境的变化而不断调整、改变，以求战争的胜利。所以，战争开始时要像处女一样沉静，不露声色，使敌人放松戒备。当出现可乘之机时，要立即发起进攻，并且行动要迅速，要像逃跑的兔子那样迅速，使敌人来不及抵抗。

那么，从商业竞争与发展视角，该怎么理解呢？

11.9.2　商解

商业竞争是长期的，也是每时每刻都在进行的，因此，企业要时刻注意战略情报、战略信息的保密工作，同时注重对竞争对手与市场环境的情报收集与分析，一旦发现有利于公司战略目标实现的时机，就要立即行动！平素要保持低调平和的姿态，对同行竞争对手或潜在竞争对手友好和善。一旦出现市场机会，就要立即行动，以赢得竞争！

11.9.3 问对

陈德智问企业家：陈德智的解读，是否切合实际？您还有哪些纠正与补充？

张诚泉：我比较认同陈教授的观点。确实，很多成功的企业都有秘密的商业计划，它们不露声色地收集市场情报，分析客户需求，寻求新的市场机会。对于研发中的新产品和新项目，它们往往使用代号进行命名，并保持绝对保密状态。待市场机会一旦成熟，它们则迅速将准备好的产品推向市场，一举获得成功。

李巍：陈老师的解读非常切合实际。

学者与企业家问对

第12章 火攻篇

火攻，在冷兵器时代，已被视为战争中的一种特殊而有效的进攻手段。尽管它常常作为辅助进攻的手段，但其重要性不容忽视。火攻篇主要论述了火攻的种类、实施及条件方法：①将火攻划分为“火人，火积，火辎，火库，火队”五种，并提出实施火攻所需的天时条件；②提出“凡火攻，必因五火之变而应之”的内外呼应策略；③指出火攻比水攻更高明，因为火攻可以直接削弱敌人的实力；④篇末强调了君王与将帅对待战争要持慎重态度，并提出了“主不可以怒而兴师，将不可以愠而致战”的慎战思想，这一思想已成为人类军事科学中的至理名言。

孙子曰：凡火攻有五：一曰火人，二曰火积，三曰火辎，四曰火库，五曰火队。

行火必有因，烟火必素具。发火有时，起火有日。时者，天之燥也；日者，月在箕、壁、翼、轸也。凡此四宿者，风起之日也。

凡火攻，必因五火之变而应之。火发于内，则早应之于外。火发兵静者，待而勿攻；极其火力，可从而从之，不可从而止。火可发于外，无待于内，以时发之。火发上风，无攻下风。昼风久，夜风止。

凡军必知有五火之变，以数守之。

故以火佐攻者明，以水佐攻者强；水可以绝，不可以夺。

夫战胜攻取，而不修其功者，凶，命曰“费留”。故曰：明主虑之，良将修之。非利不动，非得不用，非危不战。

主不可以怒而兴师，将不可以愠而致战；合于利而动，不合于利而止。怒可以复喜，愠可以复悦，亡国不可以复存，死者不可以复生。故明君慎之，良将警之，此安国全军之道也。

12.1　火人、火积、火辎、火库、火队：商业竞争中的类似火攻策略

孙子曰：凡火攻有五：一曰火人，二曰火积，三曰火辎，四曰火库，五曰火队。

行火必有因，烟火必素具。发火有时，起火有日。时者，天之燥也；日者，月在箕、壁、翼、轸也。凡此四宿者，风起之日也。

12.1.1　原解

孙子说，火攻有五种目标：一是焚烧敌军的人马，二是焚烧敌军的粮草积聚，三是焚烧敌军的辎重，四是焚烧敌军的仓库，五是焚烧敌军的交通要道以及运输设施。实施火攻必须具备一定的条件，发火器材必须经常准备好。发火还要选择有利的时候，起火要选准有利的

日期。所谓有利的时候，指的是天气干燥；所谓有利的日期，是指月亮运行到“箕”“壁”“翼”“轸”这四个星宿的位置，因为月亮运行到这四个星宿位置时，往往就是起风的日子。

那么，从商业竞争与发展视角，该怎么理解呢？

12.1.2 商解

商业竞争中的广告轰炸类似于“火攻”。比如，通过具有吸引力的高频次广告招聘人才，可以吸引更多的人才应聘，从而显著降低同行其他竞争企业的应聘人才数量；若有针对性地投放招聘广告，则将吸引竞争对手企业的人才应聘，直接导致竞争对手人才的流失；这类似于“火人”。另外，通过高频次的产品营销广告，可以像猛火一样阻断竞争对手的产品销售渠道，快速降低竞争对手的产品销售量；这类似于“火队”（“队”通“隧”，即隧道）。

实施这种“火攻”式的广告策略，也需要选择有利的时机，比如考虑季节、产业政策、技术发展、市场发展、人力资源发展等因素。

12.1.3 问对

陈德智问企业家：陈德智的解读，是否切合实际？您还有哪些纠正与补充？

贾少谦：德智教授的商解非常切合实际！将火攻比喻为商业中的广告策略非常贴切。

张诚泉：将火攻比作商业中的广告造势，确实非常贴切。两者的共同特点是都需要借助有利的“顺风”（即市场趋势或消费者心理），快速传播，以塑造企业的品牌和知名度。与此同时，还能吸引人才、金融等各种资源加入企业中来，帮助企业迅速成长，超越竞争对手。

李巍：陈德智老师的解读简练清晰，非常切合实际。广告轰炸的确类似战场上的火攻，运用得当的话，可以在极短的时间内取得相当大的战果。就如当年为了抢夺纯净水的市场份额，农夫山泉密集营销“我们不生产水，我们只是大自然的搬运工”，这一广告语暗示矿泉水比纯净水更自然、更健康。在使品牌迅速进入消费者心智的同时，也极大地打击了消费者对纯净水的认可度，很快就击败了众多纯净水厂商，成为瓶装水领域的领军企业，这可谓火攻的商业典范。

12.2　凡火攻，必因五火之变而应之：火借风势，内外相应

孙子曰：凡火攻，必因五火之变而应之。火发于内，则早应之于外。火发兵静者，待而勿攻；极其火力，可从而从之，不可从而止。火可发于外，无待于内，以时发之。火发上风，无攻下风。昼风久，夜风止。凡军必知有五火之变，以数守之。

12.2.1 原解

凡用火攻，必须根据上述五种火攻方式所造成的情况变化，适时地调配兵力加以策应。若从敌人内部放火，就应及早派兵从外部策应。火势已起，而敌军仍能保持镇静的，应观察等待，不宜马上进攻；等火势烧到最旺的时候，视情况可以进攻就进攻，不可以进攻就停止。火也可以从外部放，此时不必等待内应，只要时机和条件成熟即可实施火攻。若火发于上风处，则不可从下风处进攻。白天风刮久了，夜晚风通常会停止。军队必须精通五种火攻方法的变化运用，等候条件具备，然后实施火攻。

那么，从商业竞争与发展视角，该怎么理解呢？

12.2.2 商解

在商业竞争与发展的活动中，拟采取类似于孙子兵法所提出的火攻策略时，要进行系统的分析与策划，主要是根据发起火攻所产生的效果及环境的变化来制定相应的应对策略。比如，采取广告策略时，要预测广告效果，并做好产品质量、生产、销售等方面的准备，同时考虑竞争对手的反应和环境的变化，制定相应的应对策略。孙子提出，火攻可以从内部发起也可以从外部发起，主张内外协同。在商业竞争中，这可以理解为吸引人才时，可以先在竞争对手内部传播吸引人才的政策，观察效果，如果效果好，再从外部进行广告轰炸。

无论是实施产品销售广告还是竞争人才广告，都需要借助外部势能，顺势而为。为取得更好的效果，需要做好各种准备，即“蓄形”，待环境有利之势发展到最佳时机时，进行“造势”并抓住时机发起广告轰炸性攻击。

12.2.3　问对

陈德智问企业家：陈德智的解读，是否切合实际？您还有哪些纠正与补充？

张诚泉：我个人认为目前的互联网营销策略非常符合“火借风势，内外相应”的原则。企业通常通过互联网平台与用户互动，将上市前产品的功能和特点与用户频繁交流，在获得真实市场反馈的同时，通过“众筹”的方式让潜在用户下预订单。待时机成熟后，推出一款“爆品”，以超乎预期的极低价格或超级功能，迅速吸引全网关注，形成火势，让网络市场充分燃烧。一举将公司的品牌打响后，再推出一系列主流产品，以获取更多利润。

陈德智：诚泉董事长以互联网营销为例诠释了“凡火攻，必因五火之变而应之”在商业竞争中的运用，更加易于理解！

李巍：陈老师的解读言简意赅，我非常认同。商战中的广告营销和战争中的火攻一样，都只是实现战略目的的手段。要保证战略目标的最终实现，必须审时度势并提前做好各种准备，这样才能发挥火攻的最佳效果。现实中，只重视广告营销，却忽视产品质量或在广告效果最佳时机产品供应不足的商业案例比比皆是。或许我们可以从孙子兵法以及陈德智老师的商解中汲取更多的智慧，以减少或避免此类错误的发生。

陈德智：在商业竞争与发展的活动中，拟采取类似于孙子兵法所提出的火攻策略时，要进行系统的分析与策划，主要是根据发起火攻所产生的效果及环境的变化来制定应对方案与策略。如果采取火攻效果非常好，则要在保证产品质量与交期、服务等前提下，快速响应，以取得火攻的最大战果并扩大绩效；如果火攻效果不佳，则要做好应对策略，以避免因过多库存而造成严重损失。

12.3 以火佐攻者明，以水佐攻者强：火攻策略与水攻策略的比较

孙子曰：**故以火佐攻者明，以水佐攻者强；水可以绝，不可以夺。**

12.3.1 原解

用火辅助进攻，效果显著，用水辅助进攻，攻势必能加强。水能够阻隔敌人，但不能像火那样直接削弱敌人的实力。

火攻与水攻都是攻击手段，但攻击效果不一样。李零认为："两者都重要，都是有效的攻击手段，但火攻比水攻更积极有效。孙子兵

法没有水攻，只有火攻，原因可能在这里。”[1]

那么，从商业竞争与发展视角，该怎么理解呢？

12.3.2 商解

在商业竞争中，水攻在产品或服务的销售中，是经常使用的策略，比如我们都熟悉的营销策略“市场渗透”“市场冲击”等。

采取类似于火攻的广告轰炸，对于阻绝竞争对手的销售渠道确实有效，但采取类似水攻的市场冲击，对于阻隔竞争对手的销售渠道也是非常有效的，比如著名的“双 11”线上销售，恰如山洪暴发，将线下实体店与客户的通道给生生地隔开，造成许多实体店只好到淘宝上开设线上店铺。

12.3.3 问对

陈德智问企业家：陈德智的解读，是否切合实际？您还有哪些纠正与补充？

张诚泉：火攻和水攻的比喻非常形象。水攻更像是一种防守型的攻击，可以通过市场冲击策略阻断竞争对手的已有销售渠道，或者通过市场渗透策略消减竞争对手的已有市场份额。

陈德智：诚泉董事长说得好！孙子兵法没有专门的水攻篇，只在火攻篇中提及水攻，且是与火攻相比较而言。孙子认为“水可以绝，

---

[1] 李零著. 兵以诈立：我读《孙子》，北京：中华书局，2012 年版第 348 页。

不可以夺”，这是和火攻相比较而言的。水不像火那样，销毁敌人的资源能力时可谓瞬间灰飞烟灭。水（通过江河）不仅可以隔绝敌人进攻通道或运输渠道等，也可以通过决开江河的水主动发起攻击，但水攻不如火攻方便，只能在具备特定条件下才可以发起。

李巍：陈德智老师的解读非常切合实际。企业管理者需要了解和熟悉商业竞争中的各种竞争策略，并根据现实的竞争格局采取合适的打法。

褚轶群：陈德智老师的商解很切合实际。我赞同陈教授的观点，灵活运用不同的商业竞争策略，而不是单纯地依靠广告营销攻势，能更好地适应不同竞争环境并获取优势。

火攻和水攻，按照这两者的特性，从另一个角度看，在商业竞争中或许也可以解读为主动出击破局和顺应环境布局两种策略方向。

火攻，例如陈老师提及的广告轰炸策略，就是非常典型且有效的主动出击方式，能够打破僵局，像火一样推动业务发展，提升品牌知名度和市场份额。这在传统商业中已被屡次证明其威力，甚至因此形成了广告行业这一庞大的商业领域，也是互联网行业流量变现的三大核心方向之一。

水攻策略则是借势布局、顺水推舟的典范。比如拼多多的崛起就是在阿里巴巴和京东几乎瓜分了大部分平台电商市场份额的竞争环境下，拼多多敏锐地抓住了供给侧过剩的大势，利用供需错配，极致满足消费者对于性价比的追求，在几乎是红海的实物电商市场中打开了一片新天地，甚至后来居上，堪称是借势水攻的经典案例。

12.4　主不可以怒而兴师，将不可以愠而致战：慎重是竞争的基本原则

孙子曰：夫战胜攻取，而不修其功者，凶，命曰“费留”。故曰：明主虑之，良将修之。非利不动，非得不用，非危不战。

主不可以怒而兴师，将不可以愠而致战；合于利而动，不合于利而止。怒可以复喜，愠可以复悦，亡国不可以复存，死者不可以复生。故明君慎之，良将警之，此安国全军之道也。

12.4.1　原解

凡打了胜仗，攻取了土地、城池，却不能够巩固胜利，这是极危险的，这种情况就叫作“费留”。费留，意思是浪费资源。

钮先钟先生在《孙子三论》中，通过对项羽和韩信进行比较，阐释了“费留”的概念。在楚汉战争中，项羽虽然历经七十二战，战无不胜，但他每次战胜后都留下隐患，而未能彻底消灭敌人，最终导致了他的败亡。而韩信则深知扩张战果的重要性，每次获胜后必作猛烈的追击，使敌人无喘息之机，彻底消灭敌人的有生力量。

李自成“不战”而攻陷北京，可算是取得了“胜”，但却没有稳固北京、征服吴三桂，最终导致清兵入关、政权倾覆。

因此，明智的君王一定要慎重地考虑这个问题，优秀的将领也必须认真处理这个问题。

“非利不动，非得不用，非危不战。主不可以怒而兴师，将不可以愠而致战；合于利而动，不合于利而止。”如果不是对国家有利，就不要采取军事行动；没有取胜的把握，就不要随便用兵；不到危急紧迫之时，就不要轻易开战。君王不可凭一时的恼怒而兴兵打仗，将领也不可因一时的怨愤而与敌交战。符合国家利益就行动，不符合国家利益就停止。

“怒可以复喜，愠可以复悦，亡国不可以复存，死者不可以复生。故明君慎之，良将警之，此安国全军之道也。”恼怒可以重新欢喜，怨愤可以重新高兴，但是国家灭亡了就真的不存在了，人死了也不能复生。所以明智的君王对战争一定要慎重，优秀的将领对战争一定要警惕，这是安定国家和保全军队的基本原则。

那么，从商业竞争与发展视角，该怎么理解呢？

12.4.2 商解

（1）**“夫战胜攻取，而不修其功者，凶，命曰“费留”。故曰：明主虑之，良将修之。”**无论是采取火攻还是采取其他战略行动取得胜利，如果不能够扩大和巩固胜利成果，都可能会带来失败的危险。公司董事长和总经理要认真思考研究、慎重对待这一问题。这一篇讲的是火攻，所以，我们举个广告轰炸的例子——标王秦池酒的兴衰。

1994 年，央视将黄金时段广告位拿出来进行全国竞标，中标企业还会获得一个“威震江湖”的名字“标王”。1995 年 11 月 8 日，姬长孔揣着 0.3 亿元来到了央视梅地亚中心。对他来说，这场竞标跟“沈阳战役”打法并无本质的不同。只是面对一个更大的市场和一个更能制造轰动的机会，标底也应该更惊人。0.3 亿元，是秦池酒厂 1993 年一年利税的总和，相当于三万吨白酒的价值，足以淹没这个豪华的竞标会场，却未必能胜券在握。姬长孔连夜与临朐方面联系，得到了当地政府的大力支持。经过一系列的密谋，一个新的标底终于浮出水面。唱标结束，山东秦池酒厂以 6666 万元竞得“标王”！“标王”就此诞生，镁光灯和记者簇拥而来，一时间，秦池、临朐成了众人关注的热点。

1995 年，西安、兰州、长沙等重点市场被陆续攻下，秦池酒的销售额也连续翻番，当年年底组建了以秦池酒厂为核心的秦池集团。1996 年，根据秦池对外通报的数据，当年企业实现销售收入 9.8 亿元，利税 2.2 亿元，增长了五到六倍，“标王”给秦池带来了市场，创造了一个企业神话。㊀

1996 年 11 月 8 日，姬长孔再次来到梅地亚，以 3.2 亿元的超重炮再次夺取“标王”。一个县城企业，喊出了 3.2 亿元的竞标天价！二夺央视“标王”后，舆论界对秦池的质疑铺天盖地而来：秦池准备如何消化巨额广告成本？秦池到底有多大的生产能力？广告费会不会转嫁到消费者身上？1997 年 1 月，当姬长孔兴冲冲地赴北京领取“中国企业形象最佳单位”奖的时候，《经济参考报》刊出一条爆炸性新闻。该报记者调查发现，秦池在山东的基地每年只能生产 3000 吨原

㊀ 龙复生．“标王”秦池陨落再思考，决策与信息，2010 年第 9 期第 70–71 页。

酒，根本无法满足市场的翻番需求，因此，该厂从四川的一些酒厂大量收购原酒，运回山东后进行“勾兑”。“秦池勾兑川酒”的报道给秦池带来了重创，它像滚雷般地传播到了全国各地，引起舆论一片哗然。原来，就在秦池蝉联中央台“标王”的同时，多位记者便开始了对秦池的暗访调查。经过调查，一个从未被公众知晓的事实终于尴尬地浮出了水面：秦池每年的原酒生产能力只有3000吨左右，他们从四川收购了大量的散酒，再加上本厂的原酒、酒精，勾兑成低度酒，然后以“秦池古酒”“秦池特曲”等品牌销往全国市场。在新闻媒体的一片批评声中，消费者迅速表示出对秦池的不信任，秦池的市场形势全面恶化。

1997年3月，秦池又遭“连阴雨”。在成都春季糖酒交易会后，有经销商反映秦池酒瓶盖发黄变烂，并发出恶臭，许多消费者要求退货。3个月后，秦池的销售量一落千丈，销售收入比上年锐减了3亿元，实现利税下降了0.3亿元。1998年1月至4月，秦池酒厂的销售收入比上年同期减少了0.5亿元，全年亏损已成定局。1998年3月后，秦池停掉了在央视的一切广告。秦池模式成为转瞬即逝的泡沫，产品大量积压，广告费无从着落。昔日的“标王”，不得不以每瓶0.9元的价格销售积压存货。

随着衰落，秦池淡出了媒体和人们的视野。

孙子曰：**“夫战胜攻取，而不修其功者凶，命曰‘费留’。故曰：明主虑之，良将修之。”**在商业竞争中，同样需要谨记这一原则，不仅要取得胜利，更要巩固和扩大胜利成果，避免“费留”之败。

（2）**“非利不动，非得不用，非危不战”**。如果没有战略利益，就不要进行价格战；如果没有把握取得竞争胜利并获取战略利益，同样不要打价格战；而且，如果价格战不直接关系到企业的生死存亡，那么也不应该轻易涉足。简而言之，不要随意发动或跟进价格战。

（3）**“主不可以怒而兴师，将不可以愠而致战；合于利而动，不合于利而止。怒可以复喜，愠可以复悦，亡国不可以复存，死者不可以复生。故明君慎之，良将警之，此安国全军之道也”**。这段话告诫我们，董事长不能因为一时的愤怒而轻率发动价格战，总经理也不能因为心情不好就发动或跟进价格战。而应该根据公司的战略目标来行动，符合公司战略目标、能够取得战略利益就实施战略行动，不符合公司战略目标、不能够取得战略利益就停止战略行动。

无论是董事长还是总经理，恼怒和不悦都是暂时的，可以重新欢喜和高兴起来，但是，公司一旦倒闭就难以重建，遭受的巨大损失也难以挽回。所以，明智的董事长和总经理对发动和跟进价格战一定要慎重，对激烈的价格战一定要保持警惕，这是保障公司健康发展的基本原则。

12.4.3　问对

陈德智问企业家：陈德智的解读，是否切合实际？您还有哪些纠正与补充？

贾少谦：在海外并购中，一直存在一个“七七定律”，即 70% 的并购没有实现预期的商业价值，而其中又有 70% 失败于并购后的整合。花费了大量资金、资源与时间精力，但却因为忽视了并购后的整合而无法实现并购目的，最终造成并购失败。这恰似孙子所说："夫战胜攻取，而不修其功者，凶，命曰'费留'。"海信非常重视并购后的整合工作，整合过程中确实存在很多困难，海信能做的就是始终尊重当地文化，履行社会责任，充分给予当地员工以信任和支持，用好原有的团队，并做好激励机制的调整，为他们注入活力和创新力。海信用中国式的管理力量去引领这些企业的发展，进而推动海信全球化发展的步伐。

全球化是大势所趋，关乎企业的未来。在全球化征程中，海信始终认为，全球化必须是产品研发、制造、品牌和营销等全方位的全球化。如今，海信已在北美、欧洲、南非等地建立起具备独立研发、制造、销售能力的区域中心，并在去年（2022年）成立东盟区总部，不断发力东南亚市场区域中心的建设。在这个过程中，海信有两件事做得很有特色：一是发力体育营销，建设自主品牌；二是连续成功开展国际并购。前者已经成为中国制造业、中国品牌迈向世界的现象级事件；后者则展现出海信果断的产业并购魄力和高效的跨文化整合能力。

陈德智：少谦董事长以海信连续国际并购后成功整合的经验，实现了孙子提出的"修其功"的理念。少谦董事长具有非常丰富的并购整合经验。据"海信史"记载，2006年12月14日海信集团完成对科龙的收购后，少谦即被海信集团总部任命为科龙副总裁来到科龙，承担极具挑战的文化整合任务。"这是海信历史上的第一次大型收购，虽然发生在国内，但也是一个跨文化收购，广东文化和山东文化的差异太大了。”时任海信集团董事长的周厚健说，“世界上并购案但凡成功的，都是首先重视了文化认同与整合。海信重组科龙的成败也关键在于文化的整合能否成功。”

张诚泉：我非常认同陈教授的解读。企业管理者务必避免情绪化决策，在竞争对手挑起价格战时应避免本能性地冲动跟进。因为价格战往往没有赢家，最终形成双输局面。面对价格战，企业管理者必须按照公司的战略意图谨慎决策。

陈德智：“慎战”是孙子兵法的基本战略原则。

李巍：陈德智老师的解读非常切合实际。做商业决策时，企业家必须慎重。一方面需要全面权衡利弊、做好风险管理，切不可只见其“利”不见其“害”；另一方面需要沉着镇定、理性决策，不可意气用事。

陈德智：李巍董事长的观点很有价值！

学者与企业家问对

第13章 用间篇

用间篇是孙子兵法的最后一篇，主要讲情报获取的途径与方法：①指出“成功出于众者，先知也”，强调战争情报的重要性；②提出情报获取有“因间，内间，反间，死间，生间”五种渠道；③阐述情报人员的任用、信任与激励机制及策略；④论述以“反间”为核心的五种情报获取渠道的关系；⑤提出“能以上智为间者，必成大功”。

孙子非常重视情报，认为不仅要做到“全知”，即“知彼知己、知天知地”，还必须做到“先知”。在用间篇中，他提出“先知”的科学论断：“不可取于鬼神，不可象于事，不可验于度，必取于人，知敌之情者也。”因此，孙子高度重视对情报人员的选拔与激励。曹操等注曰：战者，必用间谍，以知敌之情实也。把情报纳入战略思想体系，孙子堪称战略思想史上的第一人。

孙子曰：凡兴师十万，出征千里，百姓之费，公家之奉，日费千

金；内外骚动，怠于道路，不得操事者七十万家。相守数年，以争一日之胜，而爱爵禄百金，不知敌之情者，不仁之至也，非人之将也，非主之佐也，非胜之主也。故明君贤将，所以动而胜人、成功出于众者，先知也。先知者，不可取于鬼神，不可象于事，不可验于度，必取于人，知敌之情者也。

故用间有五：有因间，有内间，有反间，有死间，有生间。五间俱起，莫知其道，是谓神纪，人君之宝也。因间者，因其乡人而用之。内间者，因其官人而用之。反间者，因其敌间而用之。死间者，为诳事于外，令吾间知之，而传于敌间也。生间者，反报也。

故三军之事，莫亲于间，赏莫厚于间，事莫密于间。非圣智不能用间，非仁义不能使间，非微妙不能得间之实。微哉微哉，无所不用间也！

间事未发而先闻者，间与所告者皆死。凡军之所欲击，城之所欲攻，人之所欲杀，必先知其守将、左右、谒者、门者、舍人之姓名，令吾间必索知之。必索敌人之间来间我者，因而利之，导而舍之，故反间可得而用也。因是而知之，故乡间、内间可得而使也。因是而知之，故死间为诳事，可使告敌。因是而知之，故生间可使如期。五间之事，主必知之，知之必在于反间，故反间不可不厚也。

昔殷之兴也，伊挚在夏；周之兴也，吕牙在殷。故惟明君贤将，能以上智为间者，必成大功。此兵之要，三军之所恃而动也。

13.1 成功出于众者，先知也：成功在于先知，要非常重视战略情报

孙子曰：凡兴师十万，出征千里，百姓之费，公家之奉，日费千金；内外骚动，怠于道路，不得操事者七十万家。相守数年，以争一日之胜，而爱爵禄百金，不知敌之情者，不仁之至也，非人之将也，非主之佐也，非胜之主也。故明君贤将，所以动而胜人、成功出于众者，先知也。先知者，不可取于鬼神，不可象于事，不可验于度，必取于人，知敌之情者也。

13.1.1 原解

孙子说：凡兴师十万，千里征战，百姓（是指有姓氏的贵族家庭）的耗费，国家（王廷）的开支，每天要花费千金，导致全国上下动荡不安，民众服徭役，疲惫地奔波在道路上，无法安心从事耕作的家庭多达 70 万家。战争双方相持数年，只为争夺一日之胜，如果因为吝啬爵禄和金钱而不重用间谍，以至于因不知敌情而遭受失败，那实在是不懂得仁爱到了极点！这样的人，不配为将帅，不是君王的好助手，也不是胜利的主宰者！英明的君王，优秀的将帅，他们之所以战必胜，成功地超出众人之上，其关键就在于事先了解敌情。而要事先了解敌情，不可用迷信鬼神和占卜等方法，不可用过去相似的事情作类比，也不可用观察日月星辰运行位置去验证，一定要从了解敌情的

人那里去获得。

孙子在这一段主要强调，要想胜利，必须做到“先知”；而要做到“先知”，必须依靠知敌情者获取准确的情报，不能依赖鬼神，也不能完全依赖于以往的经验推演。因此，要特别重视情报，要在情报获取上舍得投入，包括金钱和爵位。

那么，从商业竞争与发展视角，该怎么理解呢？

13.1.2　商解

企业在生存与发展的道路上，不仅会面临来自其他企业的竞争，还会受到来自政治、经济、金融、科技、市场、人力资源、社会文化等多方面的影响。因此，要想实现持续健康的发展，企业必须对竞争与发展进行持续不断的人力、物力等大量投资。如果企业无法掌握竞争与发展的主动权而失去发展机会和发展空间，导致被淘汰出局、破产倒闭。其根本原因在于企业不重视竞争与发展情报的获取与分析研究，导致不了解竞争环境与竞争对手的变化，以及社会与市场的发展现状与趋势，从而盲目投资或投资不足。这样的企业不仅浪费了社会资源，而且其企业家也实在是不懂得仁爱到了极点！不配为公司董事长和总裁！

英明的董事长和优秀的总经理之所以能够持续创造竞争优势，使企业持续健康发展，成功地超出众人之上，关键在于他们事先了解了竞争对手与竞争环境。而要事先了解竞争对手与竞争环境，不能依靠迷信鬼神和占卜等方法，也不能用过去相似的事情作类比，更不能用观察日月星辰运行位置去验证。正确的做法是从了解竞争对手的人那里去获得有价值的情报。

情报是企业第一位的资源，情报不准确、不及时或者非有效利用等，都将导致企业如同盲人骑瞎马。因此，及时挖掘、获取、把握和正确使用情报，将是企业战略实现的第一资源保障。

钮先钟先生认为："凡是不重视情报获取与研究的企业，必然会走向没落的途径，最终将被淘汰出局。"㊀

据统计，美国《幸福》杂志全球500强企业的前100名企业和美国90%的公司均拥有自己的竞争情报机构㊁。日本索尼公司总裁也曾表示："本公司之所以名扬全球，靠的是两手：一是情报，二是科研。"㊂

商业情报对企业的生存与发展至关重要！

由于并购活动对企业的战略和财务绩效具有重大的影响，因此无论并购交易的规模大小，充分的尽职调查都是必需的！

TCL并购阿尔卡特手机业务时，TCL移动管理层认为该公司员工不到1000人，而且没有工厂，只有研发和营销体系，所以没有进行事无巨细的尽职调查，省下几百万欧元的咨询费并自己设计了收购方

㊀ 钮先钟著．孙子三论：从古兵法到新战略，桂林：广西师范大学出版社，2003年版第269页。

㊁ 刘宝亮．从商海"谍报"中"淘金"，中国经济导报，2005年11月1日第B01版。

㊂ 廖亚菱．竞争情报：现代企业赢得竞争优势的重要资源，商业研究，2003年第12期第98-100页。

案。然而，这一决策导致并购后经营中出现诸多没有预料到的问题，造成由TCL占55%股权的合资T&A公司陷入严重失控状态。TCL原本期望通过并购阿尔卡特掌握手机核心技术，依托中国低成本制造优势，成为世界领先的手机研发制造公司，即“中国的低成本”加上“阿尔卡特的技术”，会促成TCL手机的跨越式发展，但这一愿景终成泡影。

阿尔卡特在欧美的研发能力是此次并购的核心价值，媒体曾对此大肆宣传，称“TCL手机可以借势对方研发能力”。但李东生很快发现承受不起，因为TCL原有产业经营的利润贡献，根本不足以维持这个研发体系的成本。有阿尔卡特人士曾算过一笔账，按最初的协议，700多名阿尔卡特员工将转入合资公司，以阿尔卡特原来的高薪酬福利标准，月支付近1万欧元/人，即每月的人力成本高达700万欧元。也就是说，仅8个月就能将TCL并购时投入的5500万欧元耗尽！T&A公司在2004年亏损2.89亿港元，2005年第一季度又亏损3.099亿港元。

2005年1月，面对陷入绝境的T&A，李东生决定缩小规模，锁定大运营商，进行生产自救，手机业务不再追求进入“第一方阵”，而是确保现金为王。他随即组建了一个谈判小组，明确将阿尔卡特是否同意重新安置其欧洲员工作为谈判的关键点。谈判小组下了不成功就让T&A破产的决心，大有“置之死地而后生”的悲壮气概！最终迫使阿尔卡特妥协，同意在未来一年内分批接收T&A中来自阿尔卡特的欧洲员工，并同意将45%的股权转换为TCL通讯4.8%的股权，从最初的合资方转变为战略投资者。将欧洲员工退还给阿尔卡特后，TCL通讯每年可节省5000多万欧元，同时，研发成本也大幅降低，一款手机的研发费用在重组后仅为重组前的1/4。更重要的是，TCL可以按照自己的思路经营海外业务。

陈飔认为：作为一个企业组织，TCL缺乏起码的商业情报机制和流程，导致决策的战略、战术都失去了依据。最终致使TCL在跨国并购过程中如同盲人骑瞎马，夜半临深池，失败是必然。㊀

孙子曰：**“相守数年，以争一日之胜，而爱爵禄百金，不知敌之情者，不仁之至也，非人之将也，非主之佐也，非胜之主也。……先知者，不可取于鬼神，不可象于事，不可验于度，必取于人，知敌之情者也。”**这段话深刻地揭示了TCL并购失败的根本原因——缺乏足够的情报和对被收购方的深入了解。

13.1.3 问对

陈德智问企业家：陈德智的解读，是否切合实际？您还有哪些纠正与补充？

贾少谦：战略情报研究是战略管理体系中的一项基础保障性职能。其研究范围不仅限于市场环境，还包括社会环境和其他各种环境；战略情报的工作不仅要调查分析正在发生的变化，还要预见可能发生的变化。

㊀ 陈飔．从TCL败走麦城说企业情报文化，软件工程，2008年第1期第52-54页。

陈德智： 好！

张诚泉： 处在细分行业的中小企业往往规模较小，没有独立的情报部门。正因为行业规模不大，行业中的相关人员易于互相结识。通过与客户、竞争对手、相关机构等人员广交朋友，培养线人，不失为一种有效的情报收集渠道。通过对行业发展趋势、技术演进、竞争对手动态、行业人才境况等竞争环境进行持续而密切的观测，可以帮助企业获得竞争的主动权。因此，人才的争夺尤其重要。企业的人事部门通常会密切观察本行业内关键人才的动向，等待时机主动出击获取人才。

陈德智： 诚泉董事长介绍了中小企业在战略情报调查研究方面的经验，希望对读者从商业竞争与发展视角阅读理解本节内容具有切实的帮助！

李巍： 陈老师的解读非常切合实际，全面而准确的情报收集是企业家做出准确决策、制定合适战略的基础，因此企业必须重视情报工作。

陈德智： 好！

褚轶群： 我认同陈教授关于商业情报重要性的解读。进一步引申开来，情报并不仅仅是行业动向，也包括经济环境、国家政策、科技突破、产业链动向，乃至跨行业动态。某种意义上，情报代表了企业和企业高层管理者的眼界，也决定了企业业务的边界。现代企业在达到一定规模后，往往都会成立具有情报职能的部门，有的职能在战略部，有的在行业研究部，有的在投融资部，有的在商业分析部，名称虽有不同，但基本都会给予较高职级的人才配置，重视程度可见一斑。

陈德智：我认同轶群总裁的观点："某种意义上，情报代表了企业和企业高层管理者的眼界，也决定了企业业务的边界。"

13.2 因间，内间，反间，死间，生间：情报获取渠道

孙子曰：故用间有五：有因间，有内间，有反间，有死间，有生间。五间俱起，莫知其道，是谓神纪，人君之宝也。因间者，因其乡人而用之。内间者，因其官人而用之。反间者，因其敌间而用之。死间者，为诳事于外，令吾间知之，而传于敌间也。生间者，反报也。

13.2.1 原解

使用间谍有五种方式：有因间，有内间，有反间，有死间，有生间。若能将这五种间谍同时运用，便能使敌人无法捉摸与应对，这是一种神妙莫测的策略，也是君王制胜敌人的法宝。所谓因间，是指利用敌国乡里掌握一乡之政的基层官员作为间谍。所谓内间，是指收买敌国的官吏或王公贵族身边的随从、亲信、贴身服侍等作为间谍。所谓反间，是指收买或利用敌方派来的间谍为我方效力。所谓死间，是指故意将虚假情报泄露给敌人，若当即被揭穿或事后验证为虚假，则送情报者会被处以重罚或处死。所谓生间，是指派往敌方侦察后能活

着回来报告敌情的人。

孙子在这一段详细阐述了获取情报的五种间谍渠道，并特别提出了五种间谍同时启用的情报渠道组合策略，以形成完善的情报网，确保对敌情报的先知先觉。

那么，从商业竞争与发展视角，该怎么理解呢？

13.2.2 商解

（1）因间。在商业上，外商可以通过利诱东道国的地方官、协会与学会组织领导干部、其他能够便于了解东道国行业信息以及竞争对手信息、数据的人或机构等，为其提供有价值的信息数据。这些人或机构，常常起到了因间的作用。

（2）内间。在现代商业社会中，有可能起到内间作用的人包括：公司高层管理者身边的人、公司中有才能但不被重用或从高位降职者、打算离开公司另求高就者、大学或咨询机构等有可能被利用为内间。

（3）反间（也称双重间谍）。在现代商业社会中，起到双重间谍作用的个人和组织包括：行业资讯、咨询、服务机构等，私人商业侦探、行业协会、新闻媒体等。

（4）死间。在商业竞争中，可以通过自己公司的某些高级或重要雇员将虚假情报透漏给竞争对手，以达到误导竞争对手的目的。

（5）生间。在工商业中，生间是指一个暂时脱离公司工作的人，到竞争对手的公司工作几年后，再回到原来公司工作的人。人才召回制中，被召回的人才也常常起到了生间的作用。

13.2.3 问对

陈德智问企业家：陈德智的解读，是否切合实际？您还有哪些纠正与补充？

张诚泉：陈教授很形象地解释了商业间谍的种类。

李巍：陈老师的解读通俗易懂，非常切合实际。

我有个问题想请教陈老师：有时候在面试过程中，来自竞争对手公司的面试者也会无意中或在面试官的诱导下泄露一些商业情报。这是否也可以作为一种情报渠道？如果可以的话，属于哪种情报渠道类型？

陈德智：尚未从原公司正式离职的面试者向求职单位面试官透漏原公司机密商业情报的情况，当归属于内间。

13.3 三军之事，莫亲于间，赏莫厚于间，事莫密于间：情报人才的激励

孙子曰：故三军之事，莫亲于间，赏莫厚于间，事莫密于间。非圣智不能用间，非仁义不能使间，非微妙不能得间之实。微哉微哉，无所不用间也！

间事未发而先闻者，间与所告者皆死。

13.3.1 原解

所以在军队人事中，没有比间谍更亲信的，奖赏没有比间谍更优厚的，事情没有比使用间谍更机密的。**“非圣智不能用间”**是说，不是英明睿智的将帅不能有效地使用间谍；**“非仁义不能使间”**是说，不是仁慈慷慨的将帅也不能使用间谍；**“非微妙不能得间之实”**是说，如果不能做到用心精细、手段巧妙，没有很强的分析判断能力的将帅是不能得到真实的情报的。微妙啊微妙！真是无处不可使用间谍啊！若用间的计谋尚未施行就被泄露出去，那么间谍和知道机密的人都要被处死。

那么，从商业竞争与发展视角，该怎么理解呢？

13.3.2 商解

对于竞争情报人才，公司要给予高度的信任和非常有效的激励，并建立严密的保密机制。只有英明睿智、仁慈慷慨的企业家才能有效地使用竞争情报高级人才；只有对情报具有非常强的分析判断能力的企业家，才能做到用心精细、手段巧妙地使用竞争情报高级人才并获得真实有价值的情报。

为了充分发挥情报的“耳目、尖兵、参谋”战略作用，需要对竞争情报人员进行职业教育与培训。美国的“情报教育”不仅拥有情报学专业教育，还有非学位培训教育，甚至是普及性的全民教育。情报界、高校学术界及非政府组织等教育培训主体相互交织，多种培养层次相互补充，形成了纵横交错的情报教育体系。

在英文译名中，“竞争情报（Competitive Intelligence）”中的“情报”使用了“Intelligence”而非“Information”，这意味着竞争情报活动不单纯是信息的传播、报道，还包括更多的智力活动。真正有用的情报必须经过加工分析之后才能应用，而且要真正应用到管理者的决策过程中，才算是真正体现了其价值。竞争情报工作是一系列智力活动的组成。

因此，合格的竞争情报人才需要接受专业教育和综合能力的培训。而总经理和高级经理们也需要接受情报学培训，否则，他们对竞争情报的分析能力会偏低，无法做出客观真实的分析判断。

如今，先进国家的情报系统（如美国CIA）所拥有的各种专家真是多得不可胜数。因此，孙子主张的“以上智为间”实乃一种超时代的远见。良好的情报体系、优秀的情报人才，实为国家安全的必要基础。同样，对于企业竞争与发展而言，良好的竞争情报系统、优秀的情报人才，是企业赢得竞争和健康发展的战略保障。

13.3.3 问对

陈德智问企业家：陈德智的解读，是否切合实际？您还有哪些纠正与补充？

李巍：陈老师的解读非常切合实际。认同情报工作的重要性，就理应尊重情报人员的价值。一方面，企业应该对情报人员进行合理的激励；另一方面，企业应该重视情报人才和情报技巧的培训。

13.4　五间之事，主必知之，知之必在于反间：情报网的核心

孙子曰：凡军之所欲击，城之所欲攻，人之所欲杀，必先知其守将、左右、谒者、门者、舍人之姓名，令吾间必索知之。必索敌人之间来间我者，因而利之，导而舍之，故反间可得而用也。因是而知之，故乡间、内间可得而使也。因是而知之，故死间为诳事，可使告敌。因是而知之，故生间可使如期。五间之事，主必知之，知之必在于反间，故反间不可不厚也。

13.4.1　原解

凡是要攻击的敌方军队，要攻占的敌人城邑，要刺杀的敌方官员，都必须预先了解那些守城将领或主管军官、左右亲信、掌管传达通报的官员、负责守门的官吏以及门客幕僚的姓名，并命令我方间谍务必侦察清楚。

必须搜出敌方派来侦察我军的间谍，根据情况进行重金收买、优礼款待，经过诱导交给任务后放其回去，这样，“反间”就可以为我所用了。从“反间”那里得知敌人情报后，“乡间”和“内间”就可以为我所用。同样，从“反间”那里得知敌人情报，就可以命令“死间”散布我方虚假情报传给敌人。而“生间”则可以根据从“反间”那里得知的敌人情报，按照预定的日期回来报告敌情。君王必须懂得并灵活掌握这五种间谍的组合使用策略，其中的核心关键在于充分有效地利用“反

间”（如图 13–1 所示）。所以，对“反间”不能不给予优厚待遇。

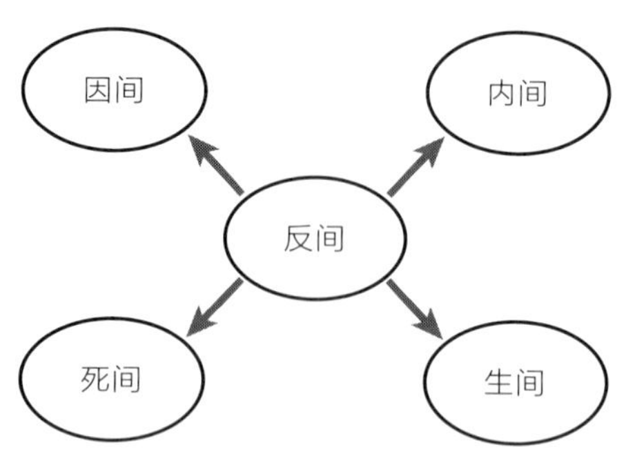

图 13–1　孙子“五间”关系图

那么，从商业竞争与发展视角，该怎么理解呢？

13.4.2　商解

在商业竞争中，同样需要了解竞争对手的各种信息，建立有效的情报网至关重要。若按照孙子提出的情报渠道关系网来建立商业竞争情报网，可以参考 13.2.2 与图 13–1 所展示的基于孙子兵法的竞争情报渠道网。

以 IBM 公司竞争情报体系为例，[㊀] 20 世纪 90 年代初，由于缺乏完善的竞争情报系统，IBM 对加剧变化的市场竞争趋势判断失误，致使公司逐步陷入严重困境。1991 至 1993 年间，公司亏损超过 147 亿美元，成为美国公司历史上最大的净亏损户。在全球电脑市场上的销

㊀ 彭靖里，杨家康，邓云 . IBM 公司竞争情报体系建设及其案例分析，图书情报工作，2004 年第 48 卷第 5 期第 58–60 页。

售排名也于 1994 年下降到第三位，股票价格下跌了 50%，公司生存面临严峻挑战。路易斯·郭士纳临危受命，接任董事长兼首席执行官后，开始在 IBM 建立完善的竞争情报体系，加强对竞争对手的研究。公司决策层希望及时准确地判断竞争对手拉拢公司客户的企图。为此，公司派出若干名高级经理作为关注每个竞争对手的固定“专家”，责任是确保公司掌握竞争对手的情报和经营策略，并采取相应行动。该竞争情报体系包括完善的管理信息网络、监视竞争对手的固定“专家”、与之协同工作的公司情报人员以及生产、开发、经营和销售等职能部门的代表。这些人员构成多个竞争情报工作小组，负责竞争情报工作。分布在全球各地的竞争情报工作组每天对竞争对手进行分析，而公司的经理们和分析家则通过网络进入竞争情报数据库，及时做出新的竞争分析。竞争情报小组还利用公司的全球互联网技术获取外界信息，并通过公司内部互联网更新企业竞争信息。随着竞争情报体系的不断完善，竞争情报开始融入 IBM 的企业文化，并在经营过程中发挥着越来越重要的作用。

随着公司竞争情报体系的建立，公司各部门的竞争情报力量得以有效应对主要竞争对手，并提供各种办法提高各竞争情报小组的协作水平，增强了公司适应市场变化和对抗竞争的能力，最大限度地满足了全球市场客户的需求，公司销售收入也因此持续增长。1995 至 1997 年间，竞争情报对公司业绩增长的贡献率分别为 10%、8% 和 9%，IBM 也因此在 IT 行业中又重新占据领先地位。

IBM 公司竞争情报体系的成功建设，主要有以下五个方面的经验：

（1）企业总裁和决策层直接参与竞争情报规划，并要求管理人员参加竞争情报培训和相应工作，建立符合公司实际的竞争情报体系和运行机制，使竞争情报根植于企业经营。

（2）面对市场的激烈竞争，将竞争情报工作与战略管理有机地结合，形成上下相互沟通的信息共享渠道，增强每位员工的竞争意识。

（3）有效借助外部专家和咨询人员的力量，形成“人际网络”，开发利用内外部信息资源，提高竞争情报的准确性与效率。

（4）根据不同业务特点，建立由管理人员、情报研究人员、业务专业人员构成的竞争情报小组，凭借各种技巧和经验，彼此传递、分析和判断信息，共同面对竞争挑战。

（5）建立和完善企业信息系统技术支撑，及时交换最新信息，客观分析并提出建议，使竞争情报体系建设赢得各类管理人员的信任。

13.4.3 问对

陈德智问企业家：陈德智的解读，是否切合实际？您还有哪些纠正与补充？

张诚泉：我非常认同企业的情报体系是公司的核心竞争力之一。

李巍：陈老师的解读翔实具体，结合 IBM 建立情报网的实际案例，归纳和总结了建立情报网络的具体路径，非常具有实操性。

陈德智：在改革开放早期，我们国家的企业、科研院所对战略情报的重视程度还不够。但近些年来，企业对商业机密和竞争情报的重视程度已经越来越高了。

13.5　能以上智为间者，必成大功：以上智者为情报负责人

孙子曰：**昔殷之兴也，伊挚在夏；周之兴也，吕牙在殷。故惟明君贤将，能以上智为间者，必成大功。此兵之要，三军之所恃而动也。**

13.5.1　原解

伊尹，名挚，我国古代著名的政治家，同时也是我国军事史上确有记载的第一位军事家。**“殷之兴也，伊挚在夏”**，商朝的兴起，离不开伊尹深入夏朝为商汤搜集军政情报的贡献，这些情报对商汤灭夏起到了至关重要的作用。吕牙，即姜子牙，又称姜太公、太公望、吕望。姜子牙先在商朝为官，因见纣王无道，便辞官游说方国（方国或方国部落是指中国夏商之际时的诸侯部落与国家）。在听闻西伯姬昌贤能之后，他前往周国，隐居于磻溪；后来辅佐武王伐纣，建立了周朝。他先后辅佐了文王、武王、成王、康王四代周王，既主军，又问政，武能安邦、文能治国。他是伟大的韬略家、军事家与政治家，西周的开国元勋；同时，他也是齐国的缔造者，齐文化的创始人。其所作《六韬》流传至今。**“周之兴也，吕牙在殷”**，意指吕牙原在商朝

做官，并游说各方国，因此非常了解商朝的军事与国政重要情报，以及各诸侯部落和诸侯国的军政情报；这些情报为周武王伐纣、建立周朝起到了至关重要的作用。

所以，明智的君王、贤能的将帅，如果能任用极有智谋（智慧高超）的人做间谍，那么一定能成就大的功业。这是赢得战争胜利的重要战略保障，整个军队的战略战术，都要依靠间谍及时提供有效情报而采取行动。

那么，从商业竞争与发展视角，该怎么理解呢？

13.5.2 商解

竞争情报的收集、获取以及客观、准确的分析，不仅需要很高的专业知识水平和宽泛的知识储备，还要求具备强大的分析判断能力。一个公司的竞争情报系统，应由熟悉公司所从事的业务及相关业务的专业人才组成竞争情报收集队伍。同时，这个系统还需要既具有掌握高深专业隐性与显性知识，又具备广泛隐性和显性知识的情报收集专家和情报分析专家。只有有效运用高级竞争情报专家群体收集与分析情报，企业才能够在未来的竞争中立于不败之地。

13.5.3 问对

陈德智问企业家：陈德智的解读，是否切合实际？您还有哪些纠正与补充？

张诚泉：企业必须重视高级专业人才的培养。情报的收集和分析高度依赖专业知识。比如，企业对于技术路线的选择决策，必须建立在专家团队的专业知识以及实践经验的基础上，特别是对竞品技术的获取、借鉴、分析和拆解。

陈德智：是的！

李巍：陈老师的解读非常切合实际。情报工作是个系统工程，不仅仅是信息的简单收集，还涉及专业的信息的提炼、分析与解读。就像本章中提到的 IBM 案例，其情报网的成功建立，既需要决策层的顶层设计，又需要管理人员、情报人员、业务人员甚至外部专家的协同合作。

后记

这本书历经三年多的时间得以完成，首先感谢我的博士导师陈炳富先生。1994 年春夏之际，我准备报考被誉为中国管理学泰斗的南开大学管理学教授陈炳富先生的博士研究生，在得知先生是天津市孙子兵法研究会会长，为管理学博士研究生讲授“孙子兵法与战略管理”后，我即刻到书店买了本周亨祥先生译注的《孙子全译》，开始阅读《孙子兵法》。1996 年 9 月我幸运地考取了陈炳富先生的博士研究生，入学后，先生给我们上“孙子兵法与战略管理”课程，课程是一个学年，每周六一次，每次课由 2 名同学导读《孙子兵法》，然后大家讨论，讨论时若有不懂或困惑的地方，由先生解答。由于我没有管理学专业背景，所以，学习《孙子兵法》就特别起劲，经常是早晨读《孙子兵法》、睡觉前也读《孙子兵法》，几乎每天都会读《孙子兵法》，并与自己的企业经营管理实践进行对照。为了更简明地理解《孙子兵法》字、句，我购买了东汉时期许慎（公元约 58—约 147 年）撰写的《说文解字》，开始逐字逐句、反复详细阅读曹操等十一家注《孙子兵法》，咬文嚼字地阅读《孙子兵法》一直至今。师从陈炳富先生学习《孙子兵法》、并在先生指导下与同门同届师兄弟（妹）讨论学习，深得先生教诲及师兄弟（妹）讨论启发，加上30年咬文嚼字地阅读与思考，为从商业竞争与发展视角逐篇解读《孙子兵法》奠定了基础。

我于1999年7月博士研究生毕业后到大连理工大学管理学院任教。我开始讲孙子兵法战略是从1999年9月份开始的，最初只是做一个讲座，而后便开始给MBA学生和企业做孙子兵法战略讲座。2001年9月我来到上海交通大学管理科学与工程博士后流动站从事博士后研究，博士后出站留任上海交通大学安泰管理学院任教，给MBA讲授孙子兵法商业战略，也给学术型硕、博士研究生讲授过孙子兵法战略研究，给DBA学生和企业中高层管理者讲授孙子兵法商业战略等课程。若从1999年算起，我讲授孙子兵法商业战略课程已近25年。在这25年中，我还为阿里巴巴集团、海信集团、东方航空、五粮液集团、上药集团、信宜药业、上海电气等几百家企业讲授过孙子兵法商业战略。25年的孙子兵法商业战略的教学，不断地备课、不断调研与更新案例、更新讲义，使我从商业竞争与发展视角，对《孙子兵法》的理解与领悟不断加深。正是25年的MBA、EMBA及DBA及企业管理干部的教学与调查研究，使我对商业竞争与发展具有更深刻的理解。

我于1983年本科毕业从事2年教师工作后去攻读硕士研究生，1988年硕士毕业后分配到原化工部光明化工研究院从事新产品研发工作。1989年我所开发的甲壳质产品技术转让给大连市一家乡镇企业，我和另外一位同事负责技术与销售工作。正因为有这样的技术转让给乡镇企业的技术产业化经历，1992年被研究院委派下乡做科技扶贫干部，为乡镇建立工厂，我带着技术项目创建2家公司并担任董事总经理，负责技术与营销。1995年又创办恺汀新技术有限公司，任董事总经理，切身经历过创业、企业竞争与发展。也曾为潍坊动力、上海公共交通卡公司、上海新世界大酒店、深圳嘉豪公司、温州新机电器、江苏云蝠集团、罗德公司、上海捷强集团、一汽大柴、大连冰山集团等50多家公司做过公司战略规划等管理咨询项目；通过深入企业研究编写100多篇中、英文教学案例，具有较为丰富的经营管理实践经历。这些创业与经营管理企业的切身实践经历和企业战略咨询与调查、案例研究的实践，为从商业竞争与发展视角逐篇解读《孙子兵法》奠定了切身的实践基础。

正是30年咬文嚼字地阅读理解《孙子兵法》原文，25年讲授孙子兵法商业战略课程中的教与学，和多年的创业与企业经营管理的切身实践、企业战略管理咨询与调查、案例研究的实践积累，为这本从商业竞争与发展视角逐篇解读《孙子兵法》的图书奠定了比较扎实的理论和实践基础。

感谢上海交通大学安泰经济与管理学院对我学习研究与讲授孙子兵法战略给予大力支持，我给MBA讲授的孙子兵法商业战略课程曾于2016年获得上海交通大学教改项目立项支持，《孙子兵法商业战略》曾获2021年度上海交通大学优秀研究生教材二等奖；这部书的完成，得到了安泰经济与管理学院院长陈方若教授、中国企业发展研究院院长余明阳教授、安泰经济与管理学院于冷教授、井润田教授、安泰经济与管理学院原院长王方华教授等多位教授的支持、鼓励与帮助。

感谢中国管理 50 人、中国管理模式 50+ 论坛组织对我学习、研究《孙子兵法》及撰写这本书给予的帮助与支持。

特别感谢海信集团贾少谦董事长、菲码（江苏）智能科技有限公司张诚泉董事长兼总裁、上海云序生物科技有限公司李巍董事长兼总裁和哈啰集团褚轶群副总裁 4 位企业家对我所做的商解进行切合实践程度的评价，并补充切身实践案例、观点和对话，使这本书能够以明确的切合实践评价成果奉献给读者。

《孙子兵法》研究专家钮先钟先生在其所著的《孙子三论》中说：**“孙子的书要言不烦，最容易掌握重点，企业界人士，尤其是后起之秀，若能熟读深思，则也许要比读一百本现代人所写的书更为有益。”**

希望这本《商解孙子兵法：学者与企业家问对》能够对广大读者从商业竞争与发展视角学习、研究与运用孙子兵法战略思想理论有切实的帮助！

陈德智

2024 年 5 月于上海